Guia definitivo da mãe cristã 1

ERIN MACPHERSON

Guia definitivo da mãe cristã 1

Tudo que você precisa saber sobre GRAVIDEZ

Tradução de Markus Hediger

THOMAS NELSON
BRASIL®
Rio de Janeiro, 2015

Título original: *The Christian Mama's Guide to Having a Baby: Everything You Need to Know to Survive (and Love) Your Pregnancy*

PUBLISHER	*Omar de Souza*
EDITORES	*Aldo Menezes e Samuel Coto*
COORDENADORA DE PRODUÇÃO	*Thalita Aragão Ramalho*
PRODUÇÃO EDITORIAL	*Luiz Antonio Werneck Maia*
TRADUÇÃO	*Markus Hediger*
REVISÃO DE TRADUÇÃO	*Daniel Borges*
REVISÃO	*Francine Ferreira de Sousa e Jaciara Lima*
ADAPTAÇÃO DE CAPA	*Valter Botosso*
DIAGRAMAÇÃO E PROJETO GRÁFICO	*Especial Book's Editoração Ltda.*

CIP-BRASIL. CATALOGAÇÃO NA PUBLICAÇÃO
SINDICATO NACIONAL DOS EDITORES DE LIVROS, RJ

M429g

MacPherson, Erin

Guia definitivo da mãe cristã 1: tudo que você precisa saber sobre gravidez / Erin MacPherson; tradução de Markus Hediger. - 1. ed. - Rio de Janeiro: Thomas Nelson Brasil, 2014.

336 p. (Série Guia definitivo da mãe cristã)

Tradução de: The Christian Mama's Guide to Having a Baby: Everything You Need to Know to Survive (and love) Your Pregnancy

ISBN: 978.85.7860.620-6

1. Gravidez - Miscelânea. 2. Grávidas - Saúde e higiene. I. Título.

CDD: 618.24
CDU: 618.2-083

THOMAS NELSON BRASIL é uma marca licenciada
à VIDA MELHOR EDITORA S.A.

Rua Nova Jerusalém, 345 — Bonsucesso
Rio de Janeiro — RJ — CEP 21042-325
Tel.: (21) 3882-8200 — Fax: (21) 3882-8212/3882-8313
www.thomasnelson.com.br

Para Alisa e Stevi,

minhas irmãs na gravidez e na vida

Sumário

Agradecimentos 9
Introdução: Você vai ter um bebê 11

Capítulo 1: Entrando no clima da gravidez
Curtindo o fato de estar grávida 15

Capítulo 2: O bê-á-bá do primeiro trimestre da gravidez
Um curso intensivo sobre seu primeiro trimestre 25

Capítulo 3: O temido enjoo matinal
Como lidar com o enjoo matinal, vespertino e noturno 51

Capítulo 4: Frenesi alimentar
Como comer (devorar) por dois 67

Capítulo 5: Todas essas coisas médicas!
Um passeio íntimo e pessoal pelo consultório do seu obstetra ou de sua parteira 93

Capítulo 6: Manda ver, mamãe!
Exercícios e gravidez 119

Capítulo 7: O bê-á-ba do segundo trimestre da gravidez
Tudo que você precisa saber sobre o mítico segundo trimestre 133

CAPÍTULO 8: EQUIPANDO SEU BEBÊ
O que (e o que não) comprar para o seu bebê 151

CAPÍTULO 9: O JOGO DOS NOMES
Como escolher o nome perfeito para o seu bebê 177

CAPÍTULO 10: O BÊ-Á-BÁ DO TERCEIRO TRIMESTRE DA GRAVIDEZ
Sobrevivendo ao seu terceiro trimestre 195

CAPÍTULO 11: EM SUAS MARCAS, PREPARAR... ESPERAR...
Preparando-se para a chegada do bebê 215

CAPÍTULO 12: QUE COMECEM OS TRABALHOS (DE PARTO)
Como saber quando chegou a hora de ter seu bebê 239

CAPÍTULO 13: O DIA DE TRABALHO
Trabalho de parto, parto e todo o resto 257

CAPÍTULO 14: O GUIA DEFINITIVO DO PAI CRISTÃO
O que futuros pais devem saber sobre a gravidez 279

CAPÍTULO 15: PARA ONDE CORRER QUANDO VOCÊ PRECISA DE AJUDA
Seus recursos durante a gravidez 297

CAPÍTULO 16: O GUIA DEFINITIVO DA MÃE CRISTÃ PARA OS PRIMEIROS DIAS DO SEU BEBÊ
O que esperar do seu bebê novinho em folha 315

EPÍLOGO: A MAIS MÃE DE TODAS 333

Agradecimentos

Soli Deo Gloria. Glória somente a Deus. Essa é minha oração para este livro. Estou profundamente ciente do fato de que cada boa dádiva vem do Senhor e sou eternamente grata por cada coisa que ele me deu. Sou muito abençoada!

Quero agradecer à Rachelle Gardner, minha agente da *Books & Such Literary*, que acreditou em meu projeto desde o primeiro dia e que trabalhou incansavelmente para garantir que ele se tornasse realidade. À Debbie Wickwire e a toda a equipe da Thomas Nelson, que me ajudou a remodelar e reinventar a segunda edição deste livro. E à minha primeira editora, Rebecca Maker, que tem sido uma defensora, editora, colaboradora e amiga desde o início deste projeto.

Quero agradecer também a meu marido, Cameron — que levou as crianças a inúmeras "aventuras" à livraria para que eu pudesse escrever, que preparou o jantar (e lavou a louça) fielmente enquanto eu fazia a revisão do livro, e que — talvez isto seja o mais importante — é o melhor pai que meus filhos poderiam ter. Obrigada por preparar o caminho para mim e garantir que eu tivesse todas as oportunidades para seguir o meu sonho.

Agradeço também aos meus pais. Mãe, obrigada por se oferecer como babá toda vez em que senti a necessidade de colocar algumas palavras no papel. Obrigada por sempre achar que meu trabalho é maravilhoso (é para isso que uma mãe serve, não é?). E, pai, obrigada por ser meu fã número um. Obrigada por sempre querer falar sobre meu livro, por sempre fazer perguntas e mostrar que você realmente se importa. Amo muito vocês.

E agradeço também à minha equipe de revisão: Alisa, Hildi, Jessica, mãe e Stevi. Obrigada por suas ideias hilárias, suas sugestões brilhantes e, acima de tudo, por terem encontrado cada erro tipográfico. Sei que foram muitos. Muito obrigada também as minhas amigas mães — Alisa, Anna, Annie, Beth, Brooke, Carrie, Jessica, Karen, Katie, Laura, Michelle, Mollie, Nicole, Rachel, Rebecca, Sarah, Shellie, Staci, Stevi e Teresa, para mencionar apenas algumas —, que foram completamente sinceras e francas em relação a todos os seus problemas durante a gravidez, mesmo quando sabiam que eu iria compartilhar suas histórias (potencialmente vergonhosas) com o mundo inteiro. E obrigada aos garotos — Cameron, Troy, Michael e Peter — que compartilharam suas duras lições de gravidez com outros futuros pais, para que não tivessem que aprender tudo na marra.

Por fim, quero agradecer aos meus três adoráveis filhos: Joey, Kate e Will. Joey não se cansa de contar a todo mundo que sua mãe é uma super-heroína. Não sou nada disso, mas faz bem saber que alguém acredita em mim. Kate, obrigada pelos abraços, pelos beijos e por sua doçura. Você faz de mim uma pessoa melhor. E, Will, você acrescenta leveza aos meus dias e abraços grudentos às minhas tardes. Amo todos vocês.

Introdução

Você vai ter um bebê!

O fato de você estar lendo este livro significa provavelmente que você está grávida. Sim. *Você* está grávida. Soa legal, não é? Se você acha que seu dia de formatura, seu último aniversário ou seu dia de casamento foi empolgante e maravilhoso, espere até segurar em seus braços o seu bebê pela primeira vez. A sensação é de tirar o fôlego. Só de pensar nisso, meus olhos já começam a lacrimejar. Dito isso, você tem agora oito meses (um pouco mais, um pouco menos) de espera até esse momento emocionante, portanto, não prepare ainda sua bolsa para o hospital.

Sempre me perguntei como Deus criou os céus e a terra em sete curtíssimos dias e nós precisamos de nove meses para gerar um bebê. Nove meses. Parece uma eternidade, não é? Lembro-me de que ficava muito irritada quando as pessoas me diziam que a gravidez passaria em um piscar de olhos. Juravam que eu estaria segurando meu bebê nos braços antes de me dar conta. Isso é bastante difícil de acreditar quando você carrega consigo vinte (ou trinta) quilos extras e quer vomitar toda vez que sente o cheiro do almoço de outra pessoa.

Mas a verdade é que sua gravidez realmente *terá passado* antes de você se dar conta. Nesse meio-tempo, você provavelmente precisará de alguns conselhos de amiga para amiga que a ajudem a chegar do ponto A — em que você se sente miserável, exausta, mais gorda a cada minuto que passa, enjoada, e em que você vomita e transpira, do ponto em que, muito provavelmente, você se encontra neste momento — ao ponto B — em que você se sente radiante, extática, exausta, mas completamente à vontade com isso, ou seja, ao ponto em que você estará daqui a menos de quarenta semanas. E foi por essa razão que escrevi este livro.

Em minha primeira gravidez, a primeira coisa que fiz após fazer xixi em um bastão foi correr para a livraria e procurar um livro que pudesse me informar sobre tudo que me esperava — náusea, inchaço e insônia — e também sobre tudo que não devia esperar — um período glorioso durante o qual eu poderia comer montanhas de sorvete enquanto meu marido fizesse massagem nos meus pés. Evidentemente, a oferta era enorme: havia guias de gravidez para mães de primeira viagem, para mães experientes, para mães jovens e mães altas. Havia guias de gravidez para futuros pais, e futuros avós, e futuros primos de segundo grau. Mas não havia nada para mães cristãs. Assim, alguns anos mais tarde, fiz o que qualquer mãe grávida sensata faria: escrevi meu próprio guia de gravidez para mães cristãs.

A boa notícia é que não a entediarei com termos médicos. Não que não goste de termos médicos — quando estava grávida, adorava ler livros que me diziam tudo sobre as proezas médicas que meu corpo estava fazendo enquanto crescia um bebê dentro dele, mas não sou médica. Na verdade, não tenho nenhum treinamento médico, a não ser que você queira levar em consideração o curso de primeiros socorros que fiz e no qual fui aprovada no Ensino Médio. Então, se você estiver procurando discursos médicos e conselhos repletos de palavras difíceis para encontrar alguma magia que dê cabo da náusea eterna e ajude você a manter seu peso ideal, sugiro que tente sua sorte com outro livro.

No entanto, mesmo que meus conhecimentos médicos possam não servir para nada além do conselho "Tome um analgésico e deite no sofá", eu tenho, sim, alguns conhecimentos sobre gravidez. Engravidei três vezes. Todas as minhas irmãs já estiveram grávidas. Todas as minhas amigas já estiveram grávidas. E, olhe só, há alguns meses atrás, até minha cadela ficou grávida. Tive mulheres grávidas à minha volta durante os últimos quatro anos e, enquanto eu tentava lidar com o enjoo matinal, o aumento de peso e a decoração do quarto infantil, consegui adquirir alguns conhecimentos sobre gravidez.

Eu também tive gestações horríveis. Eu sei. Eu não deveria dizer isso para grávidas de primeira viagem, mas passei pelo triturador em minha primeira gravidez e pensava que não sobreviveria; mas, caso sobrevivesse graças a algum milagre, nunca, jamais, ficaria grávida novamente. Bem, sobrevivi. Eu me apaixonei pelo meu bebê e prontamente fiquei grávida de novo. E sabe de uma coisa? Sobrevivi também à segunda gravidez igualmente complicada. E à terceira. Sinceramente, aceitaria ficar grávida uma quarta (e uma quinta) vez. Agora mesmo.

Provavelmente você não queira ouvir isso agora, mas vale a pena. Toda vez que você sente enjoo. Toda vez que sua boca se enche com seu vômito. Cada quilo que você ganha. Cada noite de insônia. Tudo isso vale a pena. Basta esperar para ver. Eu prometo que daqui a nove meses você estará me enviando um e-mail dizendo que eu estava certa.

Não direi que lhe avisei.

Uma observação para minhas leitoras particularmente escrupulosas: você perceberá que a maioria dos pronomes usados neste livro é masculino. Minha editora e eu tomamos essa decisão juntas para preservar a simplicidade e a consistência do texto. Isso de forma alguma sig-

nifica que este livro se aplica mais aos meninos ou que eu escrevi estas dicas e conselhos apenas para eles. Assim, caso você tenha uma filha (como eu também tenho), por favor, simplesmente substitua "ele" por "ela" mentalmente durante a sua leitura. E depois escreva uma carta muito séria para a pessoa que inventou a língua portuguesa dizendo-lhe o quanto nossa vida seria mais fácil se os pronomes não tivessem gênero.

Capítulo 1

Entrando no clima da gravidez

Curtindo o fato de estar grávida

Você descobriu um jeito de realmente *ficar* grávida (oba!), e agora, você precisa descobrir um jeito de *estar* grávida. Ao contrário da crença popular, estar grávida não é tão simples assim. Não basta lembrar-se de tomar as vitaminas pré-natais, o que, por si só, já seria uma proeza. A gravidez vai te deixar exausta, empolgada, animada e estressada, tudo isso ao mesmo tempo durante os próximos meses. Não é fácil — sobretudo quando você ganha peso em um ritmo de um quilo e meio por semana.

Odeio ter que dizer isso para uma mulher grávida, mas os próximos meses podem não ser os melhores de sua vida. (Sinto muito!) Creio que meu maior equívoco sobre a gravidez foi a expectativa de que seria fácil. Achei que ficaria pulando de alegria por ter um bebê dentro de mim durante todos os nove meses. Talvez isso aconteça com algumas mulheres, mas não foi o meu caso. A gravidez foi difícil, estressante e, às vezes, muito irritante. Além disso, tive que lidar com emoções que me envergonho de admitir. Ainda assim, falarei delas mais adiante.

É interessante, porém, que, enquanto eu tentava dar conta do estresse e das emoções da gravidez, senti um forte desejo de me aproximar de Deus. Há algo na maternidade que leva uma garota a realmente refletir sobre quem ela é e quem ela quer ser. Eu sabia que meus futuros filhos precisariam de uma mãe dedicada a Deus e que eu estava (muito) longe de cumprir esse padrão. Isso me levou a passar muitas horas refletindo sobre as características de mães dedicadas a Deus e sobre como eu poderia me transformar em uma delas.

Como mulheres cristãs, temos que satisfazer um padrão bastante alto. A lendária mulher de Provérbios 31 é graciosa, gentil e paciente. Ela, provavelmente, nunca gritou com o marido por jogar a roupa suja dele no chão. Não chego nem perto disso. Encontro-me em uma luta constante e diária para corresponder ao padrão de Deus para a minha vida. Acordo orando para que eu consiga passar o dia com paciência e integridade... mas antes do café da manhã já perco a calma.

No entanto, em um dos períodos mais estressantes e emocionalmente penosos de minha vida — minha primeira gravidez —, Deus me aproximou dele. Eu realmente sentia sua presença quando orava e pensava sobre o bebê e o meu futuro como mãe. É muito consolador ouvir a voz de Deus em um tempo de necessidade e sentir sua presença quando você se sente péssima. Ouvir a voz dele e saber que está próximo é uma grande motivação para conseguir manter uma postura que lhe agrade durante toda a gravidez.

Evidentemente, eu continuava sendo a mesma garota de sempre que parecia incapaz de chegar até a mesa do café da manhã sem perder a paciência por alguma coisa. Eu já mencionei a roupa suja que alguém sempre deixa jogada no chão do banheiro? Mesmo assim, Deus me mostrou que a escolha consciente de assumir uma postura que lhe agrade faz com que eu me sinta mais próxima dele. Isso, por sua vez, permitiu que eu assumisse uma postura mais graciosa em relação às minhas gravidezes.

Soa um pouco banal, não é? Se tudo que precisássemos fazer fosse decidir sorrir em qualquer situação, cada dia traria trufas e bombons, correto? Não exatamente. Mas Deus nos chama para sermos contentes em quaisquer circunstâncias — até mesmo durante as fases de enjoo matinal —, o que significa focar nas razões que temos para ser gratas, mesmo quando o mau humor parece uma alternativa muito tentadora.

E acredite, durante minha gravidez, tive muitas razões para ser mal-humorada. Mas tentei manter uma postura de gratidão em relação à minha gravidez. E foi assim que, às vezes, eu consegui.

Como entrar no clima da gravidez

1. Sinta o clima

Quando descobri que estava grávida, fiquei tonta de tanta alegria. E quem não ficaria? Eu ia ter um *bebê*. Não consegui parar de pensar (e de falar) nisso. Mas aí fiquei cansada. Passei mal. Fiquei inchada. E de repente a alegria já não era mais tão grande assim. Na verdade, uma vez que esses sintomas da gravidez começaram a se manifestar, eu me transformei em um caos que não parava de chorar e de se lamentar. Fiquei ressentida com o bebê por me fazer passar tão mal e com todas as outras pessoas à minha volta porque elas não estavam sofrendo como eu. Fiquei ressentida com o meu emprego porque não podia abandoná-lo. Fiquei ressentida com o meu marido porque ele conseguia dormir, e eu não. Fiquei até ressentida com nossa cadela porque ela podia passar a tarde inteira tomando banho de sol enquanto eu precisava me levantar e trabalhar.

Como, então, você começa a pensar em arco-íris e roupas de bebê quando, na verdade, você passou as últimas semanas abraçando o vaso sanitário? Uma coisa que eu fiz foi mergulhar de cabeça no mundo dos bebês. Comprei livros sobre gravidez e bebês. Saí com amigas que tinham bebês. Fiquei lendo sites na internet com coisas de bebê e aluguei filmes engraçados sobre bebês e assisti a eles inúmeras vezes. A única coisa que eu não fiz foi oferecer meus serviços como babá, porque isso teria exigido uma quantia enorme de energia da qual eu simplesmente não dispunha naquele momento. Mas se você se sentir disposta a enfrentar fraldas sujas e a fazer caretas, vá em frente.

O ponto é que, quanto mais tempo você passar com bebês (e outras mães), mais animada você ficará em relação ao seu próprio bebê. E acredite, a única coisa por que vale a pena enfrentar uma gravidez de nove meses é um bebê... e você está prestes a ter um. Então, embarque nesse trem de bebê — preciso pedir duas vezes? — e comece a respirar bebês.

2. Transforme essa culpa materna em alegria (ou, pelo menos, em contentamento)

O ressentimento que senti por estar tão cansada e gorda rapidamente se transformou em culpa. Senti-me culpada por me ressentir com o meu bebê, que deveria ser meu orgulho e minha alegria. Senti-me culpada por me ressentir com o meu marido, que estava se esforçando para me ajudar como podia. Acima de tudo, porém, eu me senti culpada por não estar explodindo de alegria pelo simples fato de estar grávida.

Comecei a me perguntar se Deus não concordava com minha gravidez e com o meu bebê. Que pensamento doido, não é? Sei disso agora, mas na época, eu me senti tão ruim e tão confusa que comecei a duvidar da providência de Deus. Mas, uma vez que entendi que Deus estava me abençoando com a gravidez, eu quis expressar minha gratidão independentemente de como eu estava me sentindo. Deus quer que estejamos contentes em nossa gravidez, mesmo quando não nos sentimos bem. Uma tarefa e tanto, não é?

Para mim, foi uma longa e árdua batalha. Constantemente, tive que lembrar-me da graça e da misericórdia de Deus. Mas durante essa batalha, Deus me ensinou muitas lições que, de outra forma, eu jamais teria aprendido: como depender de outros, como confiar e como contar de verdade com a ajuda de Deus quando minhas forças chegam ao fim.

3. Ore por seu bebê

Outra maneira de entrar no clima da gravidez é orar pelo bebê que está em seu útero. Parece óbvio, certo? Bem, não foi tão óbvio para mim, eu estava exausta e passando mal, ok? Precisei de várias semanas de gravidez para começar a orar por meu filho. Fiquei tão pasma com a ideia de estar grávida que a ideia de orar pelo meu bebê nem passou pela minha mente. Certo dia, uma das garotas do nosso grupo de estudos bíblicos mencionou que havia orado por seu bebê durante toda sua gravidez, e de repente uma luz começou a piscar na minha cabeça. Eu também queria orar pelo meu bebê em minha barriga!

Eu poderia falar sobre os detalhes piegas de como eu e meu marido ficávamos deitados na cama e como colocávamos nossas mãos na minha barriga e como orávamos por nosso filho, mas tenho certeza que você entende o esquema. Na verdade, é muito provável que você esteja orando por seu bebê desde o momento em que descobriu sua gravidez. Mas, só para o caso de haver alguma mulher entre meus leitores que ainda não teve essa ideia, achei que valeria a pena mencionar isso.

4. Pense nos prós da gravidez

Há algumas (na verdade, muitas!) coisas boas relacionadas à gravidez. Quando você terá outra oportunidade de comer quantas calorias você desejar, de ir para a cama muito tarde e de comprar coisas de bebê sem restrição?

Além disso, quando você está grávida, todos (realmente todos) mimam você. Lembro-me de entrar na igreja quando a barriga começou a aparecer. Dois garotos da escola dominical correram para pegar uma cadeira para mim. Meu marido me trouxe um copo de água e minha amiga me trouxe um *cupcake* com mirtilo. Todos me admiraram. Uma parte de mim odiou todo esse espetáculo — bem, quem estou tentando enganar? Eu adorei a atenção! E quem não adoraria?

Mas pondo de lado esses benefícios menores, quando você está grávida é fácil lamentar todas as coisas que você está perdendo. Você não pode comer sushi. Não pode usar aquele vestido coladinho. Todos os seus sutiãs são pequenos demais, e você simplesmente não aguenta ficar acordada até tarde assistindo filmes de menina com seu maridinho — como se isso tivesse acontecido antes). Lembro-me de cair em prantos no meio da celebração de Natal da nossa igreja porque a gemada era feita com ovos crus e eu não queria expor meu bebê à salmonela. Solucei de verdade. Foi totalmente irracional, eu sei — especialmente quando se leva em conta que havia um milhão de outros tipos de bebida na festa —, mas me senti muito excluída.

A verdade é que a gravidez nada tem a ver com privação. Sim, existem coisas que você não deve nem pode fazer, mas há uma coisa enorme que você *pode* fazer: nutrir seu próprio filho dentro de você. Que privilégio incrível. Tenho certeza de que alguns dos nossos maridos secretamente nos invejam pelo fato de eles não terem a opção de fazer isso. Que outro motivo existiria para justificar o ganho de peso deles durante a nossa gravidez?

A melhor maneira de sair da frustração da gravidez é refletir sobre as razões dela. Sei que isso soa óbvio, mas foque em seu bebê. Foque no privilégio. Isso lhe ajudará a esquecer a dor. E se isso não funcionar, reflita sobre todas as coisas que você pode se permitir durante esse curto período de sua vida.

Coisas que você pode fazer durante a gravidez (e que você jamais ousaria fazer fora dela)

1. Usar chinelos todos os dias. Até na igreja.
2. Não limpar o vaso sanitário durante nove meses (vamos lá, arredonde o número para dez meses).
3. Pedir uma sobremesa (e comê-la sozinha).
4. Vestir calças de ioga para ir ao supermercado, no trabalho e no jantar com sua sogra.
5. Não tomar banho, três dias seguidos.
6. Acrescentar creme de leite ao café descafeinado ou semidescafeinado.
7. Mandar seu marido comprar um cachorro quente de trinta centímetros às 11 horas da noite.
8. Comer um cachorro quente de trinta centímetros às 11 horas da noite e depois uma porção enorme de sorvete como tira-gosto.
9. Ir para a cama às sete em uma noite de sexta-feira.

10. Passar o sábado inteiro acampada no sofá assistindo a *A Baby Story* [Uma história de bebê].
11. Pegar emprestado as camisetas do seu marido.
12. Falar a respeito de nomes de bebês em um bate-papo na internet.
13. Ir a uma loja de artigos infantis e sentar-se em uma cadeira de balanço durante uma tarde inteira. Você passará muito tempo nela, portanto, precisa testá-la. Aproveite e tire um cochilo.

A gravidez é bacana (mesmo que, às vezes, seja incômoda)

Fato é que, a despeito da náusea, do inchaço e das constantes idas ao banheiro, há também uma alegria enorme e arrebatadora que provém do bebê que está crescendo dentro de você. É maravilhoso. E não importa quão mal se sinta, você pode sempre se agarrar a isso. Lembro-me de certa vez em que, enquanto estava abraçando o vaso sanitário tentando ignorar o cheiro do meu vômito, pensei em como era maravilhoso que uma vida miúda estivesse crescendo dentro de mim.

Não faz mal sentir-se um pouco confusa, deprimida, aterrorizada, preocupada, nervosa, irritada ou aborrecida com sua gravidez. É normal sentir-se assim. E isso nada tem a ver com seus sentimentos pelo *bebê*. É claro que você ama seu bebê! Mas você não precisa amar a gravidez para amar seu bebê. O fato de você estar feliz por ter engravidado não significa que seja obrigada a ignorar todas as dores e todos os aborrecimentos.

Bem, chega de conversa fiada... Você está pronta, não está? Está na hora de ir direto ao ponto. Como os próximos nove meses *realmente* serão? O que você pode fazer contra o enjoo matinal? Contra o inchaço? E contra todo o resto desses sintomas desagradáveis? E (talvez isso seja o mais importante) quanto tempo lhe resta — em minutos — para usar suas calças jeans apertadinhas? Falemos então sobre o primeiro trimestre.

Capítulo 2

O bê-á-bá do primeiro trimestre da gravidez

Um curso intensivo sobre seu primeiro trimestre

Deixe-me adivinhar: você está exausta, enjoada, inchada e precisa fazer xixi a cada cinco minutos. Ah, já mencionei o cansaço? O primeiro trimestre é assim. Claro, você pode muito bem ser uma das garotas sortudas que curte o primeiro trimestre sem nenhuma dor ou irritação, mas a maioria das meninas passa o primeiro trimestre aguardando ansiosamente o segundo; e o segundo trimestre, agradecendo a Deus por terem sobrevivido ao primeiro.

Eu vou me arriscar a dizer que, muito provavelmente, neste momento você está deitada no sofá na mesma posição que você assumiu três dias atrás, usando o mesmo moletom furado que você vem usando há uma semana. Basta pensar em se levantar que já sente vontade de vomitar, por isso, você fica paradinha onde está, enquanto observa seu marido tentando dar conta dos afazeres da casa e perguntando se existe alguma coisa, *qualquer* coisa, que ele possa fazer para que você se sinta melhor.

O fato de você ter comprado este livro já foi uma proeza por si só. Agora que realmente começou a lê-lo, deve estar pensando que ele já está forçando a barra tentando ser tão positivo. Sei que você está louca para levantar e jogá-lo contra a parede e gritar em agonia e frustração, mas isso significa que você precisaria (a) se levantar do sofá e (b) gastar energia — duas coisas que, muito provavelmente, você não vai querer fazer neste momento. Você está presa. Então, já que está deitada aí se espojando, você pode muito bem fazer alguma coisa. Por isso, continue lendo.

Tenho uma notícia boa para você: o primeiro trimestre é bem mais curto do que o segundo e o terceiro. Tecnicamente, o primeiro trimestre abrange as primeiras 12 semanas, mas quando descobriu que estava grávida, você já estava na quinta semana, e quando os sintomas da gravidez começam a se manifestar — normalmente por volta da sexta ou da sétima semana —, você já passou da metade. Porém ser curto não significa ser agradável.

Quando você engravida, os hormônios de seu corpo entram em parafuso. Felizmente, esses hormônios hiperativos ajudam seu filho a crescer, se desenvolver e sobreviver, portanto, são bastante importantes. Infelizmente, esses hormônios descontrolados causam também todo tipo de sintomas malucos, e durante o primeiro trimestre, enquanto seu corpo se ajusta às mudanças, esses sintomas são mais intensos.

Por isso, se você estiver exausta, enjoada, inchada e mal-humorada, culpe os hormônios... e saiba que não permanecerá no primeiro trimestre por muito tempo. Apesar disso, aqui vão algumas dicas de como sobreviver a ele.

Esperar no Senhor

Alguns anos atrás, meu marido e eu planejamos uma viagem à praia. Contamos ao nosso filho — ele tinha quatro anos — alguns dias antes de partirmos. Ele ficou muito animado. Correu para o quarto e encheu a mala com bichinhos de pelúcia, livros e brinquedos e, então, ficou à porta esperando. Esperando. E esperando. Finalmente, eu lhe perguntei o que estava fazendo, e ele respondeu que estava pronto para ir à praia. Quando lhe disse que partiríamos dentro de quatro dias, ele olhou para mim com lágrimas nos olhos e disse: "Quatro dias inteiros? Até lá, vou estar *velho*!"

Foi assim que me senti no primeiro trimestre. Sentia-me como se estivesse esperando à porta com a mala feita... esperando e esperando. Senti que Deus estava me dizendo que precisava ser paciente e esperar nele. Enquanto isso, meu coração choramingava: "Nove meses inteiros? Até lá, vou estar *velha*!"

A gravidez envolve muita espera. Você espera o médico, espera a ultrassonografia, espera a chegada de sua cadeira de balanço e, é claro, espera o nascimento do bebê. Se você se parece comigo, ficará impaciente, especialmente durante o primeiro trimestre. É um tempo em que o nascimento ainda está longe, em que sua barriga quase não aparece, a maioria das pessoas nem sabe que você está grávida, mas é um tempo em que você está sentindo a força total dos sintomas. Para mim, essa espera foi excruciante.

Judas 1:21 diz: "Mantenham-se no amor de Deus, enquanto esperam [pela] misericórdia de nosso Senhor Jesus Cristo." Acho interessante que Deus não nos pede apenas para esperarmos pela misericórdia de Cristo — e para sermos pacientes enquanto esperamos —, mas que ele também nos instrui a nos envolvermos com o seu amor enquanto esperamos. Sim, pode ser agonizante esperar durante todo um longo trimestre — ou uma longa gravidez —, mas tudo parece um pouco mais viável sabendo que o amor de Deus a envolve durante a sua espera.

Soa muito aconchegante imaginar-se coberta pelo amor de Deus enquanto espera, mas o que isso significa exatamente? E o que você precisa fazer para se manter no amor de Deus? Lemos em João 15:5 que se permanecermos nele, ele permanecerá em nós. Isso significa que, mesmo enquanto você tropeça ao longo do primeiro trimestre, esperando pelo segundo e, mais importante ainda, pela chegada do seu bebê, sua tarefa é agarrar-se a Cristo: orar, confiar e permanecer firme nele.

Não é fácil manter seu foco em Cristo — já falamos sobre isso —, mas isso é algo que precisamos treinar de forma consciente. Isso não acontece automaticamente. Exige prática, perseverança e um pouco de disciplina pessoal. Não estou dizendo que deva se dar um chute toda vez que perder a paciência — mesmo que isso possa ser um bom começo —, mas tentar constantemente focar sua mente em Deus é uma ótima meta para o primeiro trimestre.

Uma das minhas músicas favoritas é "Praise the Father, Praise the Son" [Louvai o Pai, louvai o Filho], de Chris Tomlin. Sua letra diz: "Nestes sofrimentos, nesta maré passageira, sob tuas asas permanecerei, e cada inimigo fugirá.Tu és minha esperança e vitória." Essa foi uma das minhas músicas favoritas durante a gravidez, pois me lembrava exatamente do significado de permanecer em Deus e de esperar nele. Enquanto você espera, reflita sobre as seguintes questões relacionadas ao primeiro trimestre, para manter sua mente ocupada. Está vendo? A espera já está ficando mais fácil!

Parteira ou médico?

Uma coisa que você precisará decidir já no início da sua gravidez é quem fará seu acompanhamento pré-natal. Existem parteiras, enfermeiras especializadas e obstetras, e até mesmo os bons e velhos médicos da família. Qualquer que seja sua escolha — cada uma delas apresenta suas vantagens específicas, por isso, não farei aqui nenhuma recomendação —, você precisa se assegurar de que se sentirá à vontade com a pessoa que escolheu, pois vocês se verão muitas vezes a partir de agora.

Durante minhas duas primeiras gestações, optei pelo mesmo obstetra/ginecologista que vinha fazendo meus *check-ups* anuais. Eu me sentia à vontade com ele (sim, é um homem), pois havia feito uma cirurgia grande e difícil em minha mãe alguns anos atrás e parecia realmente entender do assunto. Além disso, suas assistentes eram gentis e amigáveis, além disso, era fácil marcar uma consulta. Foi a melhor escolha para mim e não me arrependo dela, pois acabei tendo gravidezes complicadas, e os conhecimentos e o apoio do meu médico salvaram minha vida.

Muitas mulheres optam por uma parteira em vez de um obstetra/ginecologista. Parteiras trazem muitas vantagens. Em primeiro lugar, as parteiras costumam ter consultórios pequenos, de modo que, muito provavelmente, ela poderá dedicar muito tempo a você. Além disso, as parteiras tendem a incentivar partos naturais, de modo que, se você estiver interessada em um parto em casa sem medicamentos, uma parteira é uma boa alternativa.

Outra coisa em que você precisa pensar ao optar por um obstetra ou uma parteira é onde você quer fazer o parto. Um obstetra fará o parto no hospital. Ponto final. Parteiras, por sua vez, são muito mais flexíveis nesse aspecto. Muitas parteiras realizam o parto em centros de parto (falarei mais sobre isso mais adiante). Algumas até se prontificam a ajudar em um parto na casa da própria mãe. Minha amiga Sarah disse que sua parteira trabalhava também em um hospital próximo e que, enquanto o obstetra realizou o parto propriamente dito, sua parteira esteve ao seu lado para auxiliá-la. Ela jura que, se não fosse por sua parteira, o médico teria feito uma cesariana.

Outra coisa em que você precisa pensar são os custos. Dependendo de onde você mora (e de onde sua parteira trabalha), recorrer a uma parteira pode ser bem mais barato. Tenho uma amiga que não tinha um plano de saúde quando engravidou. Ela encontrou uma parteira disposta a oferecer uma forma de pagamento que lhe permitiu pagar todos os custos com a gravidez do próprio bolso sem empenhar sua casa.

Por falar em planos de saúde, não importa o quanto você ama determinado médico ou parteira, se seu plano não pagar suas consultas, você acabará pagando muito dinheiro do próprio bolso, talvez até milhares de reais que você poderia gastar com roupas para seu bebê e com a decoração do quartinho. Então, ligue para o seu plano de saúde e certifique-se de que você sabe absolutamente tudo em relação às coberturas dele.

Por fim, não dê importância exagerada à sua decisão. Sim, escolher um obstetra ou uma parteira é uma decisão importante, mas você sempre pode mudar de ideia. Você não precisa assinar nenhum contrato de nove meses, por isso, se as coisas não derem certo ou não forem como você imaginava, sempre existe a opção de escolher outro médico, outra parteira. Outra amiga minha escolheu um obstetra para sua gravidez e, após algumas consultas, percebeu que simplesmente não estava dando certo. Ela decidiu mudar de médico no meio da gravidez e não teve nenhum problema em decorrência disso. Seu novo médico se dispôs prontamente a aceitar uma mulher que já estava em sua 22ª semana, e ela completou sua gravidez sem maiores problemas.

A primeira consulta

Quando soube que estava grávida, pela primeira vez em minha vida eu realmente fiquei feliz em ver meu obstetra/ginecologista. Eu precisava ter sua confirmação de que os três (ok, confesso que foram sete) testes de gravidez que havia feito em casa não estavam mentindo. Precisava que ele me dissesse que eu não estava de alguma forma prejudicando a saúde do meu filho quando inalava o cheiro de um cafezinho. E precisava saber se o fato de já achar difícil fechar os botões da minha jeans era normal ou sinal de um excesso alimentar do primeiro trimestre.

Liguei para o consultório do meu médico e orgulhosamente anunciei que estava grávida. Todos prendam a respiração! Estou grávida! Isso não era uma notícia maravilhosa para se dar a um consultório ginecológico? Não sei o que esperava ouvir deles. Um pouco de aplausos ou uma mensagem urgente para o obstetra teria sido legal. Em vez disso, a recepcionista transferiu minha ligação para o agendamento (sem nenhuma fanfarra), onde marcaram minha consulta para depois de *quatro* semanas. Eu era apenas mais uma entre 50 trilhões de pacientes grávidas com que eles lidam todo dia. E aparentemente os obstetras não veem nenhuma necessidade de marcar uma consulta com mães de primeira viagem nervosas, apreensivas antes de sua oitava semana de gravidez.

Oito semanas? Isso já não é o quarto trimestre ou algo parecido? Não pude acreditar que estava ouvindo aquilo. Pedi que me transferissem para a enfermeira. A enfermeira me explicou que, normalmente, as mulheres não precisam de muitos cuidados pré-natais antes da oitava semana e que eu estaria bem se tomasse minhas vitaminas pré-natais e me alimentasse de forma saudável.

Não me senti bem. Tinha tantas perguntas! O que podia comer? O que podia fazer? E como saberia se realmente estava grávida? Era possível que eu tivesse interpretado de forma errada as instruções no teste de gravidez oito vezes e que isso tudo era apenas uma piada cruel, não era? — Agora você sabe por que eu sou a pessoa mais impaciente do mundo.

Quando finalmente fui ao obstetra, a consulta não foi muito espetacular. Ouvi a batida do coração do meu bebê, vi aquele feijãozinho doce no ultrassom e recebi uma receita para vitaminas pré-natais extrafortes. Fiz minhas perguntas (não, você não prejudica seu bebê se ficar sentada na cafeteria e respirar... quem diria?), e o médico respondeu a cada uma com muita paciência. O melhor foi que o médico me deu o número da linha direta de sua enfermeira. Disse que poderia telefonar com qualquer pergunta, a qualquer hora, em qualquer dia. De repente, eu tinha uma linha direta de gravidez. Eu estava no céu.

Acho que, no fim, me conformei com o fato de ter que esperar oito semanas para falar com meu médico (foi uma boa lição para aprender a ter essa coisa que chamam de paciência), mas antes de prosseguir, quero que você saiba que essa regra das oito semanas não está escrita em pedra. Se você sentir que existe algum motivo para falar com o médico antes disso, *vá*! Acampe na sala de espera, se necessário. Você conhece seu corpo, e não há motivo para passar duas semanas em constante angústia.

Coisas que talvez você queira saber sobre sua primeira consulta

1. Testes de gravidez que você compra em uma farmácia são praticamente infalíveis — principalmente, se você os repetir 12 vezes —, então, seu obstetra provavelmente acreditará em você quando lhe disser que está grávida. Você pode pedir um exame de sangue "para ter certeza", mas suspeito que o obstetra ou a parteira simplesmente arriscará acreditar em você.

2. Seu médico consegue ver seu bebê por meio de um ultrassom transvaginal apenas até, mais ou menos, a décima semana. E sim, "vaginal" significa exatamente o que você está pensando. Falarei sobre isso em maiores detalhes no próximo capítulo. Se você estiver morrendo de curiosidade, pule as próximas páginas.

3. Não importa o quanto você tente (e não importa quão bem o médico lhe explique), você nunca será capaz de identificar as pernas, os braços ou o rosto do seu bebê em uma ultrassonografia do primeiro trimestre.

4. A enfermeira que pesa você não a julga por ter comido um biscoito de chocolate extra na noite passada. O trabalho dela é acompanhar seu aumento para se certificar de que você está realmente *ganhando* peso. Por isso, resista ao desejo de entendiá-la com um relato completo de seu consumo calórico dos últimos dias.

5. As vitaminas pré-natais extrafortes fortalecerão suas unhas e darão um brilho maravilhoso aos seus cabelos. O problema? *Todos* os seus pelos ficarão brilhosos. Anote: não esqueça de se depilar antes da próxima consulta.

6. A despeito daquilo que as mulheres mais idosas digam, seu médico não consegue adivinhar o sexo do seu bebê pelo ritmo do pulso ou pela posição que assumiu no útero. Ele pode até tentar, mas há uma probabilidade de 50% de ele estar errado.

Sangramentos

A coisa mais assustadora para uma mãe grávida são, provavelmente, sangramentos. E isso não surpreende, pois sangramentos são o sinal número um de um aborto espontâneo, o que — sinto ter que ser um estraga-prazeres — representa um risco real no primeiro trimestre. Além disso, muitos sites na internet e livros alegam que sangramentos no primeiro trimestre são um sinal certo de um aborto iminente, o que leva muitas grávidas a entrar em pânico total quando descobrem uma manchinha de sangue em sua calcinha.

Deixe-me lhe dizer: sangramentos *não* significam uma certeza absoluta de que você perderá seu bebê. Na verdade, sangramentos são bastante comuns no primeiro trimestre, e há muitas, muitas coisas que podem causá-los, muitas das quais são absolutamente inofensivas para você e seu bebê. Minha irmã Alisa percebeu algumas manchas quando estava na sétima semana, e, após várias horas de choro, pânico e exames no consultório de seu obstetra, ela descobriu que não estava tendo um aborto, mas que a causa era uma pequena ferida no útero no local da implantação. Isso não representava nenhum risco para sua gravidez, e ela acabou dando à luz uma linda menina saudável.

Tendo isso em mente, se você perceber algum sangramento, a primeira coisa que precisa fazer é relaxar. Sei que isso é difícil quando você está preocupada com seu bebê, mas se estressar não vai ajudar. Ligue imediatamente para seu médico ou sua parteira. Provavelmente pedirão que você vá até o consultório onde diagnosticarão profissionalmente a causa do seu sangramento. E ore. Como em qualquer coisa em sua vida, a maior garantia que temos é que Deus está em absoluto controle de tudo.

Preocupações

Já ouviu falar em *preocupacionite aguda*? Bem, provavelmente não, pois eu acabei de inventar. É minha palavra para um sofrimento muito comum e muito perturbador durante a gravidez, que muitas vezes se estende até a maternidade (e conheço até avós que sofrem disso). A maioria das mães que conheço desenvolve a *preocupacionite aguda* já no início de seu primeiro trimestre. Sua gravidade aumenta continuamente ao longo da gestação, resultando, muitas vezes, em viagens noturnas à emergência do hospital e em maridos gastando muito tempo fazendo massagens em ombros e costas tensas.

Os sintomas da *preocupacionite aguda* são bastante claros, mas a doença afeta cada mulher de modo diferente. Aqui estão alguns dos sintomas mais comuns:

- Colocar o número do telefone do seu médico em discagem rápida, para que você possa contatá-lo sem perder um segundo caso você perceba alguma pontada ou dor estranha ou fique com soluço.
- Ligar para sua melhor amiga ou sua mãe pelo menos 12 vezes ao dia para se assegurar de que ela estava sentindo as mesmas coisas que você na sexta semana da gravidez.
- Fazer um grande número de testes de gravidez após a gravidez ter sido confirmada, só para garantir que você "ainda está grávida".
- Acordar no meio da noite para procurar no Google coisas como "tendo uma estranha sensação urticante durante a gravidez" ou "esqueci de tomar as vitaminas pré-natais uma vez durante a gravidez".
- Alcançar um nível de intimidade fora do comum com a enfermeira do seu médico.
- Ficar obcecada com qualquer coisa que você coloca na boca para garantir que não esteja em sua lista de coisas que precisam ser evitadas durante a gravidez.

Se você acha que sofre de *preocupacionite aguda*, corra — corra! — para a emergência mais próxima e exija que façam um *check-up* completo da cabeça aos pés para garantir que não há nada de errado com você, nada, em que você ainda não tenha pensado. Falando sério agora, não há nada de errado em se preocupar; espere só até seu bebê descobrir como subir na mesa da cozinha e se pendurar no candelabro (sim, os meus fizeram isso). E lembre-se de que Deus diz claramente na Bíblia que as preocupações são fúteis. Ele não se cansa de repetir que tem tudo sob seu controle e que a única coisa que você precisa fazer é confiar nele. Em Lucas 21:14, Jesus pede aos seus discípulos: "Convençam-se de uma vez de que não devem preocupar-se." Deus, portanto, não nos diz apenas que preocupações são um desperdício de tempo, ele também nos diz que podemos (e devemos) escolher não nos preocupar. Interessante, não acha?

Mas saber que não devemos nos preocupar e não se preocupar são duas coisas diferentes. Sei muito bem que se preocupar não ajuda em nada, no entanto, acho extremamente difícil confiar em Deus no que diz respeito aos meus filhos. Isso é ridículo se pensarmos que ele é o Criador e Senhor do universo; mesmo assim, rapidamente eu volto a assumir uma postura de falta de confiança. Em vez de confiar que Deus me sustenta juntamente com meus filhos, eu começo a pensar em como eu posso controlar as coisas. E já que eu não tenho muita habilidade de controlar o mundo (quem diria?), eu acabo me preocupando mais e mais. É uma espiral terrível que me faz me sentir ansiosa, nervosa e estressada.

A única maneira de sair dessa espiral é voltar sua atenção para Deus. Tente substituir suas preocupações por passagens das Escrituras. Aprenda de cor um versículo que a lembre de quem está no controle e recite-o em sua mente até sua preocupação passar. Quando começo a ficar preocupada, eu repito Salmos 91:2 em minha mente: "[Posso] dizer ao SENHOR: Tu és o meu refúgio e a minha fortaleza, o meu Deus, em quem confio.", "Posso dizer ao SENHOR: Tu és o meu refúgio e a minha fortaleza, o meu Deus, em quem confio.","Posso dizer ao SENHOR: Tu és o meu refúgio e a minha fortaleza, o meu Deus, em quem confio."

Agora, (não) vamos falar sobre sexo

Nos últimos dias e semanas você deve ter passado muito tempo lamentando o fato de ter consumado seu casamento. Afinal de contas, foi consumando o casamento que você entrou nessa fria. Não surpreende, portanto, que, toda vez que seu marido te olhar *daquele jeito*, sua reação instintiva é correr para o quarto e vestir o pijama mais feio que você pode encontrar e passar o resto da noite no sofá escondida por trás de um livro com o excitante título de *A teologia da castidade do papa Gregório*.

Animem-se, esposas (e maridos à míngua): por volta do segundo trimestre um aumento repentino de progesterona (hormônios de novo) fará com que você se esqueça de tudo que o papa Gregório disse. Durante esse período, sua vida sexual não tem de ser anulada só porque você está atravessando os problemas do primeiro trimestre.

Mas independentemente dos seus problemas de primeiro trimestre, seu marido ainda é seu marido. E se ele realmente for homem, ele está fazendo de tudo para apoiar, amar e cuidar de você. E se você for parecida comigo, você está tratando seu marido como um *chef* de plantão cuja existência no seu primeiro trimestre tem o único propósito de alimentá-la. Não importa como você esteja se sentindo, há momentos em que você precisa nutri-lo um pouco. O que significa um cafunezinho aqui, um "obrigada, amor, você é maravilhoso" ali e, de vez em quando, até mesmo um *daqueles olhares* vindo de você.

Suponho que você já descobriu que sexo no primeiro trimestre é bem diferente do sexo que vocês tiveram quando fizeram o bebê ou até mesmo do velho e bom sexo tradicional. Sexo no primeiro trimestre costuma ser um pouco (ok, *muito*) menos frequente, principalmente porque você está lutando contra os sintomas desagradáveis do período, como inchaço, exaustão e enjoo matinal. Isso aqui é uma lição completamente nova — e você precisará de bastante exercício para dominá-la. Para ajudá-la a começar, segue aqui um curso intensivo sobre sexo na gravidez:

O bê-á-bá sexual para mães no primeiro trimestre

1. Não se preocupe. Uma coisa legal referente ao sexo na gravidez é que ele é bastante descomplicado. Você não precisa se preocupar com dias de ovulação (desmancha-prazeres) ou prevenção de gravidez (tarde demais para isso). Tenha o cuidado para não "re-complicar" seus momentos sexuais com suas preocupações. Não, relações sexuais não machucam seu bebê e não a deixarão grávida mais uma vez. Você pode simplesmente deitar e aproveitar a folia.

2. Proteja seus seios. A maioria dos homens adora seios, o que significa que a primeira coisa em que seu marido vai colocar as mãos será neles. Alerte-o já com antecedência que eles estão um *pouquinho* mais sensíveis, evitando assim gritos de dor no meio do sexo. E por falar em seios... é *possível* que vazem um pouco durante a relação. Perdoe-me por ser tão imagética, mas seus seios estão se preparando para amamentar um bebê, portanto, é absolutamente normal que um pouco de leite vaze de vez em quando. Talvez você queira advertir seu marido a respeito disso também.

4. Crie o clima. É difícil — mas não é impossível — evocar aquela sensação erótica quando você está no primeiro trimestre. Acenda algumas velas. Coloque um CD romântico. Abra uma garrafa de... suco? Diminua as luzes. Com um pouquinho de esforço e uma boa massagem do seu marido você talvez perceba que sexo pode sim ser divertido.

5. Não se preocupe com sua aparência (ou cheiro). Provavelmente, você sente nojo de si mesma neste momento. Você está inchada e suada e vomitou umas 14 vezes durante os últimos 15 dias. E é difícil de imaginar como seu homem pode sentir atração por uma garota inchada e suada e que vomita constantemente. Mas ele sente. Por isso, pare de se preocupar se seu companheiro acha você atraente e comece a mostrar para ele que você, de fato, é. Sim. Estou falando sério. Vá. Mas escove seus dentes antes.

Desejos de gravidez

Quando engravidou, você esperava ter aquelas famosas vontades de comida típicas do primeiro trimestre. Eu, pelo menos, tinha essa expectativa. Realmente acreditei que seria divertido: sessões de desenhos animados à meia-noite e picles suculentos para o café da manhã. Eu estava ansiosa por poder comer tudo que queria por nenhuma outra razão além de eu estar com vontade. Parece um sonho, não?

O problema com as vontades da gravidez é que elas não se manifestam na forma esperada como "Estou a fim de uma pizza hoje à noite". Em vez disso, se parecem mais com: "Se eu não enfiar um pedaço de pizza na minha barriga dentro de dez minutos, você pode ter certeza que vou morrer bem aqui no sofá, e você será o culpado." Visto que as vontades da gravidez não se parecem em nada com seus desejos normais de comida, acho que merecem um nome novo. Sugiro *vooontades*.

Assim, seu marido saberá que quando você disser "Estou com *vooontades* de um cachorro quente de meio metro com todos os recheios neste instante", isso significa que ele precisa entrar no carro correndo sem antes se certificar se no congelador não há alguma coisa parecida com o desejado. Maridos bem-intencionados, que nunca tiveram uma *voooontades*, nem sempre entendem como isso é terrível. Eles costumam ficar um pouco frustrados quando recebem a ordem de ir ao supermercado no meio da noite para comprar um pote de sorvete de manga com pedacinhos de chocolate amargo. Não que eu esteja falando de experiência própria, ok?

No meu caso, as *voooontades* variavam. Tive um período de duas semanas durante o qual a única coisa que eu queria comer era burritos de frango. Eu literalmente me levantava do sofá e dirigia até o restaurante todo dia para comprar meu burrito, depois voltava para casa, sentava no sofá, comia meu burrito e chupava os dedos, para não perder nada dessa delícia. Meu marido, ao conferir o extrato do banco, me informou que eu tinha gasto 149 dólares com burritos no mês passado. Ele simplesmente não entendia minhas *voooontades*. O que ele queria que eu fizesse? Morresse de fome? Estou brincando. Sou muito grata por (a) sua disposição de sair correndo para comprar um burrito a cada 12 minutos e (b) por sua disposição de pagar por eles sem reclamar demais.

Aversões durante a gravidez

O problema com as *voooontades* da gravidez é que elas costumam se transformar em aversões. É um mistério sem solução. Muito provavelmente você comerá tudo que deseja comer, o que, em troca, fará com que você nunca mais queira comer aquilo. Nunca mais. Isso não é um bom sinal para pacotes tamanho família de biscoitos ou pacotes de burritos congelados.

Lembra aquela *voooontade* de burritos que eu mencionei? Bem, agora tenho aversão a burritos. Jamais voltarei a pisar naquele restaurante. Faço até um desvio quando vou ao supermercado para não ter que passar por ele. Não é que eu não goste do restaurante. Até gosto. Pelo menos, gostava. Mas não consigo me imaginar mordendo um daqueles burritos pelo resto da minha vida. Talvez não pelo resto da minha vida, mas por um bom tempo.

O que estou querendo dizer? Mesmo que você esteja querendo muito comer uma porção gigantesca de batatas fritas, não faça nada estúpido. Não compre um estoque de batatas fritas. Existe uma grande probabilidade de que, amanhã, você terá vontade de vomitar só de pensar em batatas fritas. O segredo de fazer compras no supermercado durante a gravidez é comprar quantias pequenas. Espere. Apague isso. O segredo para fazer compras no supermercado durante a gravidez é instruir seu marido a comprar quantias pequenas de tudo. Apenas o lembre de que se ele comprar uma caixa enorme de biscoitos com sabor de queijo, ele terá que comê-los durante os próximos sete meses.

O trio do primeiro trimestre

Mesmo com todas as suas vontades de comer, aversões, preocupações e consultas médicas, o ponto alto (leia-se: o ponto baixo) do primeiro trimestre para a maioria das garotas é aquilo que chamo de trio do primeiro trimestre: exaustão total, inchaço e enjoo matinal. Quando chove, cai um pé d'água, e quando você está no primeiro trimestre, cai um pé d'água daqueles. Cansaço constante, náusea 24 horas por dia e inchaço extremo são todos formidáveis cada um por si só, mas ter que lidar com todos eles ao mesmo tempo semanas a fio leva qualquer mulher à loucura. Entende agora minha impaciência pela chegada do segundo trimestre?

Dedicarei um capítulo inteiro ao enjoo matinal (sinta-se à vontade para pular diretamente para o capítulo 3 se você quiser), pois sinceramente o enjoo matinal é o pior dos três, mas antes de tratar dele em particular, devemos falar um pouco sobre o cansaço e o inchaço.

Exaustão total

A exaustão total é um sintoma universal do início da gravidez. Conheço mulheres que conseguiram fugir do inchaço e mulheres que tiveram a sorte de serem poupadas do enjoo matinal. Eu conheço até uma moça que não ganhou um grama de peso antes de entrar na 25ª semana. Mas cada uma das mulheres que conheço sofreu de exaustão total durante seu primeiro trimestre.

No meu caso, ela começou mesmo antes de eu saber que estava grávida. Eu caía no sono no sofá às sete e meia da noite enquanto assistia ao *American Idol* e tinha dificuldades de levantar de manhã para ir ao trabalho. Usei muito o botão de soneca em meu despertador. Não conseguia ficar acordada durante os sermões na igreja. Comecei a me perguntar se não estava com mononucleose.

Falei com minha mãe sobre a exaustão, e ela apenas olhou para mim e sorriu, como se soubesse algo que eu não sabia. Evidentemente, ela sabia. Uma semana mais tarde, descobri que estava grávida.

Maneiras de lidar com o cansaço constante

1. Tire cochilos. Se necessário, leve um despertador para o trabalho e durma alguns minutos no carro ou no escritório durante o almoço (se você tiver a sorte de poder fechar a porta).

2. Negligencie as tarefas domésticas. Sei que não é fácil (eu sei, pois sou uma fanática por limpeza), mas se você deixar de passar o aspirador por algumas semanas (ou alguns meses), o mundo não vai desabar.

3. Tente fazer alguns exercícios. Tudo bem, sei que suas energias mal bastam para levantá-la do sofá e pegar um copo de água (o que, falando nisso, conta como exercício), mas movimentar-se pode ajudá-la a sentir-se mais viva. Não estou sugerindo que você saia e faça uma corrida de vinte quilômetros, mas uma caminhada de vinte ou até mesmo cinco minutos pode fazer milagres.

4. Adicione um pouco de cafeína ao seu café descafeinado. Tentei cortar completamente a cafeína quando engravidei, e consegui aderir a isso por mais ou menos 12 minutos. Um pouco de cafeína não fará mal ao seu bebê (se não acreditar em mim, pergunte a seu médico) e não há nenhum motivo para passar pela tortura da abstinência de cafeína sem necessidade. Não estou dizendo que você deva tomar quatro expressos extrafortes toda manhã, mas um café com leite não faz mal algum.

5. Beba! Água e água. Sejamos sinceras: Você estará fazendo xixi a cada dez minutos de qualquer forma, e beber água faz bem a você *e* ao bebê.

6. Vá dormir mais cedo. Deitar-se às oito da noite é perfeitamente aceitável para uma mulher grávida (e para pais de primeira viagem, só para avisar).

7. Tome suas vitaminas pré-natais. Muitas mães grávidas acabam desenvolvendo uma anemia em virtude da falta de ferro, que a deixa ainda mais cansada. (Você consegue imaginar isso?) Então, seja diligente e tome suas vitaminas.

8. Reduza sua vida social. Sei que não é divertido perder a noite de filmes ou o passeio no shopping com as amigas, mas também não é muito divertido estar totalmente exausta semanas a fio. Saiba quando dizer não —

uma habilidade que virá bem a calhar quando seu filho estiver no jardim de infância e a professora perguntar se você não poderia ser a mãe da sala, a coordenadora da Associação de Pais e Professores e a instrutora de trabalhos manuais, tudo ao mesmo tempo. Você não permanecerá grávida eternamente.

Inchaço de gravidez

Minhas calças jeans começaram a ficar apertadas 15 minutos após o resultado positivo do meu teste de gravidez. Era cedo demais para minha barriga começar a aparecer (meu bebê tinha o tamanho de uma ervilha!), mas não havia como conseguir abotoar minhas calças. Obrigada, inchaço de gravidez!

Aparentemente, os mesmos hormônios que ajudam seu bebê a ficar grande e forte também ajudam você a ficar gorda e redonda. Tecnicamente, o aumento de progesterona em seu sistema diminui seu metabolismo para que seu corpo consiga absorver mais nutrientes para seu bebê. Deus pensou em *tudo*, não é? Assim, enquanto seu corpo trabalha expedientes extras para dar ao seu bebê cada vitamina e mineral que ele necessita, você precisa lidar com a dose extra de gases dentro de você, que causam inchaço, arrotos e, sim, peidos (eu realmente disse isso? O que eu queria dizer era *soltar gases*).

Lembro-me de sair para jantar com amigos no início da minha primeira gravidez. As calças jeans que estava usando cabiam bem quando entramos no restaurante, mas após algumas *fajitas*, elas começaram a ficar um pouco apertadas. Discretamente, abri o primeiro botão das calças (que alívio!) e continuei comendo. Evidentemente, o inchaço de gravidez ocupou o espaço livre, e quando quis fechar as calças antes de levantar, não consegui. Faltavam uns três centímetros de tecido.

Tive que puxar minha blusa o máximo possível e esperar que ninguém percebesse que estava andando em público com as calças desabotoadas.

Como lutar contra o inchaço:

1. Beba água. Uma constipação só a deixará se sentindo mais inchada ainda. Só estou avisando.
2. Faça minirrefeições. Se você devorar uma pizza inteira de uma só vez, é muito provável que se sentirá inchada pelo resto da semana. Tente comer dois pedaços agora, dois pedaços em uma hora e os últimos pedaços à meia-noite quando você levantar para fazer xixi.
3. Coma devagar. Pareço sua mãe falando, não é? Mas comer com mais calma evita que o ar seja engolido e ajuda a ativar os sucos digestivos.
4. Coloque suas pernas para o alto. Pegue um copo de água e um bom livro e coloque suas pernas para o alto por meia hora. Elevar as pernas ajuda a circulação do sangue e o fluxo dos sucos digestivos. Bônus: peça que seu marido massageie seus pés enquanto você relaxa e bebe água pelo canudinho.
5. Evite alimentos que produzam gases. Eu sei, quando aquela *voooontade* bate, é difícil resistir, mas quando você se sentir superinchada, tente evitar coisas como brócolis, cebola e feijão.
6. Cuidado com o sal. Perdoe-me se eu tiver tratando você como um paciente cardíaco ou algo parecido! Mas você sabe tão bem quanto eu que excesso de sódio é o beijo da morte quando você está tentando diminuir o inchaço.

Roupas normais para o início da gravidez

Quando engravidei, estava realmente ansiosa por começar a usar roupas para gestantes. Mulheres grávidas são tão fofinhas — barrigas adoráveis, camisetas supermacias, jeans para grávidas que são uma gracinha e um sorriso radiante! Eu queria ser assim!

A má notícia é que, mesmo quando você se sente inchada (e está ganhando peso) durante seu primeiro trimestre, sua barriga não terá o tamanho necessário para preencher roupa para grávidas antes da 18ª ou 19ª semana. Até lá, você se encontrará naquele estado estranho em que suas calças jeans são apertadas demais; suas blusas, curtas demais; e seus seios, grandes demais para qualquer peça que você possui. É como se você tivesse ganhado oito quilos de inchaço e nenhum centímetro de cintura, onde você acredita aumentar mais.

Por falar em frustração, toda manhã eu abria o armário para encontrar algo que pudesse vestir para o trabalho e toda manhã eu fracassava. Minhas calças estrangulavam minha cintura, e minhas blusas expunham minhas costas. E nem quero falar dos meus seios gigantescos. Meu marido estava em êxtase (o que era maravilhoso em casa), mas eu não conseguia encontrar uma única blusa adequada para o trabalho. Meu corpo se recusava a ser confinado a qualquer uma das blusas que eu possuía.

Como lidar com esse período? Aqui estão algumas ideias:

Truques de vestiário para o primeiro trimestre

1. Use um longo lenço ou cachecol para cobrir um decote excessivo ou uma barriga inchada.

2. Pegue emprestadas as roupas do marido. Uma camisa branca pode ganhar um toque mais feminino com bijuteria chamativa e pedras lindas.

3. Compre jeans comuns que sejam dois números maiores do que seu tamanho normal. Você me agradecerá mais tarde após ter usado calças com cintura elástica por mais de seis meses porque ainda não conseguiu perder o peso da gravidez.

4. Tente o truque do elástico. Passe um elástico de cabelo pela casa de botão e prenda ambas as pontas no botão. Tarã! Suas calças acabaram de aumentar em dois tamanhos em menos de 12 segundos.

5. Ou se você não se sentir à vontade usando calças desabotoadas como eu, use uma faixa para encobrir suas jeans desabotoadas.

6. Use *leggings* sob um leve vestido de algodão. *Leggings* moldam suas pernas e sua cintura e lhe dão algum controle, enquanto vestidos são ótimos para destacar a barriguinha de grávida sem expor as saliências menos vistosas da gravidez.

7. Você sabe como fica animada quando seu marido usa aquela incrível camiseta branca sem mangas? Roube-a dele. Essas camisetas são supermodernas e muito práticas, pois são compridas o bastante para cobrir o tronco saliente e altas o bastante para esconder o excesso de seios.

8. Transforme as calças de ioga em acessório moderno. Mesmo se você for do tipo de garota que preferia morrer a ser vista com calças elásticas dois meses atrás, calças de moletom são absolutamente aceitáveis para uma mulher grávida. Combine-as com sapatos baixos e uma ousada camiseta para gestantes — Existem grifes de roupas para grávidas que oferecem lindas camisetas com mensagens cristãs.

Descanso para a mãe

Para quando você se sentir mal, exausta e, bem, grávida:

O Senhor é a minha força e o meu escudo; nele o meu coração confia, e dele recebo ajuda. Meu coração exulta de alegria, e com o meu cântico lhe darei graças.

Salmos 28:7

Senhor Deus, estou fraca neste momento, cansada, exausta, doente, com medo. Estou tendo todo tipo de sentimentos que nunca esperei ter quando grávida. Mas tu és minha força. Mesmo quando estou fraca e me sinto incapaz de dar um passo à frente, tu estás comigo, oferecendo-me teu ombro como apoio em meus momentos de maior fraqueza. Obrigada, Jesus. Ajuda-me a louvar-te com gratidão enquanto me transformo na mãe que tu desejas. Amém.

Ainda na espera?

Ainda está esperando? Provavelmente. Na verdade, imagino que você *ainda* esteja deitada no sofá e *ainda* esteja vestindo aquele mesmo moletom. Não há nada de incomum nisso. Chame seu marido e peça a ele um grande copo de limonada gelada. Recline. Tente relaxar. É bem provável que permanecerá aí por um bom tempo.

Os primeiros trimestres são longos e realmente podem testar a paciência até mesmo das mulheres mais longânimes dentre nós. Esperar é difícil... é especialmente difícil quando você está na expectativa da chegada de algo tão grande e importante como seu bebê. O melhor conselho que posso lhe dar é o mesmo conselho que você já deve ter ouvido muitas vezes: espere no Senhor.

Quando você estiver na pior e impacientemente esperando pelo fim da gravidez e estiver prestes a desistir dessa coisa chamada gravidez, espere nele. Caia de joelhos e peça àquele que realmente conhece a dor, o sofrimento e a impaciência que lhe dê sua misericórdia. Ele dará. Talvez não venha na forma de alívio, mas ele lhe mostrará sua misericórdia e a envolverá com seu amor. E isso é tudo que você precisa para sobreviver.

Por falar em sobreviver, ainda temos que falar sobre o maior ponto do trio do primeiro trimestre: o enjoo matinal. E imagino que este seja o ponto que está lhe causando o maior incômodo. Queria poder oferecer alívio (não posso), mas talvez eu possa lhe dar algumas dicas para ajudá-la a sobreviver.

Capítulo 3

O temido enjoo matinal

Como lidar com o enjoo matinal, vespertino e noturno

Não sei quanto a você, mas o enjoo matinal me pegou meio de surpresa. Eu havia ouvido falar sobre isso, e esperava que me sentisse um pouco enjoada durante meu primeiro trimestre, mas nunca (jamais) esperava que o enjoo matinal fosse como, de fato, foi. Esperava um pequeno incômodo, causado pelo enjoo, que pudesse ser curado se eu comesse algo salgado; mas a náusea matinal, vespertina e noturna, e o estômago embrulhado foram muito, muito além disso.

Durante aqueles poucos dias de absoluta alegria, após descobrir que estava grávida, tudo era maravilhoso. Fui comprar macacões supermacios verdes e amarelos e fui às livrarias com meu marido à procura de livros sobre maternidade e gravidez. Meu marido me levava a jantares românticos em que eu pedia entradas, pratos principais e sobremesas — e eu comia tudo sem o menor sentimento de culpa, pois estava comendo por dois.

Sentia-me como se estivesse caminhando ao ritmo de uma pequena voz cantarolando dentro de mim: "Estou grávida! Estou grávida!" Quando penso naqueles dias, percebo hoje que eu me encontrava na calma que precede a tempestade. Eu estava na sétima semana, e, por algum motivo, minha mente acreditava que isso correspondia a praticamente um trimestre inteiro. Eu acreditava que já havia sobrevivido ao pior e que havia conseguido escapar ao enjoo matinal. Se aquilo fosse me atingir, eu já não estaria sentindo algo a essa altura?

Decidi que eu tinha bons genes. Minha mãe me contara que ela havia sentido um pouquinho de enjoo durante o primeiro trimestre, mas nada que não pudesse ser aliviado por um lanche e alguns minutos de descanso. Acreditava ser sortuda e que o enjoo matinal havia se esquecido de mim. Eu estava amando a vida. Não estava cansada. Não estava inchada. Estava apenas com fome. Com muita, muita fome.

Não entrarei em detalhes sobre o que eu comi durante esses maravilhosos dias no início da gravidez, porque sei que, provavelmente, você vomitaria nas páginas deste livro — o que significaria que você não conseguiria terminar de lê-lo e chegar à parte boa em que o enjoo matinal me acertou em cheio. Então, digamos apenas que cumpri minha parte e comi por dois (ou três). Decidi que a gravidez era uma coisa maravilhosa e que todas as garotas que se queixavam eram simplesmente infelizes. Eu, por outro lado, era uma das sortudas.

Sei.

A realidade

Pensei que estava com uma infecção estomacal. Era Dia das Mães, e eu estava na oitava semana. Lembro-me de tomar café com minha mãe e de pedir apenas um chá de ervas.

Minha mãe me olhou com toda aquela preocupação maternal, e eu lhe expliquei que deveria ter "pego algo" e que estava me sentindo um "pouco enjoada". Ela me disse que precisava tomar cuidado. Afinal de contas, estava com seu neto dentro da minha barriga.

Naquela tarde, eu vomitei. Ainda era ingênua ao ponto de acreditar que estava doente, e meu marido me trouxe um refrigerante de limão e me colocou na cama. Acordei vomitando — e continuei vomitando durante toda a noite e o dia seguinte. Lembro-me de ter pensado que essa era a pior gripe da minha vida e de ter me confortado com o pensamento de que essas gripes não costumam durar mais do que dois ou três dias.

Agora você deve estar pensando que realmente sou muito idiota. Vá em frente e ria às minhas custas — no momento, você precisa de qualquer coisa para lhe arrancar um sorriso. Naquela tarde de segunda-feira, liguei para o consultório do meu obstetra e disse que deveria ter contraído alguma infecção estomacal e perguntei se eles não poderiam me dar algo, pois aquilo estava realmente atrapalhando minha rotina de comer por dois. A enfermeira deve ter tapado o fone para que eu não ouvisse sua risada histérica.

A maior otimista

Obviamente, eu me encontrava em um estado de negação. Após ter recebido uma lição da enfermeira, desliguei o telefone e decidi que daria conta daquilo. Não era nada a que bilhões de mães não tivessem sobrevivido antes de mim. Um pouco de náusea aqui, um pouco de vômito ali, e em dez semanas tudo teria passado e eu estaria em meu glorioso segundo trimestre com uma barriguinha adorável e com o mítico apetite sexual. Continuava otimista.

A despeito da minha ignorância anterior, eu não levei muito tempo para perceber que o enjoo matinal não se limita a um pouco de náusea aqui, um pouco de vômito ali. É debilitante. É deprimente. É tão ruim que pode levar uma futura mãe hiperanimada a questionar a sanidade de seu desejo de engravidar. Talvez você já saiba disso. E, mesmo que não lhe possa prometer uma cura, posso no mínimo simpatizar com você para que você saiba que, definitivamente, não está sozinha em seu sofrimento. A miséria adora companhia, e o enjoo matinal é, definitivamente, miserável.

Descanso para a mãe

Para quando você estiver se dobrando de enjoo matinal:

Lancem sobre ele toda a sua ansiedade, porque ele tem cuidado de vocês. Sejam sóbrios e vigiem. O diabo, o inimigo de vocês, anda ao redor como leão, rugindo e procurando a quem possa devorar. Resistam-lhe, permanecendo firmes na fé, sabendo que os irmãos que vocês têm em todo o mundo estão passando pelos mesmos sofrimentos. O Deus de toda a graça, que os chamou para a sua glória eterna em Cristo Jesus, depois de terem sofrido durante pouco de tempo, os restaurará, os confirmará, lhes dará forças e os porá sobre firmes alicerces.

1Pedro 5:7-10

Deus Pai, estou maravilhada com o fato de teres decidido abençoar-me com este presente perfeito e precioso. Sou profundamente grata. Mas sinto-me terrível neste momento. E está sendo difícil lidar com o enjoo constante. Quero confiar a ti o meu enjoo matinal, e não importa se me curas ou se eu sofro um pouco mais, Senhor, dá-me a força para enfrentar tudo com graça, coragem e fé, pois sei que as bençãos que tu me dás são muito maiores do que as provações que enfrento nesta terra. Amém.

Como lidar

Em termos puramente técnicos, algo do tamanho de uma ervilha não deveria ser capaz de causar tanto estrago em sua vida, mas como mãe você aprenderá muito rápido que, para criar problemas, não se precisa ser grande. Você compreenderá esse conceito daqui a mais ou menos dois anos quando você se esquecer de guardar o marcador permanente que você acabou de usar para identificar o copinho do seu filho.

Tendo isso em mente, creio que você tenha um milhão de perguntas sobre por que sua pequena ervilha está causando todo esse estrago matinal. O que causa essa náusea onipresente, que não desaparece nem quando você dorme? Quando ela passará? E, sobretudo, o que você pode fazer para se sentir melhor?

A notícia ruim é que nem os médicos mais respeitáveis sabem exatamente o que causa o enjoo matinal. Pior ainda, apesar de talvez terem alguns truques escondidos nas mangas, não existe uma cura definitiva testada e aprovada. Sério, alguém precisa inventar uma pílula mágica contra o enjoo matinal. Tenho certeza de que você tentará fazer isso assim que for capaz de se levantar do sofá e pensar claramente.

Enquanto não houver nenhuma pílula mágica para combater o enjoo matinal, você pode recorrer a algumas dicas e truques que podem trazer alívio. Minha pesquisa médica extensiva — quer dizer, os meses que passei me revirando no sofá e compartilhando minha miséria com outras amigas grávidas — me ensinou algumas coisas. Não sei de tudo, mas espero que você encontre neste livro algumas joias a que ajudem a aliviar um pouco o enjoo. No mínimo, você estará armada com uma tonelada de munição para sua próxima sessão de lamentação.

As três subcausas do enjoo matinal

Em minha opinião não tão *expert*, há três subcausas básicas para o enjoo matinal: a náusea causada pela fome (que minha amiga Katie chama de *insaciáusea* para o enjoo insaciável), a náusea causada por cheiros e a náusea causada por movimentos ou exercícios. Esses termos (ou diagnósticos, não são oficiais, portanto, é melhor não tentar explicar ao obstetra que você sofreu um caso agudo de *insaciáusea*, a não ser que você queira que ele a veja como maluca. Mesmo assim, fazer um diagnóstico próprio de seu enjoo matinal pode ajudá-la a encontrar o remédio que funciona com você.

Náusea causada pela fome

Por acaso você sente uma fome insaciável seis minutos após o jantar, quando comeu seis hambúrgueres, duas porções de batatas fritas e um milk-shake de chocolate em apenas quatro minutos? Você teve que substituir sua bolsa por um carrinho de feira para poder levar seu lanche? Você já se pegou comendo seu almoço diretamente da panela enquanto a comida ainda estava no fogo porque sentia tanta fome que não conseguiu esperar? Nesse caso, você sofre de *insaciáusea*, ou náusea que você sente quando está insaciavelmente faminta, que é sempre.

Uma mãe com náusea causada por fome precisa alimentar constantemente (isso mesmo, constantemente) a fera, caso contrário ela fica enjoada. É uma dessas situações sem saída. Se você não comer, fica com fome, e se ficar com fome, fica enjoada, o enjoo mata qualquer apetite, o que, por sua vez, a deixa com fome, o que a deixa (você já deve ter adivinhado) enjoada.

Minha irmã Alisa sofria de náusea causada por fome. Durante seu primeiro trimestre, mantinha um pacote de biscoitos ao lado da cama e, literalmente, acordava a cada trinta minutos para comer um punhado. Não aguentava ficar vinte minutos sem comer algo e sempre mantinha uma caixa de biscoitos ou uma tigela com amendoins ao seu alcance. Ela dizia que se sentia normal — enquanto comia.

Infelizmente para as garotas que sofrem de náusea causada pela fome, é praticamente impossível comer o tempo todo. Manter a boca cheia o tempo todo não é muito bonito, nem muito viável. A notícia boa é que comer 24 horas por dia é mais fácil do que evitar cheiros ou movimentos. Sinto pena das meninas que adoram ir à academia e que agora ficam enjoadas toda vez que se mexem; pelo menos ainda conseguem se levantar do sofá.

Dicas para as garotas com náusea causada pela fome

1. Sempre tenha um lanche à mão. No trabalho. Em casa. No meio da noite. Quando estiver na academia.

2. Compre comida em porções pequenas. Sim, aquele pacote tamanho família com barras de cereais pode parecer uma boa ideia agora, mas após comer uma ou duas, a ideia de comer mais uma provavelmente a fará vomitar.

3. Se você estiver com fome, coma. Naquele mesmo instante. Esperar cinco minutos, mesmo se você estiver no meio de uma reunião superimportante, não é uma boa ideia.

4. Faça várias refeições menores ao longo do dia. Sei que um cheesebúrguer triplo com batatas fritas parece delicioso, mas comer um cheesebúrguer simples agora e outro em duas horas a manterá satisfeita por mais tempo (sem que você fique enjoada).

5. Acrescente algumas proteínas aos amidos. Você deve estar sentindo vontade de comer carboidratos com muito açúcar (quando eu estava grávida, ficava sonhando com coisas como pão branco e biscoitos de ostra), mas você ficará satisfeita por mais tempo e, portanto, sem enjoo se acrescentar um pouco de proteína ao seu lanche. Coloque um pouco de pasta de amendoim em sua fatia de pão branco ou acrescente uma fatia de queijo ao biscoito.

6. Se você estiver com vontade de comer algo, coma. Não faz sentido comer um iogurte *diet* no lugar do bolo com cobertura de chocolate se o bolo for a única coisa que conseguirá matar sua fome. Você está grávida. Aproveite a vida um pouco.

7. Se você sentir enjoo, coma algo. Mesmo se não estiver com vontade. Haverá momentos em que você prefere dançar a *macarena* na frente de seus colegas de trabalho em cima de sua mesa a comer um biscoito. Faça alimentação forçada. Você se sentirá melhor. Eu prometo.

Náusea causada por cheiros

Você acorda no meio da noite com vontade de vomitar porque consegue sentir o cheiro dos restos de frango na geladeira? Você sabe o que os vizinhos almoçarão simplesmente respirando o ar em sua volta? Uma brisa do perfume da sua amiga a faz correr para o banheiro? Se alguma dessas situações lhe soa familiar, sua náusea é causada por cheiros.

Garotas com náusea desse tipo têm olfatos que entraram no modo hipersensível. A menor mudança no cheiro — estamos falando do cheiro do prato que alguém está comendo a vinte mesas de distância — pode levar mulheres com náusea causada por cheiros a vomitar instantaneamente. Minha cunhada

Annie sentia ânsia de vômito toda vez que passava por uma lanchonete, mesmo quando o restaurante se encontrava a 100 metros da rua, e ela dirigindo a cem quilômetros por hora.

Essas mulheres ficam enjoadas quando sentem cheiro de comida, desodorantes, pasta de dentes, chicletes, mau hálito, um restaurante, lixo, uma geladeira aberta, xampu, sabão de roupa, cabelo suado, mãos sujas e camisetas usadas. Tenho certeza que você não terá dificuldades em completar a lista.

Ah, e tem também o cheiro da velha e boa água. Não acredita que água tem cheiro? Pergunte a uma grávida que sofre de náusea causada por cheiros. Tomar um gole de água é igual a sentir o cheiro da mulher no seu escritório que usa um frasco inteiro de perfume todo dia. A água pode mandar uma mulher que sofre de náusea induzida pelo cheiro correndo para o banheiro.

Como você pode imaginar, é muito divertido estar na companhia de uma dessas mulheres. Minha amiga (não direi o nome dela) impôs ao marido a ordem estrita de não usar desodorante nem xampu, mas também de jamais cheirar a suor ou a sujeira. Sem problemas, certo? Ele também era proibido de abrir a geladeira, comer qualquer coisa que tivesse um cheiro forte ou passar por restaurantes. Ele adorou. Agora, meu marido exige que, caso eu engravide novamente, eu lhe prometa que jamais reclame do seu desodorante durante todos os nove meses. Ah, eu disse que não diria o nome, não disse?

Dicas para as garotas com náusea causada por cheiros

1. Compre tapadores de nariz. Sei que é meio vergonhoso andar por aí com um pregador no nariz, mas posso lhe garantir que é mais vergonhoso ainda vomitar em público por não ter conseguido chegar ao banheiro.

2. Compre um spray que reduza a náusea e aplique-o em si mesma, em suas roupas e em seu travesseiro.
3. Evite loções perfumadas, perfumes ou produtos para o cabelo.
4. O aroma de limão e lavanda tende a acalmar a náusea. Compre um óleo de limão e lavanda no supermercado e coloque uma gota em seu punho e no lábio superior.
5. Sempre leve consigo um copo com fatias de limão. Soa estranho, mas o cheiro de limões frescos abafa até o cheiro mais forte.
6. Saia da cozinha antes de alguém abrir a geladeira.
7. Coloque algumas gotas de suco de laranja em sua água. Elas anulam o cheiro da água e a tornam potável.
8. Não cozinhe. Jamais. Deixe que seu marido cozinhe para você, enquanto você estiver fora de casa (ou, pelo menos, fora da cozinha).

Náusea causada por movimentos ou exercícios

Você se sente bem enquanto está sentada no sofá? Um pouco de movimento (qualquer que seja) a faz correr para o banheiro, corrida essa que, por sua vez, a faz vomitar ainda mais? Basta pensar na esteira para você se sentir enjoada? A visão de uma mulher correndo na rua lhe dá vontade de bater nela? Então, você sofre de um caso ruim de náusea causada por exercícios.

Não deixe se enganar pelo nome. Sei muito bem que ninguém que sofre de enjoo matinal faz exercícios. O enjoo matinal é a desculpa perfeita para ficar longe, muito longe da academia. Mas as garotas que sofrem de náusea causada por exercícios ficam enjoadas com qualquer tipo de movimento. Qualquer movimento. Ir até a cozinha? Enjoada. Virar a cabeça para ver o que está passando na TV? Enjoada. Fazer uma visita ao banheiro? Enjoada. Mas pelo menos já está no banheiro.

Se sofrer de náusea causada por exercícios, você fica enjoada toda vez que fizer algum esforço físico, o que, na verdade, significa que você fica enjoada o tempo todo. Esse tipo de náusea fica ainda pior quando você está estressada ou cansada, de forma que a única maneira de mantê-la sob controle é encontrar uma posição confortável e permanecer nela o máximo de tempo possível. Não preciso dizer isso duas vezes, não é?

Dicas para as garotas com náusea causada por exercícios

1. Durma muito. Se você estiver na cama às sete da noite após ter dormido por três horas à tarde, você está no caminho certo.

2. Vá com calma. Se você tiver que fazer coisas malucas como subir uma escada ou, pior ainda, fazer compras, faça pequenas pausas. Sente-se em um banco por alguns minutos ou pare e tome um café descafeinado durante seu passeio pelo shopping.

3. Compre uma pulseira antienjoo na farmácia. Ela exerce pressão na área do pulso, trazendo alívio às garotas que sofrem esse tipo de náusea.

4. Quando começar a sentir o enjoo, sente-se. Ainda que isso signifique se sentar no meio do corredor do supermercado.

5. Crie um "centro de controle" próximo do seu lugar favorito. Deposite ali tudo que você precisa: água, controle remoto, laptop, carregador do celular, lanches, suas vitaminas pré-natais, suas pulseiras antienjoos etc. (ao lado do sofá, da poltrona). Uma vez acomodada, você não vai querer se levantar de novo.

6. Faça uma massagem de gravidez — ou melhor, faça com que seu marido lhe dê uma massagem de gravidez. Ela alivia o estresse e, consequentemente, pode aliviar a náusea.

7. Pesquise pontos de acupressão contra a náusea. Aplicar uma pressão firme e constante em determinados pontos de acupressão pode reduzir a náusea. O único porém é que existem pontos de acupressão que podem induzir contrações, por isso, sugiro que chame uma pessoa especializada, caso esteja interessada nisso.

O trio infernal

Algumas mulheres infelizes sofrem do trio infernal de náusea induzida por fome, cheiros e exercícios. Tudo de uma vez só. Essas mulheres só se sentem bem quando estão deitadas no sofá em uma sala sem cheiro e comendo carboidratos, enquanto seus maridos estão a postos para satisfazer qualquer desejo delas. Se você é uma dessas mulheres, é provável que precise recorrer à sua criatividade para combater seu enjoo matinal.

Se você ficar enjoada com fome, cheiros e movimentos, tente combinar as dicas que dei acima. Por exemplo, talvez você se sinta melhor se gotejar um pouco de óleo de limão em suas pulseiras antienjoo enquanto come seus biscoitos. Ou coma um pacote de biscoitos na cama antes de se mexer. Você terá que experimentar e ver o que funciona, mas você não tem nada a perder, certo?

Um guia de trabalho e enjoo para a mãe que precisa trabalhar

Quando engravidei pela primeira vez, eu trabalhava como professora de espanhol em uma escola de Ensino Médio. Não tínhamos montanhas de dinheiro escondidas no closet (teria sido legal, você não acha?), então, meu marido e eu decidimos que eu continuaria trabalhando durante a gravidez e economizaria o maior número de ausências para minha licença-maternidade. Sim, eu estava um pouco cansada e enjoada, mas não era nada com que não conseguisse lidar. E assim, após alguns dias de descanso no sofá sentindo pena de mim mesma, voltei ao trabalho.

Meu alarme disparou às seis da manhã, e, após me revirar e resmungar durante trinta minutos, eu finalmente consegui me levantar. Vomitei duas vezes enquanto escovava os dentes e então me arrastei até o chuveiro, onde fiquei sentada no chão durante outros 30 minutos, tentando recuperar o fôlego e resmungando. Meu marido implorou que me levantasse, que fizesse algo, *qualquer coisa*, mas simplesmente não consegui me mexer.

Finalmente consegui chegar ao trabalho naquela manhã. Eu literalmente vi como meus alunos se assustaram quando viram meus cabelos ainda molhados e meu rosto pálido. Consegui fazer os exercícios de aquecimento, mas depois comecei a sentir o enjoo. Tentei tomar um gole de refrigerante, e vomitei imediatamente. Nem consegui chegar até a lixeira. Vomitei em minhas mãos na frente de 35 alunos. Nem preciso dizer que fui para casa cedo naquele dia.

Finalmente, descobri como podia estar grávida e trabalhar ao mesmo tempo. Foi difícil. Mais difícil do que qualquer coisa que já havia feito, mas consegui me arrastar até o trabalho na maioria dos dias. Confesso que não consegui ser a professora que costumava ser antes da gravidez, mas fiz o possível e sobrevivi à maioria das aulas sem me esconder debaixo da escrivaninha e tirar um cochilo. Mesmo assim, se você precisa trabalhar (como é o caso da maioria), sugiro que você siga as seguintes regras para trabalhar durante a gravidez.

Oito regras para a "mãe trabalhadora" no início da gravidez

1. Não seja heroica. Claro, você gostaria de faltar o mínimo possível para economizar esses dias para a licença-maternidade, mas não existe nada que compense o embaraço de vomitar na frente de um grande grupo de pessoas. Especialmente seus colegas de trabalho (ou, pior ainda, seus alunos de Ensino Médio). Se você não consegue ficar de pé, você não deve ir ao trabalho.

2. Tenha uma estrutura de apoio. Mesmo que não queira anunciar sua gravidez a todas as pessoas com que trabalha, encontre uma colega de confiança. Conte a ela, e você terá uma amiga que pode explicar seus atrasos ou trazer-lhe uma barra de cereais quando você precisar de um lanche.

3. Não esqueça seus lanches. Mantenha um lanche a seu alcance sempre; compre um estoque de lanches saudáveis — ou, se você for como eu, compre biscoitos de chocolate e explique a todos que esses biscoitos são a única coisa que você consegue engolir e manter no estômago.

4. Não tenha medo de usar a carta da gravidez, quando necessário. Se seu chefe pedir que você fique até mais tarde para processar números, a desculpa "Essa gravidez me cansa demais, de forma que não consigo ficar acordada nem mesmo até às sete" funciona perfeitamente (e você não precisa nem mentir).

5. Sempre conheça o caminho mais rápido até o banheiro ou a lixeira. Você nunca sabe quando a náusea aparece e você terá menos de dois segundos para chegar ao banheiro.

6. Leve roupas extras ao trabalho. Sim, todos os dias. Deixe-as permanentemente em seu carro ou na gaveta da sua escrivaninha.

7. Regras de vestimenta não se aplicam a mulheres grávidas. Se seus pés não couberem em nenhum sapato além dos chinelos, não se preocupe. Se as únicas calças que você consegue abotoar forem suas jeans favoritas, tudo bem. Ah, e se você aparecer no trabalho com cabelos molhados todos os dias a partir de hoje até o Grande Dia, isso também não é problema.

Enjoo matinal: a versão extrema

Se você seguir todas as dicas contra o enjoo matinal deste capítulo, se você tentar todas e descobrir que nenhuma delas funciona e você continuar muito, muito enjoada, seu enjoo matinal pode ser uma versão extrema. Cerca de 3% das mulheres sofrem de uma rara complicação de gravidez chamada hiperêmese, um termo complicado que, basicamente, significa um enjoo matinal muito, muito ruim, terrível e debilitante.

Enjoo matinal não é divertido — para ninguém. Mas se você for literalmente incapaz de comer e funcionar, ligue para o seu médico (*agora*) para discutir a possibilidade de você ser um caso de hiperêmese. Pode ser perigoso para você e para o bebê, por isso, se você achar que pode estar sofrendo disso, procure seu médico imediatamente.

Capítulo 4

Frenesi alimentar

Como comer (devorar) por dois

Antes de começarmos, quero apenas adverti-la de que este capítulo a deixará faminta. Evidentemente, isso não é novidade, visto que você se deita com fome, acorda (à meia-noite) com fome, acorda (de novo) com fome e passa a maior parte do dia (sim, você já deve ter adivinhado) com fome. Mesmo assim, pensei que seria bom adverti-la para que pudesse preparar um lanche antes de começar a ler; a última coisa que você precisa neste instante é ser obrigada a pensar em comida sem ter nada na sua frente para comer.

Visto que a fome tem se tornado parte integral de sua vida, é provável que você tenha comido muito ultimamente. E não faz mal comer muito quando você está grávida! Até mesmo médicos e (veja só) nutricionistas concordam que mulheres grávidas *precisam* comer muito. Não *muito* muito, como a pizza inteira que você devorou ontem, mas definitivamente tem a benção da comunidade médica para *comer*. E levando em conta o fato de que, muito provavelmente, você nunca mais terá a benção de seu médico para consumir grandes quantias de sorvete de creme, aproveite enquanto puder.

Não sou perita em comida. Evidentemente, adoro comer, mas não sei distinguir uma caloria de um quilo ou uma colher de sopa de gordura de um grande pedaço de proteína. Minha irmã Alisa, por sua vez, é uma nutricionista registrada, o que significa que ela sabe *exatamente* quantas calorias ingere a cada mordida. Esse tipo de conhecimento é aborrecedor quando você está em uma churrascaria, mas certamente é bem útil quando você está grávida e precisa saber como navegar o mar tempestuoso de comer por dois. Com isso em mente, eu pedi que ela me emprestasse sua perícia e me ajudasse com este capítulo.

Antes de continuar, preciso assegurá-la de que Alisa é uma nutricionista em quem você pode *realmente* confiar. Jamais a vi comer qualquer produto de *tofu* feito para se parecer com carne, e ela *jamais* sugeriu que eu substituísse meu café por um chá verde. Na verdade, ela é uma daquelas nutricionistas que assinam embaixo a teoria segundo a qual tudo — até mesmo chocolate — pode ser consumido com moderação. Nem preciso esconder meus biscoitos de chocolate quando ela me visita.

Bem, agora que você pode ter certeza de que a leitura deste capítulo não a obrigará a comer *tofu* com aparência de peru, falemos de peru (autêntico): quanto você pode *realmente* comer quando está grávida? E o que, exatamente, acontecerá com seu corpo assim que você entrar nessa comilança extracalórica? E realmente faz mal comer um sanduíche de peru? E, acima de tudo, quantas calorias estavam naquele pacote de *Fandangos* que você devorou cinco minutos atrás?

Como comer por dois

Existem basicamente duas escolas de pensamento sobre a alimentação durante a gravidez. A primeira, à qual eu me afiliei de todo coração, afirma que a gravidez é aquela oportunidade única na vida em que você pode ganhar peso sem se expor ao estigma social, por isso você deve aproveitar cada oportunidade para comer tudo e qualquer coisa. A segunda escola, aquela seguida pelas nutricionistas de coração endurecido que nunca estiveram grávidas, afirma que sua dieta de gravidez e sua dieta de não gravidez devem ser essencialmente as mesmas com exceção de um pequeno aumento no número de calorias no segundo e no terceiro trimestre.

A verdade provavelmente se encontra em algum ponto entre os dois extremos. Comer por dois não significa realmente comer o suficiente para duas pessoas adultas, portanto, encher seu prato com o dobro de comida terá o único efeito de você se sentir (a) inchada e (b) gorda. Por outro lado, seu bebê está crescendo muito mais rápido do que seu marido, por exemplo, e por mais que ele tente convencê-la do contrário, você deve ser aquela que recebe o último pedaço da pizza.

Segundo Alisa, que já esteve grávida e conhece muito bem as vontades do primeiro trimestre, uma alimentação saudável na gravidez exige um equilíbrio cuidadoso entre comer a quantia certa, descobrir o que você tolera e ingerir os nutrientes que seu bebê precisa para crescer. E já que muito provavelmente você não está com disposição para se levantar e descobrir esse equilíbrio neste instante, aqui estão as melhores dicas de Alisa para dominar a arte da alimentação na gravidez.

Como entrar no clima de comer por dois

1. Entre na roda das minirrefeições. É mais saudável (para todo mundo, não só para as grávidas!) fazer cinco ou seis refeições menores do que três refeições enormes por dia. Portanto, se você tomar seu café da manhã às sete e se sentir faminta às oito, tente fazer várias minirrefeições.

2. Leve sempre um lanche. A fome na gravidez tem um jeito de levá-la a fazer coisas malucas, como passar pelo *drive-thru* e pedir dez porções de batatinhas e então devorá-las no estacionamento. Combata a maluquice induzida pela fome tendo sempre por perto algum lanche saudável, como barras de cereais ou um pacote de nozes, em sua bolsa, no carro, em sua escrivaninha no trabalho.

3. Seja generosa consigo mesma. Se você está com vontade de comer *tacos* e se a única coisa que pode matar sua fome são *tacos*, então vá, compre seus *tacos* — talvez dois ou três em vez de dez — e aproveite.

4. Tente não contar calorias. Isso é música no ouvido de uma mulher grávida, certo? Não faz sentido preocupar-se com a quantia exata de calorias que você deveria estar ingerindo. Sim, existem muitas orientações sobre quanta comida você deveria estar comendo (falaremos mais sobre isso em breve), mas não se estresse com isso. Se estiver com fome, coma.

5. Não se esqueça de tomar suas vitaminas pré-natais. A não ser que você sinta uma estranha vontade de comer espinafre aos montes, é muito provável que sua dieta não esteja lhe fornecendo a quantia necessária de ácido fólico. Isso significa que tomar suas vitaminas pré-

-natais é muito, muito importante. Não entendo como nunca me esqueci de tomar meu café da manhã, mas minhas vitaminas sempre davam um jeito de fugir da minha mente. Meu truque para não me esquecer delas? Enfiei o frasco de vitaminas no pote de café, de modo que eu era obrigada a tirá-las e tomá-las antes de fazer o café. Isso funcionou. (Atenção: se suas vitaminas a deixarem enjoadas, coloque-as no pote de biscoitos e tome-as à noite.)

6. Beba muita água. Você e seu bebê precisam de água, portanto, beba pelo menos oito copos de água por dia. Truque de uma mãe grávida: se você não suportar o cheiro da água — e dificilmente você seria a primeira mulher a reclamar do cheiro de água fresca e pura — tente acrescentar algumas gotas de suco de limão ou um pouco de extrato de laranja para encobrir o cheiro.

7. Tente seguir uma dieta equilibrada. Não estou dizendo que você precisa abandonar seu hábito de comer biscoitos em um único dia, mas tente reduzir o sal aos poucos e acrescentar algo diferente, como, por exemplo, biscoitos integrais. Isso é um bom treinamento para quando você tiver um filho que se recusa a comer qualquer coisa senão macarrão com queijo ralado durante quatro semanas seguidas.

8. Mantenha comida (de verdade) ao alcance de suas mãos. Há momentos em que uma fatia de queijo ou um punhado de granola simplesmente não dará conta da sua fome — você precisa de uma refeição *de verdade* — e você com certeza não pode se dar ao luxo de gastar trinta minutos preparando um prato gourmet. Sei que uma refeição congelada preparada no micro-ondas não se compara com a comida da sua mãe, mas talvez você queira criar um pequeno estoque de comidas congela-

das salgadas com pouco sal (sim, isso existe), para que você tenha o que comer quando estiver sem forças para cozinhar. Talvez você queira incluir algumas refeições para o seu marido.

Contando calorias

Então, tendo tudo isso em mente, quanto das boas e velhas rosquinhas você pode realmente comer sem se sentir culpada? Minha pesquisa exaustiva (pelo Google) me informa que a maioria dos médicos recomenda que uma mulher grávida deve comer mais ou menos 300 calorias a mais por dia, o que corresponde a uma rosquinha e meia (para sua informação). É claro que essas 300 calorias não precisam ser ingeridas na forma de rosquinhas. Você pode comer também meio copo de sorvete com cobertura de chocolate ou uma pequena porção de batatas fritas.

Só para garantir que eu repassasse todas as informações para você, pedi que Alisa compartilhasse sua pesquisa sobre as recomendações oficiais para a alimentação na gravidez. A American Dietetic Association (ADA) afirma que, na verdade, você não precisa de calorias extras durante seu primeiro trimestre (aaah...), mas de 340 calorias extras durante seu segundo trimestre (já melhorou) e de 452 calorias extras por dia durante o terceiro trimestre (agora sim!). E se você quiser saber, ela também recomenda limitar o consumo de doces e de gorduras durante a gravidez — isso significa que a ADA provavelmente reprovaria meus hábitos de comer rosquinhas com sorvete, mas isso fica entre a gente.

Essas calorias extras podem ser uma boa oportunidade para você fazer visitas frequentes a uma lanchonete, mas a maioria das mães grávidas (espertas) usam essas calorias extras para aumentar o valor nutritivo de suas dietas. Se você quiser ter certeza de que seu bebê cresça bem e rápido — e você mesma *não* cresça bem e rápido — tente usar suas 340 a 452 calorias de forma estratégica. Não estou dizendo que, de vez em quando, você não possa se mimar com algo de lamber os dedos, mas na maioria dos dias tente acrescentar algo de alto valor nutritivo aos seus lanches de gravidez.

Se você se parecer comigo, é mais do tipo que vai levando as coisas do que uma garota que conta todas as calorias que entram pela sua boca. E já que você não deve passar o dia todo com uma calculadora e um diário de comida nas mãos, talvez você se pergunte ao que correspondem 340 a 452 calorias. Felizmente, Alisa é o tipo de garota que anda por aí com uma calculadora em sua bolsa (perdoe-me por te entregar assim, Alisa), por isso, eu pedi que nos desse uma lista de lanches fáceis e que vem com uma tonelada de nutrientes gostosos. Estas são as suas sugestões:

Dez lanches deliciosos e fáceis com 340 a 452 calorias

1. Um grande sanduíche de pão integral com pasta de amendoim com geleia (ou banana).
2. Oito pequenas fatias de queijo cheddar com biscoitos.
3. Copos de pipoca com um copo de leite achocolatado (é permitido usar manteiga na pipoca!).
4. Fatias de uma maçã com pasta de amendoim e um copo de leite.
5. Um pão árabe com recheio de salada de frango.
6. Uma rosca com requeijão cremoso.
7. Uma *quesadilla* de queijo.

8. Uma tigela de *tortilla chips* com molho de tomate ou (melhor ainda) de feijão.
9. Um copo de granola com leite ou iogurte natural.
10. Dois punhados de nozes e frutas secas e um copo de suco.

Entrando na onda da comida saudável

Toda essa conversa de *tofu* com gosto de peru e salada de espinafre deve ter deixado você com uma vontade imensa de comer algo gostoso e saudável. (Vá em frente, corra até a geladeira e pegue algo com pouca gordura, pouco sal e poucos carboidratos.) A realidade é que até mesmo as piores comedoras — estou falando com você, ó Rainha da Casquinha — de repente ficam supermotivadas para comer algo supersaudável quando percebem que tudo que entra em seu corpo entra também no corpo do bebê. Não estou lhe dizendo isso para deixá-la em pânico, pelo menos não para deixá-la em pânico exagerado, mas quando você vê isso desse jeito, realmente faz sentido ser um pouco sensata em relação ao que você come quando está grávida.

Chega de brincadeiras. A decisão de seguir uma dieta saudável e equilibrada é uma das melhores coisas que você pode fazer por seu bebê. E já que deixei bem claro que, de vez em quando, eu me paparicquei com uma refeição proibida, eu também me esforcei muito para me alimentar de forma saudável durante a gravidez. (É verdade.) Uma dificuldade que enfrentei foi saber exatamente *o que* comer. Eu sofria de todo tipo de aversões e vontades de comida, e quando descobri o que eu realmente conseguia consumir, meu cérebro estava tão exausto que não restava mais nenhuma energia para refletir sobre o impacto nutricional daquilo que estava comendo.

Por isso, pedi que Alisa facilitasse as coisas para nós. Ela esboçou os nutrientes principais que uma mãe grávida precisa e compartilhou conosco como conseguir esses nutrientes sem ter que cozinhar refeições complicadas ou ler muitas etiquetas. Assim, você pode simplesmente se deliciar em paz com seu frango e seu feijão preto deliciosamente saudáveis.

Como acrescentar nutrientes às suas escolhas alimentares

Trigo integral

Digo isso de mãe que adora carboidratos para outra: Sei que você quer pão *branco*. E macarrão *branco*. E chocolate *branco*. Ah, espera aí, chocolate não é trigo, certo? Há alguma coisa em um bom espaguete ou em uma fatia de pão branco que faz toda mãe grávida salivar, mas trigo integral é muito saudável, portanto, tente acrescentar trigo integral à sua dieta de carboidratos brancos. Se você não conseguir engolir um produto feito inteiramente de trigo integral, tente aquelas coisas semi-integrais, que ainda contém um pouco de trigo integral. Ou misture seu macarrão comum com macarrão integral. Ou acrescente algumas colheres de trigo integral às suas panquecas. (Já que você deve estar se perguntando isso: banhar sua panqueca em mel ou xarope não anula o fato de você estar comendo trigo integral.)

Proteínas

As mulheres idosas dizem que, se você estiver com vontade de comer proteínas, você terá um garoto, e se você estiver a fim de frutas, você terá uma menina. Bem, essas senhoras estão erradas, pois eu era absolutamente carnívora durante todas as minhas gravidezes e tive meninos e meninas. Proteinas são muito importantes para o crescimento do bebê, especialmente durante o segundo e o terceiro trimestres. Por isso, tente comer pelo menos uma porção de proteína magra de alta qualidade em cada refeição por meio de alimentos como pasta de amendoim, produtos de soja e *tofu*, ovos, produtos de leite semidesnatados, aves, peixes e carne magra.

Fibras

Perdoe-me por ser tão plástica enquanto você está comendo, mas a gravidez pode deixá-la *muito* constipada. Você poderia seguir a velha receita e acrescentar um laxante à sua água toda manhã, ou você pode simplesmente adicionar um alimento com alto teor de fibra à sua dieta. Encha seu prato com cereais integrais, feijão, frutas e vegetais. E enquanto você se entope com fibras, beba muita, muita água (ou suco de ameixa); se não fizer isso, você ficará ainda mais entupida. E se achar que as coisas não podem piorar, Alisa afirma que elas podem sim, e realmente piorarão. É melhor acreditar nela.

Ferro

Você sabia que seu corpo *produz* sangue para seu filho? Não sei muito bem como isso funciona, mas mesmo quando seu bebê já começa a produzir seu próprio sangue, você continua a fazer sangue extra para garantir que seu bebê receba cada gota que ele ou ela precisa. Legal, não é? Todo esse líquido extra não só confirma sua teoria segundo a qual todo seu peso extra é basicamente água, mas significa também que seu corpo precisa de muito ferro. Suas vitaminas pré-natais deveriam conter muito ferro, mas seu médico pode sugerir um suplemento de ferro adicional se você começar a ficar anêmica. Você também pode ingerir ferro comendo coisas como espinafre, carne vermelha e cereais com ferro.

(Informação bônus: Alisa afirma que seu corpo absorve o ferro mais facilmente se você o ingerir com vitamina C, portanto, se você espremer um limão sobre seu espinafre ou tomar um de suco de laranja, seu corpo absorverá melhor o ferro de que necessita.)

Cálcio

Os ossos, o coração, os dentes, os nervos e os músculos do seu bebê precisam todos eles de cálcio para um desenvolvimento correto. Mas não se assuste: Se faltar cálcio à sua dieta, seu bebê simplesmente sugará o cálcio depositado nos ossos da mamãe. Bem-vinda, osteoporose! Deixe-me adivinhar: de repente, você se sente hipermotivada para comer um tanque inteiro de iogurte. Faça isso! Leite e derivados, como queijo, sorvete e iogurte são as melhores fontes de cálcio. Mas se por algum motivo você não puder comer produtos lácteos, pode beber sucos especiais com cálcio, ou comer espinafre, brócolis e melaço. Sorvete ou espinafre. Espinafre ou sorvete. Decisão difícil.

Vitamina D

Cálcio — você sabe, aquele mineral que seu bebê precisa para desenvolver praticamente tudo — precisa de vitamina D para funcionar. A maioria dos leites contém vitamina D, portanto, você a ingere bastante consumindo produtos lácteos, mas a vitamina D pode ser produzida também pelo seu corpo quando ele é exposto ao sol. (Como foi que Deus pensou nisso?) Portanto, se você vive em uma região quente e tomar seu café com leite no jardim, você está no lado seguro. Se você vive em regiões chuvosas e sofre de uma intolerância à lactose, peça ao seu médico para que lhe receite uma dose extra de vitamina D.

Ácido fólico

O ácido fólico existe em duas formas: como vitamina B, contida naturalmente em alimentos, e como forma sintética da vitamina, encontrada em suplementos. A razão pela qual passo essa informação aparentemente inútil é para que você possa se gabar com o conhecimento de um fato muito legal no encontro de mães, quando as outras garotas começarem a falar sobre vitaminas pré-natais. Mas já que estamos falando sobre o ácido fólico, também quero lembrar que ele ocupa um papel importante no desenvolvimento do cérebro e da medula espinhal de seu filho. Mesmo que você esteja superatenta ao tomar suas vitaminas pré-natais, não faz mal acrescentar um pouco de ácido fólico à sua dieta. As melhores fontes de ácido fólico são frutas cítricas, folhas verdes, feijão e pães e cereais com suplementos.

Ácidos graxos ômega 3

Ácidos graxos ômega 3 são mais um nutriente muito bom para o cérebro, portanto, se você quiser que seu filho seja aceito aos 4 anos no clube dos gênios, não faz mal dar-lhe uma dose extra de ácidos graxos ômega 3. A melhor forma de ingeri-lo é comer peixes gordurosos (como salmão), mas existe uma pequena preocupação referente ao mercúrio (falaremos mais sobre isso). Você também pode se abastecer com ômega 3 comendo nozes, óleo de canola e linhaça.

O que não comer

Quando eu estava grávida, realmente fiquei chateada por não poder comer sushi. Ironicamente, raramente como sushi quando não estou grávida (na verdade, peixe cru não faz parte dos meus alimentos preferidos), mas durante a gravidez tinha muita vontade de comer salmão cru. Acho que a razão era mais o fato de ser proibido do que meu amor por sushi. Era o fato de eu ser obrigada a abrir mão de tanta coisa; parecia injusto ter que abrir mão também do sushi.

Por mais injustiçada que você se sinta, existem boas razões para o fato de alguns alimentos serem proibidos durante a gravidez. Não, os médicos e os nutricionistas não conspiraram para tornar sua vida de grávida miserável — pelo menos não que eu saiba. É que esses alimentos podem causar problemas muito graves (apesar de muito raros) ao seu bebê. E em minha opinião, por mais chateada que estivesse por ter que desistir do meu sushi, não expor meu bebê ao risco era motivo suficiente para manter uma distância bem grande de todos os elementos desta lista.

Comidas e bebidas que você deve evitar durante a gravidez

Qualquer coisa crua. Não, preciso relativizar isso. Suponho que couve-flor e aipo cru sejam permitidos, mas por que você iria querer comer isso? Proteínas animais cruas são um grande "NÃO". Doenças causadas por alimentos nunca são divertidas, mas o risco de desidratação e de complicações aumenta drasticamente na gravidez, portanto, coma apenas carne e frutos do mar bem passados. Bifes e assados devem ser preparados ao ponto ou bem passados, e todas as aves, frutos do mar e porco devem ser bem passados.

Sushi. Veja a regra "qualquer coisa crua".

Ovos crus. A mesma coisa. E sim, isso significa não comer massa de biscoito crua até seu filho nascer. (A não ser, é claro, que você encontre um jeito de evitar os ovos crus. Por exemplo: não acrescente os ovos até o fim e prove a massa antes disso.)

Queijos não pasteurizados. Queijos moles adquiriram uma má fama porque, no passado, a maioria levava leite não pasteurizado e, por isso, representavam um risco para as mães grávidas. Hoje em dia, porém, a maioria dos gorgonzolas e queijos brie não representam nenhum perigo para elas; apenas assegure-se de que o queijo que vai comer foi produzido à base de leite pasteurizado.

Frios. Esse é importante. Frios podem conter (mesmo que isso aconteça apenas raramente) listeria, um bichinho nojento que é bastante inofensivo para a maioria das pessoas, mas que pode ser muito perigoso para uma mãe grávida (pergunte ao seu médico). Só para garantir que você não expõe seu bebê a um risco, é melhor não comer frios. Ou seja, seu sanduíche de presunto está fora de cogitação.

Sucos não pasteurizados. Sabe aqueles sucos frescos que vendem na praia? Estes também trazem o perigo de passarem doenças nojentas, então compre seu suco no supermercado e se poupe dessa preocupação.

Adoçantes artificiais. Antes de lançar uma petição pedindo meu linchamento por tentar convencê-la a abrir mão da sua Coca-Cola Diet, deixe-me apenas acrescentar que eu não disse *nenhum* adoçante artificial. Só quero passar todas as informações. Muitos peritos acreditam que um consumo moderado não faz mal. No entanto, estudos relacionados à gravidez não pesquisaram extensivamente os adoçantes artificiais, portanto, não conhecemos os efeitos exatos sobre um bebê. Tendo isso em mente, se você não consegue evitar, beba uma Coca-Cola comum durante um tempinho.

Bebidas energéticas. Bebidas energéticas contêm muita cafeína, o que não deve ser a melhor coisa para o seu bebê.

Chás e suplementos de ervas. Assim como as bebidas energéticas, os chás de ervas também contêm (sim, você já deve ter adivinhado) ervas. Não direi que você deve evitar todos os chás de ervas, pois 99% deles são absolutamente inofensivos. Mas certos ingredientes, como folhas de framboesa, podem induzir o trabalho de parto. Antes de tomar qualquer erva, é bom perguntar seu médico. Eu levei uma caixa do meu chá favorito para a minha primeira consulta (eu estava preocupada, ok?) para que meu médico pudesse conferir os ingredientes. Ele conferiu e me deu sinal verde para tomá-lo.

Anti-inflamatórios. Tudo bem, sei que se trata de um medicamento e não de comida, mas já que você o ingere, pensei que não faria mal mencioná-lo aqui. Ibuprofeno, por mais maravilhoso que seja para curar uma dor de cabeça, pode causar sangramentos na gravidez e deve ser evitado.

(Nota: Remédios à base de paracetamol podem ser tomados, mas sempre pergunte a seu médico antes.)

Fígado e rins. Caso você adore um prato de fígado com cebola (me desculpe, estou ficando enjoada agora), sugiro que você evite carnes de vísceras durante a gravidez. Tem algo a ver com toxinas e... sinceramente, parei de ler porque as chances de uma das minhas leitoras gostar de fígado durante a gravidez são praticamente inexistentes.

Álcool. Aí está. Eu disse. E agora preciso me explicar. Eu tenho uma opinião bastante forte em relação ao álcool na gravidez, por isso, dediquei toda a seção seguinte deste livro ao tema. E, sim, em minha opinião, o álcool deveria ser evitado a qualquer custo durante a gravidez. Continue lendo para descobrir o porquê.

O grande debate sobre álcool

Recentemente, álcool na gravidez tem se tornado um tema sensível, o que é um tanto estranho, visto que, durante os últimos trinta anos, a convicção de que mulheres grávidas e álcool não se misturam tem sido um fato amplamente aceito.

A questão do álcool na gravidez é esta: uma exposição precoce ao álcool no útero pode causar danos ao sistema nervoso central, ou seja, levar o cérebro do bebê a não se desenvolver ou funcionar como deveria. Isso resulta na síndrome de alcoolismo fetal, um nome longo para uma série de deficiências resultantes desse dano ao sistema nervoso central. É um assunto importante, e já que estamos falando de bebês não nascidos, a maioria dos médicos (e das mães grávidas) adotam a regra do "não beber álcool durante a gravidez".

Mas as coisas mudaram. Pesquisas recentes mostraram que o período de maior risco para a síndrome de alcoolismo fetal é no início da gravidez, e assim, tendo isso em mente, várias revistas importantes de medicina e o Ministério de Saúde do Reino Unido concluíram que pequenas quantias de álcool no fim da gravidez não aumentam de modo significativo os riscos e são provavelmente inofensivos.

Não sei quanto a você, mas "não aumentar de modo significativo" e "provavelmente inofensivos" não são expressões que me deixam muito à vontade, sobretudo quando estamos falando sobre a saúde e o bem-estar do meu bebê. Para mim, nenhuma taça de vinho vale o risco de uma deficiência permanente do meu filho.

Portanto, por mais antiquada que eu possa soar, quero que fique registrado que discordo das pessoas que alegam não haver problema em beber álcool durante a gravidez. Eu sou uma garota que não bebe durante a gravidez e provavelmente não mudarei de opinião no futuro, independentemente daquilo que as pesquisas possam alegar. A boa notícia é que uma parte significativa do mundo da medicina concorda comigo.

Agora que desabafei, provavelmente preciso acalmar algumas de vocês. Se você tomou uma taça (ou duas) de vinho antes de descobrir que estava grávida, não entre em pânico. Uma das minhas amigas aproveitou o aniversário para jantar em um restaurante mexicano e tomou uma caipirinha. Quando acordou na manhã seguinte, ela se deu conta de que sua menstruação estava atrasada. Estava grávida. Ela se culpou durante semanas por causa daquela caipirinha— até seu médico lhe garantir que *não* era problema algum.

Seu médico lhe explicou que, durante as primeiras semanas da gravidez, quando seu óvulo fertilizado está descendo pelas trompas de falópio aguardando sua implantação, ele não é alimentado por sua corrente sanguínea, de forma que o álcool que você ingere nem chega a tocar em seu bebê. Uma vez que o óvulo se implantou, os hormônios inundarão seu corpo e você perceberá rapidamente que está grávida. Então, mesmo que isso de forma alguma seja uma desculpa para se encher de caipirinhas, significa sim que uma dose ou duas antes de você saber que você está grávida não é motivo de preocupação.

Resumindo: Aqui está a lista de regras da Erin (eu) sobre álcool na gravidez (sinta-se à vontade para copiá-las e afixá-las na parede do banheiro de seu restaurante favorito):

1. Álcool e gravidez simplesmente não combinam. Peça uma piña colada sem álcool; esta também é servida com aquele guarda-sol bonitinho.

2. Você já tem bastante coisas com que se preocupar, portanto, não entre em pânico se você acidentalmente tomou uma caipirinha antes de descobrir que está grávida.

3. Se você estiver entrando em pânico, fale com seu médico, só para ter certeza. Mas não dê ouvidos a ele se lhe disser que você pode tomar outra caipirinha.

4. Compartilhe com suas amigas: iniciemos outra revolução — "Não beba quando estiver grávida".

Cafeína

Hora de confessar: Eu não abri mão da cafeína quando engravidei. Tentei. No dia após descobrir que estava grávida, fiz uma tentativa heroica e consegui chegar às dez da manhã antes de ir até a minha cafeteria preferida e comprar um café com leite. Tentei até enganar meu corpo convencendo-me de que o café descafeinado me satisfaria, mas no fundo sou uma garota cafeinada. Confesso que sofri muito tentando desistir do meu café matinal.

No meio da minha luta contra meu vício de cafeína (sim, admito, eu estava viciada), eu liguei para o meu médico para obter dele todas as informações. Ele me disse que a mania de não ingerir cafeína durante a gravidez se baseava em um estudo que mostrou que o consumo de grandes doses de cafeína podia aumentar o risco de um aborto e diminuir o peso do bebê. Meu médico sugeriu que eu tentasse limitar meu consumo de café a uma xícara (ou, no máximo, duas) por dia.

Assim, realmente tentei diminuir meu consumo de café (e finalmente consegui chegar a uma xícara por dia). No início da minha gravidez, comecei a fazer café semidescafeinado e quase não consegui perceber uma diferença. Pensei que era uma ideia brilhante, mas acabei descobrindo que todo mundo teve a mesma ideia.

Peixe e gravidez

Peixe é outro assunto que divide a plateia. Peixe faz muito, muito bem ao seu bebê e, ao mesmo tempo, faz muito, muito mal ao seu bebê. Peixe é bom para seu bebê porque contém ácidos graxos ômega 3, que são muito favoráveis para o desenvolvimento do cérebro, e isso é algo que você quer para seu bebê. Mas peixe é ruim para seu bebê porque nossos oceanos estão tão poluídos com mercúrio, e, visto que os peixes vivem e respiram a água dos oceanos, sua carne contém um alto teor de mercúrio, o que você não quer para o seu bebê.

A regra referente a peixe na gravidez é, então, que você não deveria comer mais de duas porções de peixe por semana (isso vale também para a fase de amamentação) e você não deveria comer peixes grandes como tubarões e malacantídeos que passaram meses a fio nadando no mercúrio dos oceanos. Se você gosta de atum, tente evitar a variedade albacora, pois esta tende a apresentar um maior teor de mercúrio. Se você gosta de salmão, não coma o salmão de criação, mas sim o salmão selvagem.

E se você quiser que seu filho receba uma dose extra de ômega 3, mas não gosta de frutos do mar, tente respingar algumas gotas de óleo de linho em sua torrada na manhã ou acrescentar uma xícara de nozes à sua mistura de cereais e frutas secas. Tanto nozes quanto linhaça são boas fontes vegetais de ômega 3 e não vêm com o risco de uma intoxicação por mercúrio.

Ganho de peso na gravidez

Antes de encerrar este capítulo sobre alimentação, preciso falar sobre o aumento de peso na gravidez. Sei que isso não deve ser seu assunto preferido (com certeza, não é o meu), mas visto que o ganho de peso é um elemento certo da gravidez, é um mal necessário falar dele em um capítulo sobre alimentação.

Até hoje, procuro uma mãe grávida de carne e osso que se pareça com as mulheres dos comerciais de roupas e acessórios na gravidez. Tenho certeza que as mulheres desses comerciais não são reais. Bem, podem até ser reais, mas tenho certeza de que não estão realmente grávidas. Aquelas barriguinhas perfeitamente redondas acima de pernas bronzeadas e cinturas minúsculas são boas demais para serem verdadeiras.

Claro, quando eu engravidei pela primeira vez, eu realmente acreditava que era assim que eu ficaria. Eu sonhava com lindos *leggings* para grávidas e camisetas apertadas que destacariam minha barriga. Imaginei-me usando sandálias charmosas com minhas calças favoritas (pois, naturalmente, eu continuaria podendo usá-las, pois minha cintura continuaria no tamanho de pré-grávida). Na verdade, eu queria começar a ganhar peso para adquirir aquela aparência adorável de grávida. Ninguém me contou que aquelas mulheres naqueles malditos comerciais não eram reais! Seja como for, se você estiver interessada nos detalhes sujos daquilo que realmente *acontecerá*, é melhor eu começar desde o início.

O primeiro lugar em que você começará a ganhar peso são seus seios. É provável que seu marido perceba isso antes de você. Sua incapacidade de parar de sorrir daquele jeito maldoso será seu primeiro sinal. Infelizmente, além de crescerem rapidamente, seus seios também ficarão excruciantemente sensíveis, de forma que você talvez tenha que instituir uma regra do tipo "Olhe, mas não toque".

(Nota para eventuais maridos que estiverem folheando este livro: a sensibilidade costuma desaparecer no segundo trimestre, portanto, seja paciente! Seu dia virá!)

A questão é a seguinte: apesar de ser maravilhoso ter um decote como uma modelo de lingerie em casa, é melhor escondê-lo no trabalho ou na igreja. A maioria das suas camisetas da era pré-gravidez terá decotes grandes demais e será apertada demais para usar em público, portanto, você precisa investir em camisetas *novas* (leia-se, maiores) ou, melhor ainda, descobrir formas de ocultar aquele decote prestes a explodir. Eu usei lenços de seda colorida e longos colares de miçangas coloridas que funcionaram muito bem (e eram lindos) para cobrir o decote.

As próximas partes a aumentarem de peso são suas coxas e sua cintura. Lembra como eu pensava que seria capaz de continuar usando minhas calças favoritas apertadinhas? Bem, eu estava errada. Muito errada. Na verdade, minhas calças favoritas não conseguiram sobreviver nem mesmo ao primeiro trimestre. Em vez disso, minhas coxas aumentaram 2 quilos cada de uma só vez, meu traseiro aumentou um quilo e minha cintura decidiu ficar mais larga (você sabe, como preparação para o parto). Tchauzinho, botões; oi, faixas elásticas!

Depois vem seu rosto. Certo dia durante minha terceira gravidez, meu filho estava sentado em meu colo. Ele orgulhosamente apontou para meu queixo e contou até quatro: "Um, dois, três, quatro! Quatro, mamãe!" Perguntei o que ele estava contando, e ele respondeu: "Seus queixos, você tem quatro queixos." Que criança adorável, não acha? A parte triste é que ele estava certo. Eu parecia acrescentar um queixo novo a cada dois dias.

E como esse trio infernal de seios, traseiro e coxas não bastasse, precisamos falar também dos acessórios: Sandálias abertas? Nem pensar. Pulseiras? Imagine. Eu acreditava que ganho de peso em áreas ósseas como dedos e pulso era algo impossível, mas tive que aprender minha lição do jeito duro. Agora, sei que a regra número 1 do ganho de peso na gravidez é que você ganhará peso em cada dobra, fresta e membro do seu corpo. Nada escapa.

Apenas para ressaltar isso um pouco mais, segue um quadro com alimentos comuns durante a gravidez e o peso que você ganhará ao comê-los. Não estou sugerindo que evite essas coisas, mas você deve saber o que esperar se comê-los.

Alimento	Peso que você ganhará
1 cenoura	meio quilo
Um vidro inteiro de pickles	1 quilo
Um cheeseburger	2 quilos e meio (tudo na cintura)
Batatas fritas	1 quilo mais 2 litros de água
Um milkshake de chocolate	1 quilo e meio
Dois pacotes de biscoito	2 quilos mais 1 litro de água
Um chiclete sem açúcar	Meio quilo mais 3 quilos para os doces e salgadinhos que você comerá 20 minutos depois, quando perceber que chiclete não satisfaz sua vontade de comer aquilo que você tinha em mente.

Ganho de peso em números

Durante minha primeira gravidez, acabei ganhando 25 quilos. Eu sei, eu sei, isso é muito acima do ganho de peso "recomendado". Mas eu estava com *fome*! Eu me conformei com o fato de que ganho de peso na gravidez é inevitável. No início da gravidez, esperava ganhar o peso recomendado e nenhum grama a mais. E tive que descobrir que estava ultrapassando esse número antes mesmo de entrar no terceiro trimestre.

No início, culpei a balança no consultório do médico. Esses troços se desgastam pelo uso frequente e eventualmente quebram sob o peso que precisam aguentar (ah!). Quando me dei conta de que realmente estava engordando, comecei a explicar meu ganho de peso com a retenção de líquidos. Isso me parecia uma boa desculpa. Imaginava meu bebê nadando em um oceano de líquido amniótico e que eu perderia todo esse peso no parto. Quando isso não ocorreu, tive que reconhecer que eu havia ganhado meu peso de gravidez por meio do método antiquado: comendo algumas porções extras de batatinhas à meia-noite.

Sabe aquele quadro pendurado na parede da sala de espera do consultório do seu obstetra? Aquele que mostra quantos quilos você deve ganhar em cada mês da sua gravidez? Tenho certeza de que é um quadro lindo com uma mulher grávida com uma aparência muito feliz e quase perfeita, mas *não é* real. Estou falando sério. Esqueça aquilo. Não conheço ninguém que tenha ganhado o peso perfeito. Portanto, não se preocupe com isso.

O problema com o ganho de peso na gravidez é que ele não se parece em nada com o ganho de peso do tipo "Aumentei cinco quilos durante o período de Natal e agora preciso comer espinafre até março". Ganhar peso na gravidez é essencial para a saúde do seu bebê, portanto, é algo bom. Mas, infelizmente, continua sendo ganho de peso. E visto que um ganho excessivo de peso pode comprometer a saúde futura do seu bebê, você precisa mantê-lo sob controle (diz a garota que ganhou 25 quilos). A chave para isso é esforçar-se para ingerir alimentos saudáveis e comer bem sem exagerar (e sem comer uma banana-split tripla com cobertura extra de chocolate todos os dias). Isso não faz bem nem a você nem ao bebê.

Descanso para a mãe

Para quando você estiver tentando tomar decisões saudáveis para a sua gravidez:

Reconheçam que ele é o nosso Deus. Ele nos fez e somos dele: somos o seu povo, e rebanho do seu pastoreio.

Salmos 100:3

Meu Criador, sei que pertenço a ti. Pertenço a ti, e encontro grande conforto chamando-te de meu Pai e meu Pastor. Orienta-me em minhas escolhas durante a gravidez, seja quando eu estiver escolhendo um alimento ou um médico. Ajuda-me a entender tua vontade para a minha vida e para esta gravidez, para que tua paz e tua proteção possam estar comigo e com meu bebê. Amém.

Então, está com fome?

Na 13ª semana da minha gravidez, minha família foi passar as férias em um daqueles resorts em que tudo está incluído no preço. Podíamos escolher entre dez restaurantes, portanto, havia um bilhão de coisas diferentes entre as quais eu podia escolher para comer a qualquer instante. Estava no céu. Quando a comida chinesa me enjoava, não precisava me preocupar de encontrar os restos na geladeira na manhã seguinte. Quando estava a fim de comer batatas fritas com queijo, eu sabia que no dia seguinte mais batatinhas fritas com queijo estariam me esperando. É assim que uma mãe grávida precisa comer.

É claro que meu marido se assustou quando sugeri ficar no resort pelas últimas 27 semanas da minha gravidez, e eu tive que retornar para o meu mundo real e aprender a comer como uma pessoa real. E isso é difícil quando você não dispõe de um *chef* particular que satisfaz todos os seus desejos.

Quero encerrar este capítulo lembrando você de que deve se permitir não ser perfeita. Lembro-me de que me sentia uma mãe péssima por não encontrar o tempo, a energia ou o dinheiro para preparar uma refeição perfeitamente equilibrada todos os dias. Fiz o melhor que pude, mas houve muitos dias em que comemos um lanche *fast-food*. Houve também muitos dias em que meu marido teve que se virar e sobreviver por conta própria.

Sim, em um mundo perfeito você seguiria uma dieta perfeitamente equilibrada de trigo integral, proteínas magras e vegetais. E em um mundo ideal você ganharia o peso ideal e nem um quilinho a mais e sua aparência seria igual à das mulheres perfeitas nos comerciais de roupa para gestantes. E já que estamos sonhando, seria perfeito também se sua gravidez não durasse nove meses e se fizessem jeans para grávidas que realmente ficam presos à cintura. Mas já que nada disso acontecerá, estou lhe dando a permissão para relaxar.

Faça o melhor que puder. Confie em Deus. Ore por seu bebê. E coma seu cheeseburger. Ou um hambúrguer de *tofu*. A escolha é sua.

Capítulo 5

Todas essas coisas médicas!

Um passeio íntimo e pessoal pelo consultório do seu obstetra ou de sua parteira

Não sou médica. Nem assisto ao seriado *Grey's Anatomy*, portanto, não posso nem fingir conhecimentos quando o assunto são questões médicas. E já que a comunidade médica vê com desdém quando uma pessoa dá conselhos médicos quando não sabe do que está falando, pensei que a melhor coisa que eu posso fazer é não dar conselhos médicos e deixar isso para o seu médico ou sua parteira.

No entanto, sou uma veterana de sala de espera. Passei *muito* tempo nela durante os últimos anos. Na verdade, durante minha segunda gravidez, eu marquei minhas consultas propositalmente durante os horários mais agitados, permitindo-me deixar meu filho com meu marido e passar uma hora ou duas na sala de espera lendo revistas especializadas em gravidez. Esse era o meu mimo semanal.

Independentemente de você encarar seu tempo no consultório como uma fuga relaxante ou uma necessidade irritante, é melhor que você se acostume com a ideia de gastar muito tempo lá. Na verdade, você talvez queira comprar um daqueles travesseiros que as pessoas levam aos jogos de futebol para não correr o risco de desenvolver hemorroidas de tanto ficar sentada. (Sei, eu sei, as hemorroidas são causadas pela gravidez, mas você pode muito bem também culpar aquelas cadeiras desconfortáveis.)

No início da sua gravidez, pedirão que você faça uma consulta pelo menos uma vez por mês. O que não representa um problema muito grande. Quando chegar à 26ª semana, seu médico pedirá que dobre a frequência de suas consultas, o que já parece ser muito, mas não é nada comparado com o fim da gravidez. A partir da 36ª semana, ele desejará vê-la semanalmente. A essa altura, comece a orar para que seu bebê nasça o mais rápido possível — para diminuir os gastos com gasolina ou passagens de ônibus. Nem direi quantas vezes seu médico chamará para vê-la caso seu bebê passe da data prevista para o parto. Digamos apenas que, a essa altura, você pode muito bem fazer suas malas e se mudar para o consultório.

Durante os próximos meses, você fará mais exames do que consegue contar, você será examinada e reexaminada e examinada mais uma vez e terá que se expor a pelo menos dez pessoas mais de uma vez. Quando sua gravidez tiver acabado, você se sentirá perfeitamente à vontade naquela cadeira ginecológica. Então, comece a treinar e coloque seus pés na mesa de centro e prepare-se para um capítulo dedicado ao consultório do seu médico. Considere isso seu tour íntimo e pessoal. Afinal de contas, você passará tanto tempo aqui quanto na loja de roupas de bebê.

O banheiro da sala de espera

Nossa primeira parada é o banheiro da sala de espera, o lugar para o qual mandarão você ir assim que entrar no consultório. Uma vez que estiver lá dentro, perceberá que não se trata de um banheiro comum; sim, ele tem um vaso e uma pia e (espero) toalhas de papel, mas todo o banheiro foi projetado com um único propósito: o de coletar centenas e centenas de copos de xixi de mulheres grávidas como você.

Em algum lugar do banheiro, você verá uma cesta gigantesca cheia de copinhos de plástico. Seu desafio: encher um desses copinhos com o seu xixi. Não importa quanto xixi você consegue colocar nesse copinho ou quanto tempo você leva (mas se você demorar demais, você terá um bando de mulheres batendo na porta com seus copinhos de plástico), você não pode sair do banheiro com o copo vazio. Portanto, encare seu copinho como sua entrada de ouro para o consultório do obstetra: sem ele, você não passará da sala de espera.

Não entrarei nos detalhes de *como* urinar em um copo (a) porque não quero ter que recorrer a uma linguagem tão gráfica e (b) porque seu obstetra deve ter colocado um pôster com um "passo a passo" na parede do banheiro. Se você tiver sorte, esse pôster terá até ilustrações. Tenho certeza de que você conseguirá encontrar um método para cumprir esse desafio.

Uma vez que você completou sua tarefa, seu médico provavelmente pedirá que deixe o copo no banheiro ou o entregue à recepcionista. Alguns consultórios sofisticados têm pequenos vãos nos banheiros para depositar o copo cheio. Na verdade, trata-se de um vão com duas janelas. Você abre a janela do seu lado, coloca seu copo em uma bandeja, e o técnico do laboratório abre a janela do outro lado para retirar seu xixi. Legal, não é? Uma observação: recomendo abrir e fechar a sua janela o mais rápido possível — os técnicos do laboratório tendem a se assustar quando abrem a porta e veem você olhando para eles. Eu a avisei.

E só no caso de você estar se perguntando para quê tudo isso: os técnicos não recolhem todos esses copinhos de xixi para que seu laboratório fique mais colorido. Eles examinam seu xixi para detectar todo tipo de indicadores de saúde. Primeiro, querem descobrir se você não tem algum tipo de infecção urinária ou renal. Depois, mergulham uma pequena tira de papel químico em sua urina para ver se ela apresenta níveis altos de açúcar, proteína ou cetona, isso quer dizer que você pode estar sofrendo de diabete gestacional ou pré-eclampsia. Se sua urina apresentar altos níveis de cetona, é provável que você esteja desidratada, então você precisa beber algo imediatamente.

A sala de espera

Após encher seu copinho, você pode voltar para a sala de espera. Ali, você pode fazer seu *check-in*, escolher uma cadeira, pedir um café com leite (continue sonhando), pegar uma revista e se acomodar. Recline e coloque seus pés no alto — você passará um bom tempo aqui.

Obstetras e parteiras são famosos por se atrasarem; mas eles têm uma desculpa muito boa. Veja bem, bebês nascem a qualquer hora do dia, o que significa que seu médico gasta muito tempo correndo entre partos e consultas. E já que bebês não esperam só porque a agenda do doutor está lotada, é provável que o médico sairá correndo para fazer o parto de um bebê para depois se preocupar com o consultório lotado. Isso é uma coisa boa. Melhor esperar agora em uma sala de espera confortável do que quando você tiver uma dilatação de dez centímetros.

Enquanto estiver esperando, você terá muito tempo para ler as revistas convenientemente espalhadas pela sala de espera. Em um dia de sorte, você pode até conseguir encontrar uma revista intacta, mas este será o dia em que o médico está conseguindo cumprir os horários de sua agenda e sua espera se limitará a cinco minutos. Na maioria das vezes, você descobrirá ou que a maior parte das revistas disponíveis tem mais de dois anos ou que lhes falta a metade das páginas, porque as outras mulheres grávidas arrancaram todos os artigos interessantes. Esse é o momento em que você começará a folhear revistas promocionais.

Revistas promocionais são produzidas por empresas que estão tentando promover (leia-se, vender) algum produto especial para sua gravidez ou seu bebê. Nelas, você encontrará artigos promocionais (ou seja, propaganda com a aparência de artigos comuns) que lhe dirão como seu produto deixará seu bebê mais esperto/bonito/atlético — basta você comprar o produto. Não estou dizendo que a história sobre a mulher que deu à luz um gênio que conseguiu fazer cálculos equacionais aos dois anos de idade não seja verdade, mas há uma boa chance de que a inteligência de seu bebê não tenha sido resultado do Sistema Educacional Pré-natal EDU700. Portanto, leia essas revistas com uma boa dose de senso crítico.

Outra boa atividade para a sala de espera é cochilar. Se você ficar presa nessa sala por um bom tempo, não há nada de errado em dormir um pouco. Sempre que eu ia ao consultório do meu obstetra, levava comigo o meu travesseiro de nuca que usava em viagens aéreas. Sim, é um pouco embaraçoso ser acordado pela enfermeira que lhe oferece um lenço de papel para enxugar a baba do seu queixo, mas e daí? Você não cochila também no trabalho, na academia, na fila do supermercado? Pois é.

A Senhora Balança

É fácil ficar animada quando a enfermeira finalmente chama seu nome e a convida a entrar na sala do doutor. Você conseguiu! Está entrando! Mas sua animação momentânea certamente será de pouca duração, pois no interior da sala aguarda a assombração de toda grávida.

A Senhora Balança é uma presença aterrorizante. Ela é esbelta e leve e muito boa em deixar claro que *você* não é esbelta *nem* leve. E a Senhora Balança nunca mente. A minha balança de casa é um pouco manipulada: ela diz que peso 62 quilos quando, na verdade, meu peso se aproxima mais dos setenta quilos. Gosto disso. Mas a Senhora Balança no consultório do meu obstetra diz que peso setenta quilos, às vezes, beirando os 71 quilos, só para garantir. Eu a odeio.

Não preciso dizer que, toda vez que eu passava pela porta do médico e via a Senhora Balança, a primeira coisa que fazia era tentar inventar um jeito de me livrar de três quilos antes de cumprimentar o doutor. Livrava-me do meu casaco (quente demais), entregava minha bolsa à enfermeira (grande demais) e tirava meus tênis (suados demais) na esperança de preservar algum senso de dignidade diante da Senhora Balança. Nunca funcionou. A cada semana, a Senhora Balança me dizia que havia ganhado pelo menos meio quilo, normalmente mais do que isso. Posso lhe garantir que a Senhora Balança é má. Certa vez, comecei a chorar histericamente quando ela me informou que eu pesava um quilo a mais do que meu marido. Após recuperar minha compostura, culpei os hormônios pelas lágrimas e secretamente jurei que, na próxima vez, usaria sapatos com pregos na sola. Minha vingança particular.

O que estou querendo dizer é: sei que encontros com a Senhora Balança podem ser desencorajadores. Especialmente quando seu ganho de peso ultrapassa os limites "recomendados". Mas também quero dizer-lhe que seu ganho de peso não é tão importante assim. Sim, tente manter a Senhora Balança (e seu médico) feliz, mas enquanto estiver mantendo um hábito de alimentação e exercício saudável, não permita que ela determine seu humor. Ela não é tão importante assim.

A enfermeira do telefone

Após ter sobrevivido à Senhora Balança, você será levada para a sua sala. Mas antes de chegar à sua sala, você passará por uma pequena mesa onde uma mulher ocupada está falando ao telefone. Talvez você não a reconheça de aparência, mas certamente reconhecerá sua voz. Ela é a enfermeira do telefone. Sim, aquela mulher que pacientemente respondeu a cada uma de suas perguntas sobre gravidez quando você sentiu a necessidade de ligar para o consultório do seu médico 14 vezes na semana passada.

Na verdade, em pouco tempo você verá essa mulher como sua melhor amiga. Essa amizade começará com uma ligação no meio da noite "só para ter certeza que não faz mal dormir de costas" e continuará quando você liga na mesma noite "só para confirmar". Essa amizade crescerá ao ponto de você pedir a ela sugestões para o nome do seu bebê (nenhuma outra pessoa parece ser capaz de fazer sugestões neutras) e confiar a ela que seu medo mais profundo e sombrio é você fazer cocô na mesa de parto.

Vou lhe dizer uma coisa: o sentimento não é recíproco. Enquanto você pode achar que o trabalho da enfermeira do telefone é dedicar sua atenção imediata a cada preocupação médica que você possa ter, ela tem pelo menos outras trinta mulheres grávidas esperando na linha e acreditando que precisam de atenção imediata. Isso significa que essa mulher é muito, muito ocupada. Não estou dizendo que você não deve ligar para o consultório sempre que tiver uma pergunta — você deve fazer isso —, mas seja simplesmente muito, muito educada com essa pessoa. Afinal de contas, é ela quem está à sua disposição quando sua sogra está cansada demais para atender à sua ligação.

Coloquei o número de Caroline, a enfermeira do meu médico, em discagem rápida, e ela foi minha salvação sempre que eu tinha alguma pergunta médica relacionada à gravidez. Essa mulher sabia de tudo e sempre foi tão paciente toda vez que eu ligava para chorar sobre o enjoo matinal, para esbravejar sobre o ganho de peso ou acidentalmente apertava a discagem rápida n° 3 em vez do n° 2. E já que Caroline foi minha salvação tantas vezes, eu fazia questão de tratá-la muito bem sempre que a via. Sempre passava em sua escrivaninha para dizer oi e, às vezes, até lhe trazia algum presentinho.

Portanto, quando você estiver a caminho de sua sala, e mesmo se você estiver um pouco irritada por causa de um conflito com a Senhora Balança, tente sorrir para ela e dizer oi. Sua enfermeira ficará feliz com o fato de saber que seu trabalho está sendo reconhecido.

A sala de exames

Você conseguiu! Você está na sala de exames e está pronta para as coisas legais. Mas primeiro, você espera. De novo. Você se lembra como eu disse que obstetras tendem a se atrasar? Bem, a sala de exames não é nenhuma exceção. Sim, você está um passo mais perto de realmente ver seu médico, mas isso não significa que mulheres não entrem em trabalho de parto e que bebês não nasçam. Portanto, acomode-se, encontre a posição mais confortável possível quando você está vestindo uma roupa aberta nas costas.

É possível que você fique um pouco nervosa enquanto espera na sala de exames. Não são os apoios para os pés nos dois lados da cadeira ginecológica (apesar de que eles também costumam nos deixar nervosas, de certa forma), mas o fato de seu tempo com o médico ser muito limitado. E você tem tantas perguntas! Talvez você queira aproveitar esse tempo revendo mais uma vez sua lista de perguntas já pronta... ou rapidamente anotar cada pergunta imaginável no verso de uma receita que você encontrou em sua bolsa. Em todo caso, é uma boa ideia anotar suas perguntas para você não esquecê-las quando o médico realmente aparecer na sua frente.

Enquanto estiver esperando, você também terá muito tempo para se familiarizar com todos os pôsteres e panfletos espalhados pela sala de exames. Essa é a sua oportunidade para encher sua cabeça com todo tipo de informação inútil sobre a taxa de erro de todos os métodos de prevenção de gravidez e procedimentos de autoexames de seios.

O conhecimento de fatos aleatórios como estes lhe garantirá muita popularidade em festas. Talvez você encontre até um modelo em tamanho real do útero humano. Uma dica para as sábias entre nós: por mais tentador que seja, sugiro não desmontar o modelo do útero, pois a remontagem dessas coisas tende a ser um pouco difícil e pode ser um pouco embaraçoso o médico encontrá-la construindo uma torre feita de ossos pélvicos e trompas de falópio.

Finalmente, seu médico comparecerá. Primeiro, ele pedirá que você o atualize sobre os eventos recentes de sua gravidez (tenho certeza de que ele está doidinho para saber dos lençóis que você acabou de comprar para o berço do bebê) e faça suas perguntas.

Quando estive grávida, muitas pessoas me disseram que nenhuma pergunta é estúpida demais para meu médico, e apesar de ser muito legal dizer isso, eu vou ser sincera com você e dizer-lhe que existem, sim, perguntas estúpidas. Por exemplo, acredito que seja desnecessário perguntar a seu médico:

- Como raspo os pelos naquele lugar nos tornozelos que está ficando cada vez mais difícil de alcançar? (Deixe-os crescer, Jane da Selva.)
- Onde encontro aqueles lindos *leggings* para gestantes? (Em toda loja de roupa para grávidas!)

- Afinal de contas, como é que fui engravidar? (Pensei que essa você já sabia.)
- O senhor pode me dar uma analgesia epidural que dure toda a gravidez? (Não, pois não existe. Mas valeu a tentativa.)
- Eu posso tomar um sorvete como jantar e comer um bolo de chocolate alemão como sobremesa? (É claro que sim. Mas lembre-se da Senhora Balança. E não se esqueça do leite achocolatado como tira-gosto.)
- Eu posso trazer meu cachorro para a sala de parto? (É bem provável que não. Por algum motivo obscuro, os hospitais odeiam pelo de cachorro em salas esterilizadas.)

Mas você pode (e deve) perguntar ao seu médico qualquer coisa relacionada a um assunto médico. Pergunte-o sobre aquela dor estranha do lado esquerdo de seu quadril que parece piorar no fim da tarde ou após descer uma escada. Chama-se dor de ligamento redondo. Pergunte-o como cair no sono sem ter que ficar se remexendo durante horas. Deite do seu lado esquerdo e compre um daqueles travesseiros que se parecem com uma minhoca gigante. E pergunte-o sobre como ingerir suas vitaminas pré-natais sem vomitá-las no mesmo instante em que as engole. (Eu conheço duas pessoas que não conseguiram tomar suas vitaminas até que suas parteiras lhes recomendarem uma vitamina com muito ácido fólico. Aparentemente, isso acalma o estômago.)

O que esperar de uma típica consulta

Aferir a pressão

Aferir sua pressão é evidentemente um exame absolutamente não invasivo e absolutamente indolor. Nas palavras do meu filho de sete anos, o aparelho apenas dará um "forte abraço de urso" em seu braço, e a enfermeira interromperá sua conversa durante alguns segundos para averiguar seus números.

A gravidez tende a ser um pouquinho estressante e tende a aumentar um pouquinho o seu peso. E, como você deve ter percebido na última festa de Natal na casa da sua avó com 74 outros parentes, estresse e ganho de peso tendem a aumentar a pressão. E já que pressão alta pode causar coisas ruins como pré-eclampsia, é muito provável que seu médico a verifique toda vez que você for visitá-lo. Se sua pressão estiver alta, não entre em pânico. Seu médico ficará mais atento a você durante sua gravidez para garantir o seu bem-estar e do bebê.

Altura uterina

Altura uterina é um nome complicado que simplesmente significa "tamanho da barriga". Em toda consulta, seu médico pegará uma fita métrica e medirá a distância entre seu osso pélvico e seu umbigo para saber com que velocidade seu bebê está crescendo. Uma boa regra padrão é que, após sua 18ª semana, sua altura uterina deve equivaler ao número de semanas de gravidez. Portanto, quando você estiver na 28ª semana, sua altura uterina deverá ser mais ou menos de 28 centímetros. Quando sua altura uterina ultrapassar 45 centímetros, sugiro que fale com seu médico sobre a possibilidade de induzir o parto.

Exames vaginais e culturas

Tenho certeza de que você já está familiarizada com o procedimento de outros testes de Papanicolau que você já fez: a cadeira ginecológica, a coleta, o médico brincalhão que tenta deixá-la a vontade quando, na verdade, você se sente muito, muito desconfortável. A razão desses exames é que ele quer ter certeza absoluta de que não está se desenvolvendo nadinha lá em baixo que não deveria estar lá, como gonorreia ou clamídia. Se algo estiver crescendo lá em baixo, seu médico tomará as medidas necessárias antes que aquilo possa prejudicar seu bebê. Não é confortável, mas é muito necessário.

E já que seu médico está lá em baixo, ele provavelmente também verificará o colo do seu útero para certificar-se de que está bem fechado. O colo do útero é a pequena passagem entre o útero e a vagina. Ele tem a função muito importante de manter seu bebê dentro do útero até a hora do parto; se você quiser ter uma ideia mais concreta, dê uma olhada no modelo do útero no consultório do seu obstetra.

Após seu médico ter preparado a primeira cultura vaginal e examinado o colo do útero, você está livre desses procedimentos por um bom tempo. A maioria dos médicos só volta a checar o colo do útero bem no fim da gravidez. Após seu exame inicial, o médico deixará que o colo de seu útero faça o trabalho dele em paz até o fim do seu terceiro trimestre.

Por vim, já que você terá que fazer uma série de exames desconfortáveis durante toda a sua gravidez, sugiro que implemente a "regra do bolo de cenoura" da minha irmã. Após a primeira coleta de material vaginal, ela estabeleceu a regra de que após cada exame invasivo ou irritante seu marido teria que parar na padaria e comprar um pedaço de bolo de cenoura quando voltassem para casa. Esses exames parecem bem mais suportáveis se você pode se distrair com a expectativa de um mimo delicioso.

Doppler

Durante cada consulta, seu médico passará um bastão Doppler sobre sua barriga, e instantaneamente você começará a ouvir o doce som da batida do coração do seu bebê. Muito legal, não acha? Eu poderia ter ficado horas e horas a fio sentada naquela cadeira, ouvindo aquele som arrebatador. É claro que meu médico tinha coisas mais importantes a fazer — como ajudar em partos —, por isso costumava usar o Doppler apenas o tempo suficiente para se assegurar de que a batida do coração do bebê era forte o bastante e que tudo estava bem.

Você pode sentir-se tentada a investir boa parte do seu salário em seu próprio aparelho mágico para poder ouvir a batida do coração do seu bebê em casa, mas antes de você sacar seu cartão de crédito, deixe-me adverti-la de duas coisas:

1) É muito provável que seu médico saiba manusear o Doppler muito melhor do que você. Ele consegue encontrar a batida do coração do seu bebê em menos de 2,4 segundos, mas é provável que você gaste mais de uma hora ouvindo os barulhos dos seus intestinos.

2) Após ouvir seus intestinos por mais de duas horas, você vai ficar estressada com sua incapacidade de encontrar a batida do coração do seu bebê e voltará para o consultório do seu médico. Essa ansiedade é totalmente desnecessária para uma mãe grávida (veja "Aferir a pressão"), portanto, sugiro que não compre equipamento médico caro para o uso doméstico se você não for da área.

Ultrassonografias

Sem dúvida alguma, as ultrassonografias foram os auges das minhas gravidezes; era como abrir uma janela da minha barriga, e aquela imagem miúda, borrada e quase indistinguível era tão linda que eu não conseguia fechar minha boca. E para adoçar ainda mais as coisas, meu médico imprimia essas fotografias lindas, borradas em preto e branco, para que eu pudesse levá-las para casa e postar no Facebook, mostrando-as para o mundo inteiro. As pessoas adoram ver imagens borradas de bebês que elas não conseguem reconhecer. É verdade. O quê? Não acredita em mim?

Seu plano de saúde deveria pagar pelo menos uma grande ultrassonografia na metade da sua gravidez para garantir que seu bebê está bem. Tudo que passe disso dependerá completamente do seu médico e do seu plano de saúde. Uma amiga minha tinha um plano de saúde maravilhoso que permitia uma ultrassonografia a cada consulta (maravilha, não é?). Meu plano de saúde pagou uma ultrassonografia na 8ª semana para confirmar a gravidez, uma ultrassonografia na 20ª semana para um "exame fisiológico completo" e uma última na 36ª semana para determinar se o bebê tinha espaço o suficiente para ficar nadando dentro da minha barriga.

Eu já mencionei isso no primeiro capítulo sobre o primeiro trimestre, mas já que o povo tende a omitir informações desagradáveis quando fala sobre ultrassonografias, eu terei que ser a mensageira de notícias ruins: ultrassonografias no início da gravidez, antes da nona semana, são ultrassonografias transvaginais. Visto que seu bebê é tão pequeno e a pele (ou, no meu caso, gordura) do seu estômago é tão grossa, o médico não consegue vê-lo por um ultrassom regular. Portanto, precisam dar uma olhada por, bem, outra "janela".

A ultrassonografia transvaginal não é tão ruim quanto parece. Basicamente, o médico despejará um monte de meleca azul (creio que seja um tipo de lubrificante) em um bastão do tamanho de um absorvente interno tamanho extra. Lentamente, ele irá inserir o bastão em, bem, você sabe onde. No início, é um pouco desagradável, mas assim que você vir aquela imagem borrada na tela, ficará tão encantada que não se importará com o lugar onde o bastão se encontra. O médico ou técnico levará algum tempo para contar as batidas do coração do seu bebê por minuto e para medir o comprimento da perna e da coluna do bebê para determinar o dia de nascimento e a taxa de crescimento.

Meu conselho: nem tente acompanhar seus procedimentos. Não importa o quanto você se esforce, você não conseguirá distinguir um braço de um coração ou um olho de um pé nessa fase da gravidez, portanto, não faz sentido se frustrar desnecessariamente. Use o tempo para contemplar esse bebê tão adorável e sonhe com a roupinha que sua mãe acabou de comprar para ele.

Uma vez que você chegar ao segundo trimestre, a ultrassonografia será exatamente como aquelas que você vê na TV, com aquela meleca azul em sua grande barriga e a imagem do seu bebê agora mais distinguível. Essas são as ultrassonografias que você pode (e deve) mostrar para sua mãe, seu pai, seus vizinhos e a mulher que acaba de conhecer na sala de espera. Quando fiz a ultrassonografia na 20ª semana quando estava grávida da minha filha, convidei todo mundo que conhecia porque eu estava muito empolgada. Quando o técnico revelou que eu teria uma menina, a sala inteira caiu em gritos e aplausos. Foi uma grande festa no consultório do obstetra.

Continuação da ultrassonografia: descobrindo o sexo do seu bebê

A melhor parte da ultrassonografia na 20ª semana é que você vai descobrir o sexo do seu bebê. Gostou de como já decidi que você *vai* descobrir o sexo do seu bebê? Bem, suponho que o bebê seja *seu*, portanto você deve ter o direito de decidir se você quer viver a surpresa de ouvir "É um menino!" ou "É uma menina!" na sala de parto, mas isso não significa que eu precise concordar com você. Eu sou barulhenta. Não gosto de esperar. E eu gosto de ser obrigada a comprar roupas de bebê nas cores azul ou rosa quando vou a um chá de bebê.

Minha amiga Rebecca gosta de esperar. De algum jeito, conseguiu sobreviver a duas ultrassonografias na 20ª semana de suas gravidezes sem olhar, e ela jura que o momento de surpresa valeu todos os longos meses de espera. Afirma também que recebeu toneladas de coisas práticas como fraldas e lenços úmidos, que, apesar de não serem muito animadores, foram uma benção financeira. Não saber ainda me deixa maluca. Mas se você decidiu esperar para descobrir, eu também consigo esperar. Acho.

Obviamente, eu não esperei para descobrir o sexo dos meus bebês. Eu quis saber o mais rápido possível em todas as minhas gravidezes, e não me arrependo. Adorei saber. Isso me permitiu pesquisar nomes, pintar o quarto do bebê, comprar roupinhas nas cores certas e escolher a roupa de menino ou menina para o dia em que levaria meu bebê para casa. Gosto de planejar, portanto, curti muito essa parte da gravidez.

Além disso — chegou a hora de confessar —, na minha primeira gravidez, foi bom descobrir o sexo do bebê bem cedo porque levei algum tempo para me acostumar com a ideia de que teria um garoto. Por algum motivo, eu tinha essa ideia fixa de que só teria bebês meninas. Fui fazer aquela primeira ultrassonografia absolutamente certa de que eu teria uma menina, e quando o técnico me disse que teria um menino, fiquei estupefata. E — é terrível ter que admitir isso — fiquei desolada. Eu sou 100% menina e não tinha ideia de o que fazer com um menino. Precisei dos últimos meses da gravidez para me acostumar com a ideia de alguém trazer sapos e caracóis para dentro de casa, mas quando chegou a hora eu estava preparada. E no momento em que segurei meu filho, eu me apaixonei por ele e esqueci completamente que havia desejado uma menina. Meus filhos são maravilhosos. Agradeço a Deus todos os dias por ele ter me dado um filho primogênito em vez da filha que eu acreditava desejar. Outra prova de que Deus sabe o que preciso, mesmo quando eu mesma não sei.

O laboratório

A última parada em nosso passeio pelo consultório do obstetra é o laboratório. Pode parecer um lugar aconchegante com todas as agulhas divertidas nas vitrines e todos aqueles copos de xixi alinhados no balcão, mas não se iluda: O laboratório *não* é tão divertido quanto parece. É aqui que acontecem as coisas desagradáveis, como exames de sangue, de urina e de glicose. Todos esses exames são superimportantes, mas também tendem a ser invasivos e irritantes; não tão invasivos e irritantes quanto a Senhora Balança, mas o tempo que passará no laboratório certamente não se compara ao tempo que gastará tomando seu milk-shake de chocolate voltando para casa. E aqui está o que a espera:

Coletas de sangue

Os técnicos de laboratório parecem adorar a coleta de litros e litros de seu sangue com a ajuda das agulhas mais grossas possíveis. Confesso que estou exagerando um pouco, mas juro que em sua primeira visita ao laboratório você deixará uma boa quantia de seu precioso sangue. O técnico levantará sua manga e prenderá uma borracha em torno do seu braço. Então, dirá que você sentirá uma "pequena picadinha". A essa altura, olhe para o outro lado e aperte a mão do seu marido até esta ficar roxa: é um bom treino para quando você entrar em trabalho de parto. Mas diferentemente do trabalho de parto, a picada da agulha não doerá nada se compará-los. Acredite em mim, sou a rainha do drama, e se tivesse doído eu ainda estaria enxugando minhas lágrimas e reclamando da dor.

Enquanto estiver se recuperando do seu trauma de agulhas, sugiro que pergunte ao técnico por que, exatamente, precisam coletar o que parece ser toda sua corrente sanguínea, pois você precisa de cada frasco de sangue coletado para garantir a segurança e a saúde do seu bebê (e a sua própria saúde, é claro). Não entrarei em todos os detalhes médicos (caso tenha esquecido, não sou médica), mas eles usam o sangue para detectar uma variedade de coisas como anemia, hepatite B, HIV e rubéola. Caso detectem algo, a maioria pode ser tratada sem maiores problemas, portanto, lembre-se de que quando estiver colocando o esparadrapo, tudo que você acabou de sofrer foi para o bem do seu bebê.

Teste de tolerância à glicose

Outro exame muito divertido que seu médico fará é o teste de tolerância a glicose. Basicamente, seu médico quer descobrir como seu corpo está dando conta de todos os doces que você vem enfiando na boca 24 horas por dia há três meses. Às vezes, mães grávidas têm dificuldades de produzir e utilizar insulina em quantias suficientes para processar o açúcar corretamente. Isso causa uma condição estressante (mas temporária) que chamam de diabetes gestacional. E já que a diabetes gestacional pode ser tratada quando detectada desde cedo, seu obstetra fará esse exame, mesmo se sua dieta gestacional consistir exclusivamente em couve e quinoa.

O teste de tolerância a glicose exige que você beba uma pequena garrafa de um líquido alaranjado que tem um gosto muito parecido com o suco artificial que você bebia quando criança e que você preparava com o dobro de pó e metade de água. Delicioso, não é? E é, se você gosta desse tipo de coisa. Mas antes de ficar muito animada, deixe-me dizer que beber essa garrafa de suco é um pouco mais difícil do que você imaginaria. Na verdade, conheço várias pessoas que não conseguiram fazê-lo.

Antes do meu primeiro teste de tolerância a glicose, eu tive a brilhante ideia de burlar o sistema um pouco. Imaginei que se não ingerisse nenhum açúcar alguns dias antes do teste, meu nível de glicose baixaria e que isso aumentaria minhas chances de obter um resultado bom. No entanto, ao tentar evitar o açúcar, acabei comendo muito menos do que teria comido normalmente e comendo apenas coisas como aspargo e brócolis. Acordei enjoada, e não tomar o café da manhã (normalmente eles exigem que você faça o teste quando estiver de jejum) me deixou mais enjoada ainda. Tomei meu suco e vomitei no mesmo instante. Bebi outra garrafa e vomitei de novo. Quatro garrafas mais tarde, finalmente me mandaram para casa e me disseram que precisava repetir o exame em outro dia.

Nota para mim mesma: Faça jejum na manhã — não durante toda a semana — antes do teste de tolerância a glicose.

Minha amiga Rachel também conseguiu falhar em seu teste de tolerância a glicose. Aparentemente, quando criança, só bebia sucos naturais como suco de maçã e nunca desenvolveu um gosto para as coisas mais deliciosas da vida; tomou um gole da garrafa e vomitou. Ela simplesmente não conseguia engolir aquela coisa e ficou meia hora sentada no consultório com a garrafa na mão. Finalmente, a enfermeira lhe disse que havia perdido tempo demais e que teria que voltar em outro dia para repetir o teste. Não preciso dizer que, na segunda vez, ela seguiu o conselho de uma amiga, passando em uma lanchonete, onde pegou um canudo extralargo. Quando ela chegou ao consultório, fechou seus olhos e chupou o líquido nojento com a ajuda do canudo e realmente conseguiu engolir aquilo dentro do tempo previsto.

Se você conseguir engolir — e segurar — o suco, pedirão que você fique uma hora na sala de espera, durante a qual seu alto nível de açúcar despencará. Esse não é um bom dia para ir acompanhada ao consultório, pois essas mudanças drásticas no nível de açúcar costumam deixar qualquer um muito mal-humorado. Deixe seus filhos e seu marido impaciente em casa. É um bom dia para se isolar em um cantinho tranquilo da sala de espera, acompanhada apenas de um bom livro ou uma revista.

Quando a hora tiver passado, o técnico ou a enfermeira coletará seu sangue. Se o nível de açúcar voltar ao normal (ou quase ao normal) dentro de uma hora, você será dispensada. Você pode ir diretamente a uma lanchonete e procurar recuperar o alto nível de açúcar que teve antes. Se seu nível de glicose permanecer elevado, seu médico pedirá que retorne em breve para fazer outro teste de tolerância a glicose (igualmente divertido) de três horas de duração. Conheço muitas mulheres (eu, inclusive) que falharam no primeiro teste de tolerância a glicose e passaram com notas muito boas no segundo, portanto, se os resultados do primeiro teste forem ruins, tente não se preocupar demais.

Após seu teste de três horas, é possível que receba a notícia de que você tem realmente a diabetes gestacional. Isso não é legal; mas não chega nem perto de ser tão desastroso quanto parece. Na verdade, é algo que ocorre com bastante frequência durante a gravidez, e enquanto você cooperar com seu médico (e, talvez, com um nutricionista) para administrar essa doença, você e seu bebê nada têm a temer. Você terá que fazer algumas mudanças em sua dieta, que eu não tenho as qualificações para explicar aqui, e talvez tenha que tomar alguns medicamentos, o que não é divertido, mas certamente vale a pena tomá-los pelo bem da saúde de seu bebê, e da sua também.

Testes genéticos e amniocentese

Quando você acha que já não tem mais uma única gota de sangue em seu corpo, seu médico pode sugerir uma série de exames pré-natais para determinar se seu bebê corre riscos de nascer com determinados defeitos. Esses exames são opcionais, mas são recomendados se a mãe tiver mais de 35 anos de idade ou se ela é portadora de um fator de risco genético como a doença de Tay-Sachs ou a anemia falciforme.

Todos esses exames servem para determinar a possibilidade de um defeito genético em seu bebê. Parece assustador, não é? Antes de continuar, quero dizer que a maioria desses testes *não* fornece uma confirmação absoluta de que seu bebê está doente ou nascerá com alguma deficiência. Em vez disso, informarão se existe uma *probabilidade* maior de seu bebê nascer com determinada imperfeição. E infelizmente algumas mulheres decidem abortar bebês que acabam tendo uma probabilidade maior de nascerem com deficiência, de forma que nunca ficamos sabendo o que realmente teria acontecido.

Conheço uma mulher que fez os exames pré-natais. Disseram-lhe que sua filha nasceria com um cérebro gravemente deformado e subdesenvolvido. Na verdade, o médico disse que a garotinha não tinha chance alguma de sobreviver até o parto, e caso sobrevivesse, ela nasceria com deficiências tão graves que sobreviveria apenas a algumas horas fora do útero maternal. Que tal receber uma notícia assim?

Os médicos sugeriram um aborto. Minha amiga se recusou (graças a Deus!) e decidiu continuar com a gravidez. Enquanto isso, milhares de pessoas se uniram em uma corrente de oração por essa preciosa menininha. Algumas semanas depois, minha amiga fez uma segunda ultrassonografia, e novamente suas esperanças foram abaladas quando o mesmo diagnóstico apareceu na tela. Um cérebro severamente deformado. Nenhuma chance de sobrevivência. Minha amiga começou a duvidar de sua determinação, mas então se lembrou de que o Deus ao qual ela serve é muito maior do que um diagnóstico de ultrassonografia.

E é aqui que a história dá uma reviravolta: o bebê sobreviveu ao parto. Ela não só sobreviveu, como também foi curada por Deus! Ela é agora uma menina saudável de nove anos de idade que adora cantar e dançar. Ela não apresenta nenhum sinal do diagnóstico devastador que sua mãe recebeu durante a gravidez.

Não estou contando essa história para fazê-la chorar de emoção, mas porque quero encorajá-la a refletir e orar sobre como você deve e pode lidar com os exames pré-natais durante sua gravidez. Para mim, um aborto estava fora de questão. Eu jamais abortaria um bebê. Mesmo se os médicos dissessem que não haveria chance de sobrevivência (ou uma probabilidade de 100% de meu filho nascer com uma deficiência), eu sabia que jamais optaria por um aborto, especialmente à luz da história milagrosa que acabei de lhe contar. Depois, não queria passar pelo estresse emocional que certamente surgiria se eu descobrisse que algo *poderia* estar errado com meu bebê.

Eu tive muita sorte de encontrar um médico cristão que compreendia meus sentimentos. Falamos sobre o assunto, e ele me permitiu dispensar os exames pré-natais opcionais. Quanto aos exames exigidos pela lei, combinei com meu médico que ele me revelasse os resultados dos exames apenas se algo poderia ser feito quanto aos possíveis problemas detectados. Portanto, se meu bebê tivesse um problema que, de alguma forma, pudesse ser tratado, eu queria que ele me informasse. Mas se algo aparecesse nos exames que simplesmente significava observar e esperar, eu não queria saber. Eu preferia descobrir na hora do parto, quando realmente pudesse fazer algo para ajudar o meu bebê.

O outro lado da moeda é que algumas mães preferem poder se preparar para um possível problema antes do nascimento do bebê. Isso também lhes dá tempo para pesquisar suas opções de intervenções médicas e de preparar os melhores cuidados para seu bebê se, de fato, algo vier a acontecer. Várias das minhas amigas decidiram fazer exames pré-natais por esse motivo, e eu certamente entendo seu raciocínio. Passe algum tempo orando por clareza, pois Deus sabe exatamente qual é o caminho certo para você e seu bebê. Ele ama seu bebê mais do que você, então você pode confiar a saúde e o futuro de seu bebê a ele.

Descanso para a mãe

Para quando você se preocupar com seu bebê não nascido:

Tu criaste o íntimo do meu ser e me teceste no ventre de minha mãe. Eu te louvo porque me fizeste de modo especial e admirável.

Salmos 139:13-14

Pai celestial, adoro ter meu bebê seguramente guardado dentro de mim, mas isso pode ser tão estressante! Preocupo-me tanto com ele! Senhor, consola-me e dá-me a confiança em teu plano para essa vida preciosa. Eu sei que tu criaste essa alma preciosa com um plano e um propósito. Ajuda-me a confiar a ti minha vida e a vida do meu bebê, para que possamos experimentar completamente a paz que vem do conhecimento de que tu estás no controle. Amém.

Um rápido tour pelos centros de parto

Antes de encerrar toda essa conversa sobre assuntos médicos, quero introduzi-la rapidamente aos centros de parto e às parteiras. Centros ou casas de parto e parteiras estão se tornando uma opção muito popular para mulheres grávidas. Não são a coisa certa para todas (leia-se, se você quiser uma anestesia epidural), mas para mães interessadas em um parto natural em ambiente aconchegante, as casas de parto são uma opção maravilhosa. Eu tive meus filhos em um hospital — com anestesia epidural, *muito obrigada* — portanto, não posso lhe dizer muitas coisas sobre casas de parto, mas minha amiga

Kristin, que teve dois filhos que nasceram em centros de parto, concordou em me passar algumas informações.

O que você deve saber sobre casas de parto e parteiras

1. Casas de parto são bem diferentes de um consultório ou hospital. Você encontrará poltronas confortáveis, luz aconchegante, lençóis e camas com estampas de flores e música relaxante — tudo isso a fará sentir-se mais confortável durante sua gravidez e especialmente durante o próprio parto.

2. Você é tratada com a maioria dos privilégios que um consultório lhe oferece. Sempre acreditei que casas de parto não tinham equipamento médico moderno e não acompanhavam toda a rotina dos cuidados pré-natais. Na verdade, a maioria das parteiras faz ultrassonografias e exames Doppler. Além disso, você faz aqui os mesmos exames que faria em um hospital — desde medições de pressão até o teste de tolerância a glicose.

3. Parteiras são profissionais médicas altamente treinadas. As mulheres não se tornam parteiras da noite para o dia. Elas passam anos e anos na escola e em treinamento. Sua parteira saberá exatamente como detectar possíveis problemas em sua gravidez, se seu bebê está se desenvolvendo corretamente e pode até conhecer alguns truques para curar seu enjoo matinal ou virar seu bebê se ele estiver em uma posição errada.

4. Parteiras sabem dizer não. A maioria das parteiras sabe muito bem que existem determinadas situações que são complicadas demais para seu nível de formação. Uma das minhas amigas teve uma gravidez muito complicada, e a certa altura sua parteira a transferiu para um obstetra que pôde ajudá-la.

5. Casas de parto recorrem a muitos métodos para aliviar a dor. É verdade que a maioria das casas de parto não aplica uma anestesia epidural, mas isso não significa que você fica à mercê de suas dores durante o parto. A equipe da casa de parto conhece todos os tipos naturais de aliviar a dor e certamente lhe oferecerá muitas alternativas, desde técnicas de respiração até massagens e acupressão, quando você estiver em trabalho de parto.

6. Você pode até dormir em uma cama de casal com seu marido após o nascimento do seu bebê. Muitos centros de parto equipam seus quartos com grandes camas confortáveis e com as comodidades que você tem em sua casa. Assim, as horas após o parto se transformam em divertidas férias.

7. Sua estadia pós-parto em uma casa de parto é muito mais breve do que em um hospital. A maioria das mulheres permanece dois ou três dias no hospital, mas muitas casas de parto permitem que você volte para casa poucas horas após o nascimento do seu bebê. Isso pode ser uma coisa boa (provavelmente, você se sentirá bem mais à vontade em casa) e uma coisa ruim (você terá que chamar sua parteira caso surjam problemas ou perguntas).

8. Você não pode mudar de ideia no que diz respeito à anestesia. Se você estiver absolutamente certa de que deseja fazer um parto natural, uma casa de parto é uma opção maravilhosa, pois ninguém tentará convencê-la de fazer uma anestesia epidural quando você estiver no meio da tortura das contrações. É claro que isso vale também para o caso contrário. Se você mudar de ideia e decidir que, agora sim, você quer uma anestesia, isso não será uma opção.

9. É provável que seu plano de saúde pague parte (ou até todos) os custos da sua estadia. Casas de parto costu-

mavam ser consideradas "medicina alternativa", e muitos planos de saúde se recusavam a arcar com os custos. Isso já não é mais assim. Hoje em dia, a maioria deles paga um parto em um centro próprio para esse fim. Fale com seu plano de saúde (ou sua casa de parto) para saber o que eles cobrem (e o que não cobrem).

10. Caso surja um momento durante seu parto em que a parteira sente que você ou seu bebê estão em perigo, ela chamará imediatamente uma ambulância para levá-la ao hospital. Alguns meses atrás, minha amiga Melissa estava dando à luz em uma casa de parto quando a parteira percebeu que o bebê estava preso. Ela a transferiu imediatamente para o hospital, e Melissa deu à luz um menino saudável por meio de uma cesárea. Obviamente, esta não havia sido a primeira opção de Melissa, mas ela agradeceu à parteira por ter reagido tão rapidamente ao perceber que estava havendo algum problema.

O agendamento

Você conseguiu! Você sobreviveu às agulhas, à cadeira ginecológica, à mal-humorada Senhora Balança e até ao banheiro da sala de espera, e agora tem uma bolinha de algodão coberta por um curativo em seu braço como prova. Parabéns. Mas você ainda não terminou, minha amiga. Antes de ser dispensada, você será obrigada a marcar uma data para voltar e fazer tudo *de novo*. É isso mesmo, você terá que *voltar*. Muitas e muitas vezes. E diferentemente de suas consultas ginecológicas anuais, dessa vez você nem precisará marcar a data na agenda. Pois sua próxima consulta ocorrerá em menos de um mês. Mas, por enquanto, você está livre. Então, vá até à sua lanchonete preferida e aproveite cada mordida do seu bolo de cenoura. Você merece.

Capítulo 6

Manda ver, mamãe!

Exercícios e gravidez

Já descobrimos que mães grávidas tendem a ser um pouco loucas, e sou a primeira a admitir que mães grávidas que se exercitam são as mais loucas de todas (sem ofensa!). Eu usei a gravidez como desculpa para me manter bem longe da academia e para ignorar o fato de que eu estava ganhando peso a cada minuto, o que pode ser uma das razões pelas quais ganhei 25 quilos. Portanto, se seus tênis ficaram largados há meses no fundo do seu armário (e você quer que isso fique assim), sinta-se à vontade para ir até a cozinha e pegar um pacote de biscoitos com recheio de chocolate e pular para o próximo capítulo. Você tem a minha permissão.

Já que sou do tipo que vive conforme o princípio "faça o que digo, não faça o que eu faço", pensei que seria negligente se não lhe fornecesse algumas informações sobre exercícios na gravidez. E já que não sou a melhor pessoa para passar-lhe essas informações, consultei minha amiga Nicole Cruz, que não só possui um daqueles acampamentos de treinamento para mães com carrinhos de bebê, mas também está grávida. Ela é uma das poucas pessoas que conheço que realmente malham durante a gravidez.

Antes de dispensá-la como maluca, quero dizer que ela é uma *personal trainer* formada que sabe sobre exercícios. Além disso, ela tem uma barriguinha muito, muito fofa na frente, e vendo-a de trás, você nem imaginaria que ela está grávida, porque suas nádegas são tão firmes e suas coxas tão magras (perdoe-me, Nicole, na verdade não estava secando seu traseiro, não). Se isso não bastar como motivação para enfiar seus tornozelos inchados em seus tênis, não sei o que dizer.

Na verdade, existem muitos benefícios para quem malha durante a gravidez. (Sim, fui eu quem disse isso.) Poderia até me aventurar a dizer que eu mesma cogitaria malhar um pouco na minha próxima gravidez, mas vamos seguir em frente e tratar disso mais adiante. Por enquanto, aqui estão os pontos mais importantes caso você decida abandonar seu sofá e enfrentar o elíptico.

As nove melhores razões para se exercitar durante a gravidez

1. Seu bebê será mais saudável. O fluxo de sangue e oxigênio mais intenso provocado por exercícios significa que o atendimento no restaurante de seu bebê acaba de se tornar muito mais rápido.

2. Seu marido a aborrecerá menos. Ou talvez você simplesmente se sentirá mais bem-humorada. As endorfinas liberadas durante os exercícios ajudam a combater a oscilação de humores na gravidez (não estou dizendo que você tem esse problema).

3. Você ganhará menos peso durante a gravidez. Isso, claro, é muito subjetivo (pois "menos" peso pode ainda significar um aumento de 36 quilos), mas se uma caminhada de vinte minutos alivia sua ansiedade na hora de enfrentar a Senhora Balança, creio que a tortura valha o esforço.

4. Você diminuirá o risco de contrair doenças incômodas. Mulheres que malham apresentam uma probabilidade menor de 20% de contrair diabetes gestacional, e se existir algo pior do que fazer exercícios na gravidez essa coisa é não poder comer panquecas doces durante a gravidez.

5. Seu sono será melhor. Suponho que pessoas que participam de uma maratona caiam no sono imediatamente após a grande corrida. O mesmo vale para mulheres grávidas. Caminhe um quilômetro; adormeça mais rápido. Tente correr uma maratona; caia no sono após alcançar a marca do primeiro quilômetro.

6. Seu trabalho de parto será breve e doce. Tudo bem, não existem garantias para isso. Na verdade, meus partos foram bastante fáceis, e eu não mexi um dedo durante a gravidez. Mas a maioria dos médicos e dos fanáticos por academia confirma que manter sua forma não fará mal quando entrar em trabalho de parto.

7. Você desenvolverá bons hábitos. Se você estiver acostumada a ir para a academia (mesmo se for apenas para ficar sentada tomando suco natural), você provavelmente manterá esse hábito após o nascimento do bebê. E estudos mostraram que os filhos de pais ativos tendem a ser mais ativos também. Pode parecer uma coisa ruim ter um filho de dois anos ativo, mas enquanto ele se mantiver afastado do gato ou de uma tomada elétrica,

isso é uma coisa boa. Crianças ativas tendem a ser mais saudáveis e mais felizes.

8. Você criará amizades com outras mães. Lembra-se de que eu disse que Nicole possui um acampamento de treinamento para mães? Bem, existem mães espalhadas pelo país inteiro que oferecem cursos pré e pós-natais parecidos e que são muito divertidos... sim, estou falando sério. Fazer exercícios com outras mães grávidas é uma maneira maravilhosa para encontrar amigas para a vida inteira.

9. Você perderá seu peso de gravidez mais rápido. Mas não se iluda: são nove meses de ganho de peso e nove meses (mais ou menos) de perda de peso, não importa o que você faça. Você não sairá do hospital vestindo suas calças apertadinhas, mas exercícios durante a gravidez podem ajudá-la a sair do hospital em roupas para grávidas mais apertadinhas, o que é um bom começo.

Mas por onde começar?

Digamos que, de alguma forma, consegui convencê-la a largar seu biscoito recheado e a vasculhar seu armário à procura dos seus tênis. E você até já conseguiu vestir aqueles shorts de elastano (aqueles que seu marido lhe deu de presente de Natal três anos atrás e que ainda estão com a etiqueta) e uma velha camiseta. Você até já prendeu seus cabelos. Você se parece com uma atleta, mas como você começa a *ser* uma atleta?

Acho que o que me impediu de exercitar — além do fato de eu me sentir realmente muito, muito cansada e realmente querer ficar deitada naquele sofá — é que eu nem sabia por onde começar. Eu não fazia ideia e a última coisa que queria era ser *aquela* senhora que caminha pela vizinhança com pesos presos aos punhos e tornozelos.

Também não dispunha do dinheiro para me inscrever em uma daquelas academias sofisticadas e contratar um *personal trainer*. Isso teria sido maneiro, mas eu precisava comprar roupas de bebê! Se você tiver um bilhão de dólares sobrando, então recomendo que contrate um *personal trainer* que a ajude a esculpir e transformar seu corpo em uma máquina de gravidez magra e esbelta. Caso contrário, você pode simplesmente recorrer de graça a algumas dicas da nossa *personal trainer* Nicole.

Oito maneiras fáceis (e baratas) de fazer exercícios durante a gravidez

1. Faça uma caminhada. Caminhar é divertido (bem, é divertido para pessoas que consideram fazer exercícios uma diversão), fácil e barato, o que torna essa atividade perfeita para mães grávidas. Além disso, se você conseguir levar seu marido junto, vocês podem planejar o futuro do bebê juntos.

2. Faça exercícios de jazz (para grávidas). Adoro vídeos de exercícios. Sou a pessoa com a pior coordenação motora do mundo, mas isso nunca me impediu de colocar minha roupinha de academia e ouvir música dos anos 1980 e dançar na minha sala. A boa notícia é que existem milhares de DVDs com exercícios para grávidas (dê uma olhada na sua biblioteca), que a ajudarão a se movimentar com segurança em sua sala. O DVD favorito de Nicole se chama *Preggi Bellies* [Barrigas gestantes], um título superfofo, que traz muitos exercícios divertidos para esculpir sua barriga e seu corpo.

3. Levante pesos. Durante minha gravidez, uma das minhas amigas me recomendou um DVD de exercícios que incentivava mamães grávidas a usarem latas de

sopa para fazer o treinamento de resistência. Fico imaginando o que acontece com sua rotina de exercícios, se você ficar com fome e comer uma dessas sopas. Em todo caso, se você não quiser usar latas, você pode também comprar alguns pesos de 1 a 2 quilos e meio em uma loja esportiva (não custam muito) e fazer coisas como rosca bíceps durante os comerciais enquanto assiste à novela.

4. Vá para a piscina. Existem prós e contras evidentes em relação à natação durante a gravidez. A grande vantagem é que estar dentro da água evita que você se superaqueça. Nadar também tem um impacto baixo sobre seu corpo, o que significa que suas costas doídas não doerão ainda mais depois de sua sessão de natação. A desvantagem da natação é que a maioria das piscinas públicas exige que você use uma roupa apropriada (isso significa que, muito provavelmente, você terá que enfiar seu corpo em um maiô para gestantes, e se você já viu um desses maiôs, você sabe que isso *não* é algo muito favorável).

5. Junte-se a uma turma na academia. Fazer exercícios com um bando de mulheres grávidas igualmente (a) gordas e (b) exaustas é, provavelmente, bem legal. Além disso, suar com outras mulheres grávidas pode ajudá-la a criar laços de irmandade mais estreitos do que seu sutiã.

6. Mude sua rotina atual. Se você for uma dessas garotas que já fazia exercícios *antes* da gravidez, você pode mudar sua rotina de exercícios e adequá-la às suas necessidades gestacionais. Com algumas exceções (sobre as quais falarei mais adiante neste capítulo), a maioria dos programas de exercícios é perfeitamente adequada para mulheres grávidas.

7. Faça alongamentos. Virá um tempo em que ambas as suas pernas estarão abertas e erguidas, enquanto o resto do seu corpo estará conectado a telas, bolsas de infusão e à mão roxa do seu marido. Neste momento, um pouco de flexibilidade não fará mal.

8. Pesquise na internet. Tecnicamente falando, navegar na internet não conta como exercício, mas em alguns sites especializados você encontrará ideias para exercícios durante a gravidez e conselhos de treinadores certificados que lhe dirão como executar coisas como exercícios de força ou cardiovasculares.

Exercitando seu diafragma pélvico

A única exceção que abri à minha regra de não fazer nenhum exercício na gravidez foram os exercícios do diafragma pélvico. Visto que, provavelmente, antes de engravidar você não fazia ideia do que era o diafragma pélvico, creio que nunca tenha pensado em exercitá-lo. Mas as pessoas dizem por aí que um diafragma pélvico forte não só facilita seu trabalho de parto, mas evita também que você molhe suas calcinhas toda vez que espirrar — pelo resto de sua vida. E já que você não vai querer usar fraldas já aos trinta anos de idade, talvez seja uma boa ideia pensar em fazer alguns exercícios para fortalecer seu diafragma pélvico.

Outro detalhe referente ao seu diafragma pélvico que merece ser mencionado é que sua força e sua flexibilidade estão diretamente relacionadas ao prazer sexual após a gravidez. A gravidez (e o parto) exige muito dos músculos aí de baixo, e músculos flácidos não são exatamente aquilo que chamaríamos de sexy (falando nisso, isso vale para todos os músculos, não só para os músculos do diafragma pélvico). Creio ser do seu interesse manter seu diafragma pélvico o mais saudável e forte possível.

Após amedrontá-la (ou incentivá-la) apropriadamente para iniciar um programa de exercícios para o diafragma pélvico, creio que precise explicar como fazê-lo. A melhor maneira de exercitar seu diafragma pélvico é fazer exercícios Kegel. Tenho certeza de que você já ouviu falar deles, caso contrário, deixe-me lhe dar uma rápida introdução.

Vá para o banheiro (se você não estiver sentindo vontade de fazer xixi, beba um copo gigante de limonada e então vá para o banheiro). Assim que você começar a urinar, aperte os músculos lá de baixo até o fluxo de urina parar. Urine de novo. Pare. Urine. Pare. Está vendo como funciona? Uma vez que praticou no banheiro, você poderá fazer esses exercícios em qualquer lugar (apenas evite urinar de verdade a não ser que realmente esteja em um banheiro). Tente fazer os exercícios na sala de espera do seu obstetra. Ou quando estiver no carro dirigindo para o trabalho. Ou quando estiver assistindo à TV. Você não consegue repetir os exercícios Kegels muitas vezes, portanto, crie o hábito de fazê-los sempre que puder.

O que você não pode fazer

Quero começar esta seção com um grande e gigante alerta: antes de fazer *qualquer* exercício durante a gravidez, você precisa falar com seu médico ou sua parteira. Pois agora que lhe contei todas as coisas legais que você pode (e provavelmente deve) fazer na gravidez, eu seria negligente se não falasse também sobre as coisas que você não pode (e definitivamente não deve) fazer durante a gravidez. Existe uma longa lista de condições médicas relacionadas à gravidez que absolutamente proíbem exercícios durante a gravidez. Eu não recebi nenhum treinamento médico e certamente não sou qualificada para aconselhá-la sobre esses assuntos, portanto, passo a palavra para os profissionais da área de saúde. Ligue para o seu médico, neste instante.

Mesmo que seu médico a libere para fazer exercícios, ainda existem algumas coisas que não devem ser feitas (e algumas que você deve tentar não fazer) durante a gravidez:

Os seis grandes "Não faça isso" dos exercícios na gravidez

1. Não force a barra. Um pulso alto demais pode ser perigoso tanto para você quanto para o bebê. Seu pulso naturalmente aumenta quando você está grávida, portanto, você já começa com uma desvantagem. Uma boa regra é sempre conseguir conversar durante um exercício. Se você não consegue conversar em orações completas e coerentes, você está forçando a barra.

2. Não se esquente em excesso. Eu sei, eu sei. Você *já* está sentindo calor. Mas não permita ficar mais quente ainda. Tecnicamente, você não deveria permitir que sua temperatura passe dos 38,8 °C, portanto, tente fazer seus exercícios durante o período mais fresco do dia se você for se exercitar ao ar livre. Em um dia realmente quente, sugiro que se exercite em uma sala com ar-condicionado. E por mais que eu ame minha roupa de elastano, é melhor vesti-la apenas quando você não estiver fazendo exercícios. Roupas justas não permitem que seu corpo respire, esquentando-o ainda mais.

3. Não se desidrate. Beba muita água antes, durante e após seus exercícios.

4. Não deite de costas. Quando você deita de costas, seu útero tende a fazer pressão sobre uma grande artéria

que transporta sangue para o seu cérebro e para o seu bebê. No início da gravidez, isso não representa problema algum, mas a partir da 16ª semana você deve evitar qualquer exercício que a faça deitar nas costas. Tenho certeza de que você está superchateada pelo fato de não poder fazer abdominais pelo resto de sua gravidez, mas é um sacrifício que você terá que fazer em prol da saúde do seu bebê.

5. Não tente ser graciosa. Sei que você se sente toda esbelta e leve no momento, mas a gravidez tem um jeito de confundir seu senso de equilíbrio. Isso significa que se você tentar fazer um exercício que exija equilíbrio, como correr na esteira ou andar de bicicleta, você pode acabar caindo de cara.

6. Não se esqueça do aquecimento e esfriamento. Sei que acrescentar uma rotina de dez minutos de aquecimento e esfriamento aos seus exercícios é como acrescentar mais exercícios à sua série, mas você precisa engolir o sapo e fazê-lo. Não se aquecer pode causar mais dores aos músculos, e não se esfriar após os exercícios pode causar tontura, duas coisas que você deve evitar quando está carregando um peso extra de (pelo menos) quinze quilos.

Esportes radicais

Na minha primeira consulta ao obstetra, fui de maiô. O verão acabara de começar, e meu marido e eu estávamos na expectativa de passar o verão inteiro na casa de amigos às margens de um lago. Eles haviam comprado uma nova lancha, e nós iríamos andar de esqui durante o verão inteiro. Passei meu protetor solar enquanto aguardava na sala de espera.

Após fazer os exames habituais, meu obstetra me perguntou se eu tinha alguma pergunta. Eu dei um sorriso e disse de passagem: "Eu posso andar de esqui, não posso?" Era uma pergunta retórica. Eu nem cogitara a possibilidade de que ele pudesse dizer não. Mas adivinha: ele disse *não*! Fiquei desolada por um momento (eu teria que pilotar a lancha durante todo o verão?), mas então percebi que ele estava dizendo aquilo para o bem do meu bebê.

Esportes de alta velocidade, de alto impacto como esquiar, seja na água ou na neve, andar a cavalo, entre outras atividades, trazem um alto risco de queda, o que significa que são perigosos para você e seu bebê. Talvez você não se importe consigo mesma (afinal de contas, o que é um osso quebrado aqui e ali?), mas você certamente quer que seu bebê não seja exposto a riscos. Portanto, sugiro que fique longe de pistas de esqui e de lagos quando estiver grávida.

O mesmo vale para qualquer esporte que apresente a possibilidade de você ser acertada no estômago por uma bola ou qualquer objeto voador. Isso significa que você precisa abrir mão de sua partida semanal de queimado. Droga! Mas não se preocupe, você será obrigada a jogar queimado muitas vezes quando seu filho estiver no Ensino Fundamental e você tiver que ir a uma reunião com os professores na quadra de esportes.

Descanso para a mãe

Cinco verdades bíblicas para sua caminhada matinal:

Caso precise de algo para pensar enquanto executa sua rotina de exercícios na academia, aqui estão cinco versículos que realmente me fizeram pensar:

Assim saberemos que somos da verdade; e tranquilizaremos o nosso coração diante delequando o nosso coração nos condenar. Porque Deus é maior do que o nosso coração e sabe todas as coisas.

1João 3:19-20

Quem primeiro me deu alguma coisa, que eu lhe deva pagar? Tudo o que há debaixo dos céus me pertence.

Jó 41:11

Toda a lei se resume num só mandamento: "Ame o seu próximo como a si mesmo."

Gálatas 5:14

Se pela transgressão de um só a morte reinou por meio dele, muito mais aqueles que recebem de Deus a imensa provisão da graça e a dádiva da justiça reinarão em vida por meio de um único homem, Jesus Cristo.

Romanos 5:17

Com grande desgosto vejo os infiéis,
que não obedecem à tua palavra.
Vê como amo os teus preceitos!
Dá-me vida, segundo o teu amor leal.
A verdade é a essência da tua palavra,
e todas as tuas justas ordenanças são eternas.

Salmos 119:158-160

Isso não foi tão ruim assim, foi? Foi?

Encerrarei este capítulo com uma história inspiradora sobre os méritos dos exercícios durante a gravidez. Dica: a música de *Carruagens de fogo*. Recline-se, relaxe, ria às minhas custas e veja por que o exercício durante a gravidez pode não ser uma ideia tão ruim assim.

Uma das tradições da minha família é participar da corrida — e, por favor, interprete "corrida" de forma bem ampla — do peru no Dia de Ação de Graças. Nós nos inscrevemos bem cedo para a corrida patrocinada pela prefeitura na manhã do Dia de Ação de Graças para lançar um ataque precoce contra os montes de peru que certamente comeríamos mais tarde naquele dia. Meu filho nasceu em dezembro, portanto, eu estava em meu oitavo mês de gravidez quando a Corrida do Peru aconteceu em 2005. Como não costumo fugir a uma boa tradição, eu me inscrevi também.

Por favor, observe que eu *não* estava em quaisquer condições de correr a esta altura. Exercícios haviam se transformado em uma memória distante, algo que eu certamente voltaria a praticar em algum dia, mas não em um futuro próximo. Portanto, estava um pouco exaltada ao acreditar que realmente conseguiria transportar meu corpo supergrávido e superinchado por uma distância de quase cinco quilômetros. Mas, por algum motivo, eu me inscrevi mesmo assim. Minha mãe afirmou que ficaria do meu lado.

Quando o tiro de largada disparou, eu me encontrava no fundo de uma multidão de 10 mil corredores; portanto, iniciei minha corrida bem antes da linha de largada. É uma dessas corridas que começa e termina na mesma colina alta. Assim que a corrida começa, os organizadores retiram a faixa de "largada" e estendem a faixa de "chegada". Eu acabara de percorrer metade da descida da colina, quando estenderam a faixa de chegada. Após percorrer 75% da descida, eles anunciaram que os primeiros corredores estavam se aproximando da linha de chegada. É isso mesmo. Algumas pessoas estavam *terminando* a corrida antes mesmo de eu passar pela linha de *largada*. A maior vergonha foi a seguinte: no momento em que passei pela linha de largada, outra mãe grávida me ultrapassou e terminou a corrida. Ela percorrera 5 quilômetros no mesmo tempo que levei para percorrer 300 metros. Ela se virou para mim, sorriu e perguntou: "Ah, quando o bebê vai nascer? O meu vai nascer no dia 25 de dezembro." O meu também! Fiquei apavorada. E se você realmente quiser saber, eu *não* terminei a corrida.

Confesso que esse incidente me inspirou a não me largar *completamente* em gravidezes futuras. Tudo bem, não há como pensar que conseguiria correr cinco quilômetros no oitavo mês da gravidez, mas talvez seja uma coisa boa conseguir alcançar a linha de *largada* no oitavo mês de gravidez.

Sentiu a inspiração? Fico feliz por termos conversado sobre isso. A melhor coisa que você pode fazer neste momento é pegar uma caneta e escrever "exercícios" em sua agenda. Não precisa ser hoje. Amanhã vale também.

Capítulo 7

O bê-á-ba do segundo trimestre da gravidez

Tudo que você precisa saber sobre o mítico segundo trimestre

Se tivessem me concedido três desejos quando eu estava em minha nona semana de gravidez, eu teria pedido uma boa noite de sono, um carrinho de bebê importado (toda garota precisa de um sonho) e um passe direto para meu segundo trimestre. Esqueça todas aquelas chatices do primeiro trimestre e pule diretamente para as coisas boas, para aquele tempo mágico em que eu teria uma barriguinha adorável aparecendo acima das minhas calças ainda abotoadas e em que eu teria a permissão de comer 300 calorias extras todos os dias.

Seu segundo trimestre é a hora para festejar! É a lua de mel da gravidez, o período para relaxar, abrir um pote de picles e celebrar tudo que você já conquistou. Mas não festeje demais. Mesmo estando em seu segundo trimestre, você ainda está grávida, o que significa que um excesso de esforço pode causar uma volta aos sintomas do primeiro trimestre. E você *não* vai querer que isso aconteça.

Vou dizer isto apenas para ver se consigo ganhar alguns pontos de simpatia: acho que nunca experimentei um segundo trimestre de verdade. Minhas gravidezes começavam no primeiro trimestre como a de todas as outras mulheres, com náusea, vômito, inchaço e fadiga com força total. O problema é que meu primeiro trimestre não terminou na 14ª semana como os livros de gravidez diziam que aconteceria. Em vez disso, meu enjoo matinal e minha exaustão continuaram até mais ou menos a 24ª semana, abusando de seus direitos de visitantes. E visto que o segundo trimestre termina tecnicamente na 28ª semana, não considero meu segundo trimestre um trimestre de verdade. Era mais como um "minimestre" curto e agradável entre o primeiro e o terceiro trimestre.

A boa notícia é que a maioria das pessoas *tem* um segundo trimestre. Provavelmente, você começará a se sentir melhor entre a décima e a 14ª semana, e na 16ª semana você já terá energia o bastante para comprar roupas de bebê on-line, tomar um banho *e* preparar um jantar — tudo em um mesmo dia. A essa altura, você vai correr pelas ruas, gritando de alegria e fazendo a dança da vitória. Mas não faça isso. Você vai apenas criar uma situação embaraçosa.

Seu segundo trimestre será o período para fazer todas as coisas com as quais você sonhou enquanto acampava no sofá, como decorar o quarto do bebê, comer sorvete e sobreviver a um dia inteiro sem correr para o banheiro para vomitar.

Mas lembre-se: é fácil se esforçar demais no segundo trimestre. Você está saindo de uma tortura de dois meses no sofá, e a explosão de energia do segundo trimestre pode levá-la a sentir-se invencível. Você pode sentir uma vontade repentina de se oferecer como voluntária para planejar o musical da sua igreja ou para fazer uma festa para suas 143 amigas mais próximas. Não faça isso. Você pode achar que tem a energia para isso agora, mas espere até você ter escrito um e-mail para todos os membros do elenco ou descascado 15 cenouras. Você estará tão exausta que irá querer voltar diretamente para seu lugar eternamente marcado no sofá.

Além de esvaziar a geladeira e enlouquecer com nomes de bebês, sua prioridade número um no segundo trimestre é descansar. Isso significa não participar de triátlons, não ficar assistindo TV até a madrugada e não aspirar a casa (o que envolve levantar peso ou um excesso de movimentos). Isso terá de esperar até seu bebê nascer, quando a única coisa que fará seu adorável bebê adormecer é o ruído do aspirador. Você saberá exatamente do que eu estou falando daqui a seis meses, portanto, tente não se preocupar com seus tapetes sujos até lá.

Agora que fiz meu sermão de avó chata sobre não exagerar (sim, prometo, não farei outro sermão pelo menos durante as próximas seis, bem, digamos três páginas), está na hora de falar sobre todas as coisas fabulosas que você pode fazer em seu segundo trimestre. Durante os próximos meses, você experimentará todo tipo de coisa empolgante. Como comprar todo um guarda-roupa inteiro de roupas (para gestantes) novas e descobrir o sexo do seu bebê. E, falando em sexo no segundo trimestre, talvez você queira voltar a fazê-lo. Mas falaremos disso mais adiante. Por ora, basta que tentemos deixar toda a fadiga e náusea do primeiro trimestre para trás e focar no êxtase do segundo trimestre.

Loucura de mãe

Antes de prosseguir, preciso falar de um enorme elefante cor de rosa ou azul: a loucura de mãe. Até agora, você pode ter achado que os hormônios da gravidez que inundam seu corpo só a afetam fisicamente. Respire fundo porque os próximos parágrafos podem doer um pouco. Esses hormônios acarretam também algumas mudanças emocionais bastante palpáveis, mudanças que a fazem parecer um pouco maluca. Então, se você estiver se perguntando por que todo mundo a olha como se você fosse uma psicótica, deixe-me dizer isso de forma bem sutil: é porque você está agindo como uma louca.

Não que eu saiba qualquer coisa sobre psicose induzida por hormônios, mas se eu soubesse, eu lhe contaria sobre o incidente envolvendo aquela camisa. Eu havia pegado emprestada a camisa branca favorita do meu marido, e ele teve a ousadia de me perguntar onde ela estava. (Estava no meu carro, ok?) Eu gritei com ele que me deixasse em paz. Cinco minutos mais tarde, eu tinha me esquecido de que queria que me deixasse sozinha e me sentei em seu colo chorando incontrolavelmente porque minha amiga havia me mandado um e-mail com uma foto de bebês panda. Já que eu estava chorando em seu colo, meu marido interpretou isso como um sinal de que eu estava pronta para dizer-lhe onde estava sua camisa favorita. Eu não estava pronta e gritei novamente com ele.

Evidentemente, eu estava sendo totalmente sã e racional, mas em retrospectiva entendo que há uma pequena chance de que os hormônios gestacionais tenham tido alguma coisa a ver com meu comportamento. Com isso em mente, sugiro ver a gravidez como um ataque severo de TPM que dura 40 semanas. Você pode nem perceber que isso esteja acontecendo, mas aqueles hormônios gestacionais podem levá-la a fazer e dizer algumas coisas malucas. A culpa não é sua, é do seu marido! Estou brincando.

Hora de encarar a realidade. (Você sabia que esse momento viria, não sabia?) Mesmo se você tiver uma desculpa muito, muito boa para agir loucamente (e a gravidez é uma desculpa muito, muito boa), isso não justifica você ser má, maldosa e mal-humorada. Deus quer que sejamos pacientes, gentis e que amemos uns aos outros como ele nos amou primeiro. Portanto, mesmo que seu marido esteja realmente testando sua paciência com suas perguntas sobre sua camisa favorita, você deve simplesmente dizer-lhe com toda paciência e gentileza onde ela está. Só por dizer.

Em nossos momentos mais loucos, temos a tendência de voltar-nos contra as pessoas que mais nos amam. Em vez disso, volte-se para Deus: "Minha graça é suficiente para você, pois o meu poder se aperfeiçoa na fraqueza" (2Coríntios 12:9). Isso não é poderoso? Quando estivermos fracas (leia-se: agindo loucamente), o poder de Deus é ainda *mais* perfeito. E o poder perfeito de Deus é tudo que você precisa para sobreviver aos mais feios ataques hormonais.

Peça que Deus aquiete as vozes emocionais que estão gritando em sua cabeça e a encha com os frutos do Espírito. Se você precisa gravar isso em sua cabeça (como eu precisei na maioria dos dias), leia e releia Gálatas 5:22-23 e peça a Deus que ele lhe dê mais do seu Espírito, que resulta em mais amor, mais alegria, mais paz, mais paciência, mais gentileza, mais bondade e mais fé (e mais carinho e mais autocontrole) em sua vida. Peça que ele a impeça de dizer qualquer coisa que não deva dizer. E já que está pedindo, peça que Deus faça seu marido ser menos irritante.

Por último, não tenha medo de pedir perdão. É fácil achar que não é possível sair da fossa após ter se afundado tanto nela (por isso, a camisa branca favorita do meu marido passou uma semana inteira em meu carro após o incidente relatado). Mas as pessoas tendem a perdoar — especialmente mulheres grávidas. Por isso, diga que você sente muito e lembre-se de que, assim que você estiver segurando seu bebê, irá recuperar toda a sua sanidade e nunca mais terá dificuldades de controlar suas emoções (ah!).

Descanso para a mãe

Para quando você estiver se sentindo um pouco irritada.

O Senhor é misericordioso e compassivo, paciente e transbordante de amor.

Salmos 145:8

Deus Pai, quero parecer-me mais contigo. No entanto, enquanto tu demoras a te irritar e és generoso com teu amor, meus nervos estão à flor da pele. Perco o controle com a menor provocação. Senhor, dá-me a graça para tratar os outros, principalmente meu marido e a minha família, como tu os tratas. Dá-me um espírito gracioso e misericordioso, para que teu amor transpareça em meus atos. Amém.

Recuperando o sono

Sei que prometi não fazer sermões por um bom tempo, mas isto é importante: você precisa descansar! Lembra-se daquilo que eu disse sobre cuidar de si mesma? Bem, mais do que nunca, isso é muito importante neste instante. Seu pequenino está acumulando peso, e você oficialmente é agora o restaurante do seu bebê, aberto 24 horas por dia. E administrar um restaurante exige muita energia!

Ironicamente, justo quando você precisa de muita energia, você perde seu sono. A insônia gestacional começa mais ou menos sete minutos após fazer seu exame de gravidez, mas ele desenvolve toda a sua força no segundo trimestre. É incrivelmente frustrante. E sim, é absolutamente apropriado acordar seu marido para lhe dizer que você não consegue dormir.

Se você não estiver dormindo, não há nenhum motivo para seu marido estar roncando como um bebê do seu lado. Pelo menos foi assim que eu me senti quando meus hormônios inundavam meu corpo.

Em todo caso, normalmente eu costumo ser o tipo de garota que pode cair no sono no sofá com todas as luzes acesas e com a TV no volume máximo. Mas durante minha gravidez, eu ficava me revirando por horas tentando encontrar uma posição confortável. E quando conseguia dormir, acordava quatro minutos mais tarde para fazer xixi. Depois, passava outra hora me revirando na cama tentando encontrar uma posição confortável. Era um ciclo terrível que não só aumentou minha incapacidade de sair do sofá, mas também contribuiu para minha psicose induzida pela gravidez. Nada bom.

Após passar algumas noites no sofá assistindo ao canal de compras no meio da noite, entendi que tempos drásticos exigem medidas drásticas. Entrei no Facebook e atualizei meu status dizendo: "Alguém me ajude! Se eu não estiver dormindo em dez minutos, vou batizar meu bebê de *Cochilo*!" E minhas amigas vieram ao meu socorro.

O melhor truque para dormir que aprendi foi chorar e resmungar tanto na cama até seu marido perder a paciência, se levantar e comprar um travesseiro para grávidas que custa uns duzentos reais. Sei que você prefere gastar duzentos reais em roupinhas de bebês superfofas, mas de ex-mãe grávida para mãe grávida, deixe-me dizer-lhe que esse travesseiro vale cada centavo. Caso você ainda não tenha visto um desses, trata-se daqueles travesseiros compridos e macios que você pode enrolar em suas costas, entre suas pernas, em volta de sua cintura e em seu peito, até você estar toda acolhida nesse ninho confortável que oferece apoio a todos os seus excessos gestacionais. E quando tudo estiver acolhido e apoiado, você finalmente pode partir para o mundo dos sonhos.

Outro truque maravilhoso é um escalda-pés antes de dormir — e uma massagem nos pés se seu marido se dispuser (e provavelmente não terá que pedir duas vezes, se isso realmente ajudar a fazê-la dormir). Infelizmente, para aquelas que adoram um banho, existe uma regra que exige que você mantenha a temperatura do seu corpo baixa (pergunte seu médico), portanto, mantenha a água temperada. Mas essa regra não se aplica aos pés, por isso, esqueça toda essa sessão de esfriar o corpo e dê aos seus pés um longo banho escaldante toda noite antes de dormir. Outra vantagem desse mimo para os pés é que ele ajuda a impedir câimbras no meio da noite, algo que pode se tornar bastante frequente no final da gravidez.

Uma das minhas amigas sugeriu exercícios leves antes de dormir, pois isso lhe ajudava a cair no sono durante a gravidez. Mas visto que eu fazia de tudo para evitar exercícios durante a gravidez (veja o capítulo 6), eu nem sequer tentei. Mas se você for muito forte (ou seja, se estiver desesperada), sinta-se à vontade para fazer uma caminhada pela vizinhança antes de dormir.

O último truque que aprendi foi comer antes de dormir (não preciso sugerir isso duas vezes, não é?). Quando você está com fome, não consegue dormir, portanto, um lanche antes de dormir (e um lanche à meia noite quando você acordar) pode definitivamente ajudá-la a dormir um pouco. O truque é comer algo que contenha proteínas para que a fome não volte tão rapidamente. Portanto, tente comer uma torrada com uma fatia de queijo ou alguns biscoitos com pasta de amendoim. Ou se você realmente precisa dormir um pouco, sugiro um copo de leite quente com alguns (sete ou oito...) cookies de chocolate.

Antes de encerrar meu sermão (para sempre, eu acho), quero apenas repetir que você precisa do seu sono, portanto, precisa fazer de tudo para consegui-lo. Não seja um mártir do sono e não durma no sofá só porque você acha que sua insônia — em combinação com suas queixas e lamentações, é claro — manterá seu marido acordado. Dê um basta a essa insanidade e comece a dormir.

Roupas para gestantes

Se esta for sua primeira gravidez, você provavelmente não precisará comprar roupas para gestantes até sua 20ª semana. Seus músculos abdominais ainda são fortes — aproveite-os enquanto ainda os tiver —, por isso, sua barriga permanecerá reta e manterá a aparência de não grávida durante os primeiros meses de sua gravidez.

Se esta for sua segunda, terceira, 12ª gravidez, os músculos abdominais perderam sua força desde sua primeira, portanto, não conseguirá abotoar suas calças a partir da terceira semana. Em sua sétima semana, você já terá que usar calças para grávidas. Estou brincando. Tenho certeza de que você conseguirá chegar ao início da oitava semana antes de estourar o botão de suas bermudas.

Mas não fique animada demais, o fato de sua barriga ainda não ter aparecido não significa que você consegue se enfiar em suas roupas comuns. Seus músculos abdominais podem ainda estar contendo sua barriga, mas nenhum músculo está segurando seu quadril, que já está se preparando para o parto, a flacidez do seu braço ou as dobras em sua nuca. Estas aparecerão mais ou menos em sua décima semana e não desaparecerão até seu filho entrar no jardim da infância.

A maioria das garotas começa seu segundo trimestre "parecendo gorda, mas não parecendo grávida". Mas após algumas semanas, você já passará para a fase de "continuo parecendo gorda, mas já parecendo um pouco grávida". Um ou dois meses mais tarde, você finalmente entrará na fase de "parecendo muito gorda e muito grávida". E é aí que você saberá que acaba de entrar definitivamente na fase de usar roupas para grávidas.

Mesmo que você tenha adquirido uma camiseta apropriada ou uma faixa para a cintura aqui e ali, é provável que você tenha que fazer uma compra enorme de roupas para gestantes. Uma das minhas amigas entrou na internet e imprimiu uma lista de roupas, que lhe mostrou quantas blusas e quantas calças ela precisaria. Isso pode parecer uma ótima ideia, mas, em minha opinião, é totalmente inútil. Usando sua cabeça de mãe, acho que você conseguirá imaginar que precisa de algo que cubra sua parte de cima e sua parte de baixo todos os dias. Se você gosta de lavar roupa, não precisará de muito. Se for como eu, precisará de 16 conjuntos.

Com isso em mente, você pode calcular quantas roupas vai precisar e conseguirá escrever sua própria lista. Dê uma olhada em seu guarda-roupa e determine quantas roupas você costuma usar e planeje uma versão nova de seu vestuário com base nisso. Uma lista pode ajudá-la a evitar que você acabe comprando 17 camisetas superfofas e nenhuma calça que combine com elas.

Se você precisar de algumas orientações, é meu prazer ajudá-la (adoro fazer compras tanto quanto odeio lavar roupa). Aqui estão meus mandamentos para a hora de comprar roupas para gestantes:

Os mandamentos para a hora de comprar roupas para gestantes

1. Compre tamanhos generosos. Você pode se achar gorda agora, mas você ainda não viu nada! Prove a blusa e, se ela couber agora, compre dois tamanhos maiores.

2. Não use aquela falsa barriga de grávida. Para aquelas que nunca entraram em uma loja para gestantes, deixe-me explicar. Nos provadores, você encontrará aquelas barrigas de grávida fofas, para que você possa provar e ver como você fica com uma barriga de grávida. É fofo, mas não as use! São completamente enganadoras. Essas barrigas falsas não simulam os quilos extras que você ganhará no quadril, nas coxas, no traseiro e nos braços. A não ser que inventem braços e coxas falsos, você deve simplesmente partir da suposição que qualquer roupa que você compre não será nada adequada daqui a dois meses, com a sua aparência mudada.

3. Compre roupas folgadas. Isso é meio que uma faca de dois gumes. Blusas apertadas são ótimas para desfilar sua barriga de grávida, mas também revelam a gordura no seu traseiro e os braços flácidos. Portanto, a não ser que você tenha certeza absoluta de que conseguirá manter sua forma (pergunte a uma de suas amigas), é melhor que você compre roupas de algodão, e não de elastano.

4. Compre roupas arejadas. Você já está se sentindo como um bolo no forno, portanto, procure roupas feitas de tecido leve e que permitam a entrada de ar. Não importa quão fofo o vestido seja, se ele grudar em você e apresentar manchas de suor antes do almoço, você não vai usá-lo.

5. Antes de comprar, pense nos lugares em que você irá usar a roupa. Imagino que você tenha uma vida e um emprego de verdade, portanto, aquele vestido de verão superfino e superleve pode ser ótimo para um passeio no parque, mas não é a roupa ideal para seu grupo de estudos bíblicos. (E a não ser que você goste muito

de passear no parque, guarde o dinheiro para comprar algo mais prático, como, por exemplo, um sutiã que realmente caiba). O mesmo vale para roupas de trabalho. A não ser que seu chefe seja super-relaxado, acredito que ele não permitirá que você use uma blusa que revele a pele da sua barriga e que venha com uma estampa que diga: "Bebê a bordo."

6. Verifique o decote no espelho antes de comprar. Lembre-se, seus seios aumentaram 16 números durante os dois últimos meses (como se você conseguisse se esquecer disso). Isso significa que seu decote em forma de "v", que antes era totalmente adequado para um almoço com seus sogros, agora a fará parecer com Pamela Anderson.

7. Compre roupa íntima para grávidas. Talvez você acredite que pode economizar dinheiro usando suas calcinhas normais. Repense. Calcinhas adequadas para grávidas costumam cobrir mais para que você não tenha que ir a um lugar escondido tentando encontrar sua calcinha que desapareceu entre suas nádegas. (Falando nisso, se você gosta de calcinhas do tipo fio dental, existem versões para gestantes; não sei em que exatamente elas se distinguem de fios dentais comuns, mas certamente são mais confortáveis.)

8. Não gaste uma fortuna. Você estará usando essas roupas apenas durante alguns meses, portanto, dificilmente conseguirá explicar ao marido por que você gastou centenas de reais em uma calça jeans. Compre as coisas que você realmente precisa (isto é, o vestido de festa adorável para mães grávidas, mas nada prático) e deixe de lado as coisas que você não precisa (isto é,

as calças entediantes de poliéster com a cintura extra-larga). Espere. Talvez seja o contrário.

9. Compre em quantias generosas. Eu acabei de aconselhá-la a não gastar uma fortuna em roupas para gestantes (o que é um bom conselho), mas você não vai querer correr o risco de se cansar da sua roupa no fim da gravidez. Você estará usando roupas para grávidas o tempo todo durante os próximos meses, portanto, se cansará um pouco (digo, muito) delas. Lembro-me de ter me cansado tanto das minhas camisetas que decidi ser uma boa ideia "pegar emprestada" uma das camisetas do time favorito do meu marido e combiná-la com uma saia. Aparentemente, fiquei um tanto ridícula (quem poderia ter imaginado isso?), pois uma das minhas amigas me encostou contra uma parede da igreja e se ofereceu para me levar a uma loja de roupas para grávidas e comprar algumas roupas novas para mim.

Agora sim vamos falar de sexo de verdade

Durante os últimos meses você deve ter saído da sua velha e boa rotina de fazer amor. Mas agora que você encerrou a primeira fase de sua gravidez e todos os seus problemas do primeiro trimestre desapareceram, de repente, sexo não parece mais ser aquele monstro terrível. Tchau, tchau, pijamas de flanela, alô robes decotados para grávidas (que escondem seus lados menos favoráveis).

Evidentemente, o sexo não funciona exatamente como costumava funcionar antes (quando você era leve o bastante para elegantemente assumir qualquer posição que quisesse). Agora, você precisa lidar com coisas como ondas de hormônios, uma libido que muda de um segundo para o outro e a barriga gigante que atrapalha, bem, praticamente tudo. Aqui vão algumas dicas:

O bê-á-bá sexual para as mães no segundo trimestre

1. Seja criativa com suas posições. Por razões evidentes, a posição papai-mamãe não funciona mais. Tenho certeza de que seu marido aceitará alegremente se você sugerir que experimentem algumas alternativas para ver o que funciona para vocês.

2. Faça sexo. Muito. Aquela inundação de hormônios, da qual venho reclamando tanto, tem seus benefícios, ou seja, um gigante aumento em sua libido no segundo trimestre. Isso significa que você realmente vai querer fazer sexo. Muito. Aproveite enquanto ainda estiver esbelta o bastante para deixar as luzes acesas e desperta o bastante para não cair no sono enquanto estiver fazendo amor.

3. Compre lingerie. Se você se sentir insegura em relação à sua barriga (ou seios, nádegas, quadril e braços) cada vez maior, compre algumas peças de lingerie específicas para grávidas. Sim, verdadeiramente existe lingerie adequada e sim, essa lingerie é perfeita para cobrir os lugares que a deixam insegura.

4. Mostre tudo. Sei que acabei de dizer que você deve se cobrir, mas meu marido jura que nunca me viu mais bonita do que quando estava grávida (apesar de ser um fato comprovado que, durante a gravidez, eu ganho uma camada de três centímetros de gordura pelo corpo inteiro). Muito provavelmente, seu marido também achará

que sua barriguinha de grávida é muito sexy, portanto, não a esconda enquanto você tiver uma.

5. Compre um lubrificante íntimo. Os mesmos hormônios responsáveis por aumentar sua libido no segundo trimestre (uma coisa boa) também tendem a deixá-la um pouco seca lá por baixo (uma coisa ruim). Por isso, compre um tubo gigante de lubrificante e use-o generosamente.

6. Seduza-o com o clima do "Cântico dos Cânticos". Deus criou o sexo como uma forma íntima de comunicação entre marido e mulher. E já que foi Deus quem projetou o sexo, ele deve saber uma coisa ou outra sobre o assunto. Ler o "Cântico dos Cânticos" juntos é um bom ponto de partida.

Faça uma "lua de bebê"

Falando em sexo, considere viajar e fazer uma "lua de bebê" em seu segundo trimestre. A teoria sugere que casais grávidos deveriam fazer grandes férias descontraídas antes de seu bebê nascer, pois depois não poderão mais viajar sozinhos sem (a) contratar uma babá, (b) fazer 65 ligações por dia para a tal babá e (c) chorar histericamente a caminho do aeroporto. E visto que as chances de conseguir tirar aquela coisinha de seu seio durante o primeiro ano são praticamente nulas, sugiro irem agora mesmo.

Uma amiga minha tirou uma semana de férias luxuosas no Havaí durante sua "lua de bebê". Ela e seu marido reservaram um quarto em um resort e passaram a semana inteira recebendo massagens, comendo coisas deliciosas e tomando sol na praia. Maravilha, não é? Portanto, se você tiver um pouco de dinheiro sobrando, feche este livro agora mesmo e faça sua reserva.

Infelizmente, eu não tinha dinheiro sobrando para férias desse tipo, ou para qualquer tipo de férias. Meu marido e eu estávamos guardando cada centavo para o bebê (e para evitar que eu tivesse que voltar imediatamente ao trabalho). Gastar 150 reais para uma noite em um motel já era um luxo. Acabamos viajando para San Antonio, onde fomos para um ótimo restaurante e onde passamos uma noite. Foi ótimo, mas minha história favorita de "lua de bebê" é de uma amiga que não tinha nem um centavo para gastar em uma viagem dessas. Ela planejou o evento em casa com seu marido. Passaram uma semana inteira fazendo coisas adoravelmente românticas juntos como fazer piquenique, cozinhar juntos, fazer caminhadas no parque e ficar na cama escolhendo nomes de bebê. Agora, todos juntos: Ooowwnnn!

Já está se divertindo?

Certo dia, levei meus filhos a um parque cheio de pula-pulas (do tipo com o qual você se familiarizará muito bem durante os próximos anos). Meu filho estava correndo para lá e para cá, pulando em castelos infláveis e rindo histericamente. Perguntei se ele estava se divertindo e ele disse: "Eu sei que estou me divertindo demais quando não consigo parar de rir."

O que você acha dessa sabedoria que saiu da cabeça de um garotinho? Quando nos encontramos no meio da nossa gravidez, facilmente nos perdemos em meio à espera e ao planejamento e perdemos a *alegria* da gravidez. A gravidez pode ser um período de alegria e risos extraordinários, durante o qual você não consegue parar de se maravilhar com o tremendo presente que Deus lhe deu.

Mesmo que você pare de rir de vez em quando (por exemplo, quando a Senhora Balança deseja saber seu peso), quero encorajá-la a permitir que sua gravidez seja um período de risos e alegria. Permita-se mergulhar na graça de Deus e na pequena vida que está crescendo dentro de você. Permita-se curtir sua gravidez e as mudanças que estão ocorrendo. Permita-se um período de risos. *Você saberá que está se divertindo demais quando não conseguir parar de rir.*

Capítulo 8

Equipando seu bebê

O que (e o que não) comprar para o seu bebê

Existem muitos boatos que são compartilhados pelo mundo afora quando o assunto são coisas de bebê. Alguns lhe dirão que você pode usar camisetas velhas para embrulhar seu bebê e colocá-lo para dormir em uma bacia em vez de um berço. Outros dirão que você pode usar lenços úmidos para limpar seu bebê e bicarbonato de sódio para curar eritema causado pelas fraldas. Alguns até lhe dirão que quatro fraldas de algodão bastam — enquanto seu bebê usa uma, você lava as três outras. Apesar de interessantes, esses conselhos são todos ruins e seu único propósito é transformar sua vida em um pesadelo.

A verdade é que bebês precisam de *muitas* coisas. Não de quatro carrinhos de bebê, de 79 cobertores, de 54 mamadeiras e de um aquecedor de panos, como sugere a superloja para bebês, mas você precisa sim gastar alguma grana na loja de bebê durante os próximos meses. As lojas de bebê tendem a ter a filosofia diametralmente oposta à sua amiga das quatro fraldas de tecido de algodão. A loja tentará convencê-la de que cada item já inventado para um bebê é absolutamente necessário. Não estou dizendo que os aquecedores de mamadeira portáteis não sejam práticos, mas a verdade é que, muito provavelmente, você nunca precisará deles.

Já que você não vai querer passear pelos corredores da loja de bebê com a palavra "idiota" pregada à sua testa, você precisa se armar com algumas informações *antes* de ir às compras. Uma vez que você tenha passado pela porta da loja, você perdeu: vai querer tudo! Portanto, antes de sair de casa, é bom gastar um tempinho separando o bom do ruim, o necessário do desnecessário, aquilo que você pode pegar emprestado de uma amiga daquilo que não pode ser emprestado, de forma que você consiga adquirir tudo o que seu pequeno sugador de dinheiro (leia-se, a alegria de sua vida) precisa sem estourar sua conta bancária.

Descanso para a mãe

Para quando você estiver tentando fazer escolhas sábias ao gastar seu dinheiro.

Deus é poderoso para fazer que lhes seja acrescentada toda a graça, para que em todas as coisas, em todo o tempo, tendo tudo o que é necessário, vocês transbordem em toda boa obra. Como está escrito:

"Distribuiu, deu os seus bens aos necessitados;
a sua justiça dura para sempre."

Aquele que supre a semente ao que semeia e o pão ao que come, também lhes suprirá e aumentará a semente e fará crescer os frutos da sua justiça.

2Coríntios 9:8-10

Santo Deus, quero ser sábia na administração das bênçãos que tu me deste. E mesmo agora, quando quero dar a essa criança preciosa tudo que ela necessita, sei que teu desejo é que eu seja uma administradora sábia das minhas finanças. Ajuda-me a gastar em oração, a dar generosamente, a economizar fervorosamente e a agradecer graciosamente enquanto criar este filho. Obrigada por teres providenciado os recursos para satisfazer as necessidades desta criança. Amém.

Do que o bebê realmente precisa

A melhor maneira de fazer compras para o seu bebê é levar uma amiga de confiança que possa ajudá-la a separar as coisas necessárias das desnecessárias. Ou se você não tiver uma amiga de confiança à sua disponibilidade, leve seu marido, que não se deixa seduzir tão facilmente por um lençol com estampas de patinhos adoráveis. Ou se ele não puder, leve sua mãe, cujo passatempo favorito é fazer compras para o bebê. Como última opção, leve sua colega de trabalho irritante que sempre se gaba de quanto economizou nas compras para o seu bebê. Não importa o que você faça, mas *não vá* sozinha. É simplesmente perigoso demais deixar uma mãe grávida entupida de hormônios fazer compras para o seu bebê sem uma retaguarda adequada.

Outra coisa que você deve lembrar é que você não precisa comprar cada produto que seu filho possivelmente necessitará durante os próximos 18 anos de sua vida. A maioria das lojas permite que você traga seu bebê, portanto, se surgir algum momento após o nascimento de seu filho em que você realmente precisará do aquecedor de mamadeira portátil, você pode voltar para a loja *com* seu bebê para comprá-lo.

Com tudo isso em mente, quero ressaltar ainda que existem algumas coisas que podem esperar até seu bebê tiver nascido. Por exemplo: a cadeirinha alta. Em algum momento, você precisará dela, mas a maioria dos bebês não ingere comida sólida antes de seu quinto ou sexto mês de vida. Portanto, se você comprar a cadeirinha alta agora, ela servirá apenas para acumular poeira durante os próximos seis meses. Uma ideia melhor: preocupe-se com o que seu bebê precisará como recém-nascido e espere até o bebê crescer um pouco para comprar coisas como cadeirinhas altas, cadeira de reforço e guias preparatórios para o Enem.

Bem, o que você precisa comprar *agora*? Durante minha gravidez, eu teria adorado se tivesse existido um grande pacote com tudo o que meu bebê ia precisar, desde o aquecedor de mamadeira até os sapatinhos de bebê, entregue diretamente na porta de minha casa. Mas isso não existe — eu conferi. Portanto, você terá que descobrir e decidir o que seu bebê precisa por conta própria.

Lista da Erin de coisas essenciais

Minha lista de necessidades absolutas é bem curta. Ela inclui:

1. Um lugar para o bebê dormir.
2. Fraldas e lenços.
3. Alguma coisa para o bebê vestir.
4. Um assento de bebê corretamente instalado no carro.

Um lugar para o bebê dormir (e, não, o carro não conta)

Caso você não acredite em mim quando lhe digo que as listas oferecidas pelas superlojas de bebês tendem a exagerar um pouco, eu acabei de consultar a lista de uma loja na nossa região, e ela sugere que bebês recém-nascidos precisam de cinco (sim, *cinco*) berços diferentes. Recomendam um berço regular, um berço que possa ser preso à cama do casal, um berço de vime, um berço dobrável e um berço portátil. A não ser que seu bebê durma do seu lado, use um berço de vime, mame, viaje o tempo todo e sofra de cólicas, você não precisa de cinco berços, mas você precisará de pelo menos um, talvez dois. Aqui vão algumas dicas que podem ajudá-la a escolher.

Berço. Naturalmente, sua cama será o lugar preferido de seu bebê para dormir, mas um berço oferece um lugar onde você pode colocar seu bebê quando precisa de um pouco de privacidade em sua cama. Além disso, o berço mantém seu bebê seguro e confortável durante os dois ou três primeiros anos de sua vida.

Berço acoplado à cama dos pais. Trata-se de um miniberço acoplado à cama ou apoiado nela do seu lado. É muito conveniente quando você amamenta e não quer se levantar a cada duas horas para alimentar seu bebê. Você pode simplesmente se virar, colocar seu seio na boca do bebê e voltar a dormir (não que eu já tenha feito isso).

Berço de vime. Trata-se de um pequeno berço que pode ficar do lado da sua cama para que seu bebê sinta sua proximidade sem estar na sua cama. É muito prático se o quarto do nenê se encontrar do outro lado da casa ou se você tem um sono profundo e quer ter certeza de que você acorda com qualquer barulhinho que o bebê faça. São também práticos quando seu bebê precisa ser balançado para cair no sono; é muito mais fácil balançar um berço desse tipo do que um berço grande.

Berço dobrável. É um berço portátil que você pode montar rápida e facilmente em qualquer lugar onde estiver. Isso significa que você ficará carregando a coisa para a casa da avó e de volta semanalmente (ou diariamente).

Berço portátil. É exatamente o que você imagina que seja: um cesto com estofado confortável para que seu bebê possa dormir enquanto você estiver na rua com ele. Esses bercinhos são um ótimo lugar para seu bebê cochilar enquanto você prepara o almoço ou visita uma amiga. Há um porém: se você comprar um desses berços, ele só lhe será útil enquanto seu bebê for pequenino e ainda não conseguir ficar sentado ou engatinhar. Uma vez que seu bebê começar a se movimentar pela casa, esse berço não conseguirá impedi-lo de sair e se esconder pela casa.

Fraldas e lenços (em grande quantidade)

Creio que ninguém lhe dirá que você não precisa de fraldas, mas quase todos que conheço têm uma opinião diferente sobre o tipo de fraldas que você deve comprar. E já que todo mundo está dando sua opinião, eu seria negligente se não compartilhasse com você a minha própria opinião. Para as primeiras semanas, recomendo altamente fraldas específicas para recém-nascidos. Eu sei que não são baratas, e seu bebê as gastará em um ritmo de duas fraldas por minuto, mas em minha opinião não há alternativa para recém-nascidos. Essas fraldas são à prova de idiotas, e se seu marido as colocar em seu bebê de trás para frente, de cima para baixo, mesmo assim elas manterão seu bebê limpo e seco. São essenciais, como você pode imaginar.

Mais tarde, quando seu marido já tiver alguma experiência com a troca de fraldas, você pode tentar outros tipos de fraldas. A questão fundamental aqui é que determinadas fraldas são melhores para o seu bebê do que para outros, portanto, não gaste demais em fraldas antes do nascimento do seu bebê. Meu filho usava fraldas de determinada marca que lhe serviam perfeitamente. Quando engravidei de minha filha, criei um estoque de fraldas da mesma marca, mas acabei descobrindo que elas não lhe serviam muito bem. E quando digo "não lhe serviam muito bem", quero dizer que não fechavam nas dobras das perninhas e a urina passava por essas brechas diretamente para o meu colo toda vez que ela urinava.

Outra coisa a ser levada em conta na hora de comprar fraldas é a pergunta: pano ou descartável? Eu não vou me manifestar muito sobre esse assunto, pois existem prós e contras muito claros tanto para fraldas descartáveis como para as fraldas de pano. Com meu filho, usei fraldas descartáveis. A grande, gigante e inegável vantagem de fraldas descartáveis é que você precisa lavar menos roupa. E levando em conta que seu bebê cuspirá, vomitará e fará cocô em mais ou menos 14 roupas por dia, ter menos roupa para lavar é uma meta desejável. Fraldas descartáveis são também muito práticas: você simplesmente joga fora uma fralda suja, coloca uma limpa, e o problema está resolvido. Mas essa praticidade tem seu preço, tanto para seu talão de cheques quanto para o meio ambiente. Fraldas descartáveis custam o dobro de fraldas de pano e, o que é bem pior, elas levam 500 anos para se decompor quando jogadas em um lixão.

Por causa disso, decidi optar por fraldas de pano com minha filha. Fraldas de pano costumam ser melhores para o meio ambiente, apesar de você gastar muita água para lavá-las, e você deve levar isso em conta caso viva em uma área que costuma passar por períodos de seca. Fraldas de pano são também muito mais baratas do que as descartáveis. Mas eu confesso: eu não persisti muito tempo com as fraldas de pano. Adorei a ideia de usar fraldas de pano, mas simplesmente não consegui dar conta da roupa que precisava ser lavada.

Minha segunda escolha foram fraldas que são uma mistura de fraldas de pano e descartáveis; sua camada externa consiste de pano; e seu núcleo de uma fralda descartável biodegradável (e que você pode jogar no vaso sanitário!). São bem legais. Você recebe todos os benefícios tanto das fraldas de pano quanto das descartáveis. Além disso, são absolutamente adoráveis. O que pode ser mais fofo do que um bebê quase pelado em uma adorável fralda colorida (e toda cheia de babados!)? As desvantagens? São *caras* — e já que estou sendo totalmente honesta aqui, o processo de apertar a descarga é um pouco mais demorado do que eu havia imaginado. Digamos apenas que envolve uma espera de três minutos e uma escova para limpar o vaso. Mesmo assim, se você quiser uma alternativa ecológica e prática, essas fraldas são a solução perfeita.

Sempre que você precisar de uma fralda, precisará também de lenços. Recomendo os simples lenços de supermercado que vêm em pacotes tamanho família. Se você preferir a versão sofisticada, você pode comprar os lenços naturais, ou com essência de aloé, ou que cheiram a talco de bebê. Mas independentemente do que você faça, não faça seus próprios lenços. Uma mulher na classe de preparação para o parto da minha irmã decidiu que poderia economizar algum dinheiro produzindo seus próprios lenços com tecido supermacio de flanela e água de fonte natural. Minha irmã voltou para casa querendo tentar fazer seus próprios lenços, e eu, como mãe experiente, tive que esclarecê-la. Toda essa ideia foi obviamente inventada por uma pessoa que nunca teve que trocar as fraldas de um bebê aos gritos às duas da madrugada, tentando, ao mesmo tempo, segurá-lo e umedecer os lenços com água supercristalina. Se você imaginar a cena, a ideia já não parece mais tão atraente, não é?

A única exigência que tenho em relação aos lenços é que estejam úmidos, em um lugar acessível e que possam ser retirados do pacote com uma só mão. Se você quiser economizar alguns reais, compre um daqueles tubos de plástico e um monte de refil e recarregue o tubo quando os lenços acabarem. Acho que ainda uso aquele mesmo tubo de plástico azul que ganhei no chá de bebê do meu filho cinco anos atrás.

Alguma coisa para o bebê vestir

Seu bebê precisa de roupa, mas isso não deverá ser um motivo de conflito entre as práticas de crochê da sua sogra e as compras de sua mãe. Afinal de contas, toda avó que conheço considera sua missão de vida vestir adequadamente seu neto a partir do primeiro dia. E quando digo vestir adequadamente, quero dizer garantir que o bebê receba pelo menos um exemplar de tudo que esteja em promoção na loja de bebê.

O truque aqui é o tamanho. Em média, os bebês nascem com mais ou menos três quilos, portanto, cabem confortavelmente em roupas para recém-nascidos. Mas o problema com o mediano é que sempre aparece um bebê ou outro que foge à regra. Tenho uma amiga que deu à luz um bebê de seis quilos (parto natural!), que pôde usar roupa para bebês de 3 a 6 meses desde o início. Minha filha era miúda — um pouco menos de três quilos — e ela usou roupas para recém-nascidos. Eu não queria que ela ficasse nua durante as primeiras semanas de sua vida e certamente não confiei ao meu marido a tarefa de comprar roupa para ela, por isso, passamos no shopping quando estávamos a caminho do hospital para casa. Deixei-o no carro com o bebê e entrei correndo para comprar algumas roupinhas.

Sugiro que você compre (e lave) alguns conjuntinhos para recém-nascidos e espere para comprar o resto até a chegada do seu bebê, quando você saberá o tamanho exato que seu filho precisa. Assim você evita encher seu armário com itens que seu bebê usará apenas uma vez. Você sempre pode mandar sua mãe fazer algumas compras ou usar a necessidade de comprar roupas para o bebê para deixar seu filho com seu marido e sair de casa por uma hora.

Outra coisa que incluo nessa seção de "alguma coisa para vestir" são cobertas. Sim, seu bebê acabará "vestindo" cobertas por pelo menos algumas semanas no início de sua vida. Cobertas para enfaixar seu filho, ou, se você quiser algo bem sofisticado, cobertas com velcro (veja página 163),que são essenciais se você quiser dormir um pouco quando seu filho nascer. Portanto, meu melhor conselho como mãe de várias viagens é criar um estoque — seu bebê precisará de pelo menos cinco — e mantê-las limpas para que estejam à disposição sempre que você precisar de uma.

Um assento de bebê corretamente instalado no carro

O hospital não deixará você partir — nem se você for Britney Spears — sem prender seu bebê em um assento corretamente instalado. Com isso em mente, sugiro (a) que você compre um assento de bebê e (b) que aprenda a instalá-lo corretamente antes de sua primeira contração. Isso é necessário porque uma instalação frenética em cima da hora nem sempre resulta em uma instalação correta. Sei disso porque meu doce, coitado marido (que sempre faz tudo no último minuto) não conseguiu instalar o assento corretamente quando pedi que o fizesse três semanas *antes* da data prevista para o parto. E quando chegou a hora de ir ao hospital dois dias *após* a data prevista, o assento ainda não estava instalado. Digamos que mães grávidas com contrações e que, simplesmente, querem chegar ao hospital para receber uma anestesia epidural não têm muita compreensão para esse tipo de omissões.

Se você estiver se perguntando que tipo de assento deve comprar, sugiro um assento de carro infantil. Mais tarde, seu filho precisará de um assento conversível (assentos de carro infantis só são seguros para crianças até 12 quilos), mas durante os primeiros meses da vida de seu bebê, um assento de carro infantil é imprescindível. Trata-se de um assento com duas partes. A parte do assento pode ser inserida em uma base instalada no carro, de forma que o bebê pode ser retirado facilmente. Isso é extremamente valioso para uma mãe cansada, pois seu bebê certamente cairá no sono seis minutos antes de você alcançar seu destino. Se você tiver um assento de carro infantil, basta puxar, apertar e levantar. Se você não tiver um desses assentos, você gastará vinte minutos tentando soltar seu bebê sem acordá-lo e outros vinte se acusando por não ter continuado dirigindo por outros vinte minutos para prolongar o cochilo dele.

Outras coisas que o bebê possa precisar

Você já deve ter imaginado que os quatro itens na minha lista de coisas essenciais não são as únicas coisas que sugiro que você compre, são apenas as únicas coisas universais que eu acredito que todo bebê no mundo precisa. Existem também muitas outras coisas que você pode — ou não — precisar, dependendo de onde você vive, do seu estilo de vida, se você trabalha ou não e se você é capaz de se controlar quando vê sapatinhos de bebê adoráveis na vitrine. Aqui está minha lista de itens opcionais:

Carrinho de bebê. Não coloquei o carrinho de bebê na lista de itens essenciais, porque existe a possibilidade de você nunca precisar de um. É verdade, conheço alguém cujo carrinho de bebê continua na embalagem original na garagem, porque essa pessoa raramente sai de casa com seu bebê, e quando o faz, vai apenas ao supermercado ou à casa da avó. Se este for o seu caso, é melhor você investir o dinheiro em pijamas confortáveis e revistas. Mas se você quiser ir ao shopping ou ao parque ou a qualquer outro lugar com seu bebê, sugiro que compre um carrinho. Minha recomendação pessoal é um daqueles "esqueletos" de carrinhos dobráveis adaptados ao assento de carro infantil e, mais tarde, um carrinho dobrável normal.

Bomba tira-leite. Se você estiver pensando em voltar ao trabalho, ou em deixar seu bebê com a avó por algumas horas para passear com seu marido, você deve pensar em adquirir uma bomba tira-leite. Se você achar que não a usará muito, uma pequena bomba manual bastará. Mas se você estiver pensando em voltar ao trabalho ou em doar litros e litros de leite a um banco de leite, sugiro que invista em uma bomba elétrica mais sofisticada. Algumas custam até mil reais, uma quantia enorme de dinheiro, mas você não se arrependerá de nenhum centavo gasto se a bomba lhe permitir encher rapidamente (sem dor) uma mamadeira enquanto você se espreme em um compartimento do banheiro em sua empresa.

Balde de fraldas. Meu irmão odeia tanto o cheiro de fraldas fedidas que ele obriga sua esposa a jogar a fralda suja no lixo do lado de fora da casa toda vez que ela trocar a fralda do filho — mesmo em uma noite de inverno. Mas eu jamais sairia de casa de pijama em uma noite gelada para jogar fora uma fralda suja, por isso eu precisei de um balde de fraldas. Experimentei vários modelos, e se você estiver interessada em minha opinião, acho que a melhor solução ainda é aquela velha lixeira de cozinha, aquela que possui um pedal para abrir a tampa sem a necessidade de tocá-la com a mão. Se você quiser um balde feito especificamente para fraldas (para combinar com a cor do berço do seu bebê), adquira um. Quanto ao uso, é um pouco mais complicado do que o de uma lixeira comum, mas dá conta do recado.

Sling. Confesso que comprei sling para bebê mais para mim do que para meus bebês. Não que eles não tenham se beneficiado disso — conseguiram me acompanhar para todos os lugares aconchegadinhos a meu corpo e com uma visão ótima do mundo —, porém a mais beneficiada fui eu. Minha faixa não era apenas adorável, mas cobria também minha barriguinha e combinava super bem com a maioria das minhas roupas. Mães ficam adoráveis carregando bebês em slings, e quatro semanas após o parto, quando você estiver se sentindo extenuada, um acessório de moda elegante que faça você sentir-se adorável é uma coisa muito, muito boa.

Portador de bebê. Mães *fashion*: vocês podem pular esse item e optar pela faixa. Mas para aquelas que consideram a funcionalidade e praticidade de um portador de bebê mais importante do que o aspecto visual, sugiro que comprem um portador de bebê. Eu adorava minha faixa, mas, às vezes, meu "canguru" era mais prático. Além disso, é muito provável que você nunca conseguirá convencer seu marido de usar uma faixa cor de rosa com estampas de flores, mas ele certamente ficará feliz em carregar o bebê em um portador mais másculo.

Mamadeiras. Sim, você precisará de algumas mamadeiras. Mas você não precisa de milhares neste momento. Se você estiver pensando em amamentar, sua enfermeira ou médica sugerirá que não as use nas primeiras semanas. Se não quiser amamentar, provavelmente você receberá uma tonelada de amostras gratuitas no hospital e poderá testá-las todas antes de comprar suas próprias.

Cobertas. Enfaixar seu bebê logo se tornará sua habilidade mais apreciada, pois muitas vezes é a única maneira de fazer seu bebê dormir. Dito isso, se você for parecida comigo e não for muito habilidosa manualmente, sugiro que invista em uma coberta com velcro, que a libera de todo o trabalho de enfaixar seu bebê, permitindo que você ponha seu filho para dormir *rapidamente*. Vale cada centavo, em minha opinião.

Bolsa de fraldas. Nunca mais você poderá sair de casa apenas com sua bolsa e seu celular. Quando seu bebê nascer, você precisará levar pelo menos: fraldas, lenços, mamadeiras, brinquedos, lanche e roupas. Você pode tentar levar tudo isso em um saco de supermercado, mas uma bolsa de fraldas pode ser uma opção mais viável. Recomendo que compre uma bolsa feita de lona resistente, pois ela ficará suja, e algo que seu marido também possa carregar sem se envergonhar, para que você não tenha que ser sempre o animal de carga. Homens tendem a recusar tudo em cor-de-rosa, com estampas de flores ou losangos.

Alicate de unhas para crianças. Sejamos sinceros aqui. Alicate de unhas para crianças parece ser algo que você acredita precisar, mas a verdade é que seu bebê esperneará e chorará toda vez que você tentar segurar sua mão por mais de três segundos. Conheço mulheres que encontraram como única saída roer as unhas de seus filhos, usar uma lixa de unhas ou deixar as unhas crescerem até caírem por conta própria. Mas se você quiser dar uma chance a um objeto metálico afiado, vá em frente.

Almofada de amamentação. Eu recebi uma almofada em meu chá de bebê. Não fazia ideia do que era ou de que em breve se transformaria em meu objeto material preferido, tão amado quanto aquela calça jeans apertadinha que meu marido me deu em nossa lua de mel. Na verdade, quando viajei de férias alguns anos atrás, assegurei-me de que estava levando a almofada, pois não suportava o pensamento de ficar uma semana sem ela. E é assim que funciona: você a coloca em forma de U em seu colo e deita seu bebê nele enquanto você amamenta seu filho, e de repente você tem duas mãos livres para fazer coisas divertidas como ler revistas, fazer crochê e navegar na internet em busca de conselhos para seu bebê. Indispensável, acredite.

Capa para amamentação. Capas para amamentação são maravilhosas, mas se você for uma mãe de primeira viagem, especialmente se seu bebê ainda não tiver dois meses de idade, o tempo e o esforço necessários para posicionar seu bebê para amamentá-lo provavelmente não permitirão sessões públicas de amamentação espontâneas. Mas isso não quer dizer que você não deva tentar. No fim das contas você se tornará muito, muito boa nisso, e então se sinta à vontade para vestir a capa e amamentar seu bebê durante o almoço com suas amigas, enquanto assiste a um jogo de futebol ou faz suas compras no supermercado.

Toalha de banho infantil com capuz. Sim, você pode dar um banho em seu bebê na sua banheira ou na pia da cozinha, mas seu bebê ficará muito mais adorável esperneando naquela banheirinha para bebês. E uma toalha com capuz, especialmente aquela com orelhas, é imprescindível. Nenhuma avó lhe perdoará se você não der o primeiro banho em seu bebê e não lhe mandar fotos dele naquela toalha com capuz.

Monitor de bebê. Tecnicamente falando, um monitor de bebê é desnecessário. Não há dúvida de que você ouvirá os gritos do seu bebê, mesmo se ele estiver dormindo no quarto dele no lado oposto da casa. Mas a maioria das mães teme que, de alguma forma, não acordará com o choro do bebê às três da madrugada e que seu bebê fará algo terrível como se acalmar e voltar a dormir por conta própria. E já que a falta de um monitor a deixará estressada, sugiro que compre um. Se você quiser algo muito sofisticado, compre um monitor com vídeo. Minha irmã tem um, e admito que é muito divertido ficar em frente da telinha e contemplar o sono de sua adorável filha. Além disso, um monitor com vídeo pode voltar a ser muito prático quando sua filha estiver na adolescência.

Sapatos. Seu bebê recém-nascido precisa de sapatinhos fofos tanto quanto você precisa de sapatos vermelhos com saltos de 15 centímetros. E todas nós sabemos o quanto uma mãe grávida precisa de sapatos sexy com saltos altos. Portanto, compre quantos sapatinhos adoráveis você puder, mas não fique decepcionada se eles não ficarem nos pés do seu bebê por mais de seis minutos.

Cadeira de balanço. Eu sei que você leu cada livro disponível no mundo inteiro sobre sono e que você já se considera perita em soluções para fazer seu bebê dormir, mas adivinhe só: mesmo assim, seu bebê a manterá acordada a noite inteira nos primeiros seis meses de sua vida. E tendo isso em mente, vale a pena ter um lugar confortável para passar a noite. Uma cadeira de balanço macia, aconchegante e larga o bastante para acomodar você e seu bebê é a solução perfeita.

Trocadores com colchão. Isso é opcional. Se você quiser, pode trocar seu filho no chão duro e frio ou em sua cama limpinha. Mas um trocador com um colchão lavável pode ser muito prático quando seu bebê decidir *realmente* sujar sua fralda no meio da noite.

As necessidades médicas de seu recém-nascido na primeira semana

Você tem duas opções: (a) compre alguns itens médicos agora, para que esteja preparada quando voltar para casa com seu bebê ou (b) mande seu marido para a farmácia assim que voltar para casa. O que, só para lembrar você, significa que você ficará em casa *sozinha* com seu bebê. Isso pode não parecer assustador agora, mas espere para ver como você se sentirá, dois dias após o parto, à beira da exaustão. Você agradecerá a Deus por ter feito suas compras antes do parto.

Gel de petrolato. Se você tiver um filho e optar por uma circuncisão, você precisará tratar a ferida com gel de petrolato (vaselina) para evitar que se infeccione.

Luvas. Os bebês nascem com unhas afiadíssimas... e sem qualquer senso de coordenação motora. Seu bebê arranhará, agarrará e retirará sangue de qualquer parte de pele que tocar, incluindo o próprio rosto. Compre luvas macias para proteger aquele rostinho (e o seu) daquelas garras.

Termômetro. Com a graça de Deus você não precisará dele até seu filho entrar no jardim de infância, mas é uma boa ideia adquirir um termômetro para o caso de seu filho pegar uma febrezinha. Não quero assustar você, mas minha filha ficou doente nove dias após nascer e acabou passando uma semana no hospital pediátrico. Ela estava bem, mas o único sintoma de que ela estava doente foi a febre. Graças a Deus tínhamos um termômetro por perto.

Chapéus de bebê. Não, não estou falando daquele bonezinho florido que sua mãe comprou para sua filha, mas daqueles chapéus minúsculos de algodão que você compra em pacotes de dez na seção de bebê. A razão pela qual vendem esses chapéus em pacotes tamanho família é que os recém-nascidos não conseguem regular sua temperatura, portanto, mesmo que seu bebê nasça no verão, ele precisará usar um chapéu durante algumas semanas.

Chá de bebê e lista de presentes

É muita coisa para processar, não é? Antes de sofrer um ataque de pânico tentando encontrar uma maneira de como pagar tudo isso, deixe-me contar-lhe um pequeno segredo: você *não* vai ter que bancar tudo isso. Suas amigas e sua família ajudarão nisso. Graças a Deus, a maioria das pessoas sabe que ter um filho é caro, e essas mesmas pessoas adoram comprar coisas infantis, então suas amigas e seus parentes organizarão um chá de bebê.

Chás de bebê são muito divertidos — sério, quem não adora ver barras de chocolate derretendo no meio de fraldas? Mas o que é mais legal ainda é que sua família e seus amigos usarão o chá de bebê para demonstrar o amor e a alegria deles pelo bebê cobrindo você com todo tipo de presentes. Fiquei tão grata quando minhas amigas organizaram um chá de bebê para mim — e fiquei mais agradecida ainda por não ter que abrir uma linha de crédito para comprar o berço!

Antes de organizar um chá de bebê, sugiro que você registre uma lista de presente em uma loja de bebê. Eu sei, muita gente acha ridícula a ideia de depositar uma lista de presentes em uma loja... e não tenho nada contra isso. Mas já que a ideia de estocar 15 banheiras de bebê em minha garagem não me agrada muito, eu gosto da ideia da lista. É uma maneira de dizer aos seus amigos o que você gosta, o que você precisa e o que você já tem. Aqui vão minhas dicas para fazer uma lista em uma loja de bebê:

- Não leve (e repito: não leve) seu marido. Ele não se importa com roupas de bebê da mesma forma como você se importa e provavelmente fará tudo que pode para sair da loja o mais rápido possível. Leve uma amiga ou a sua mãe.
- Tente incluir na lista itens baratos e itens mais caros. Algumas das minhas amigas se juntaram para comprar um balanço de bebê muito caro que eu havia incluído na minha lista. Mas a maioria das pessoas que virão ao seu chá de bebê irão querer comprar algo na faixa de vinte a cinquenta reais. É frustrante não encontrar na lista alguma coisa que você consiga pagar.
- Inclua coisas na lista que você realmente precisa, como termômetros ou cobertas. Coisas como vestidos cor-de-rosa tendem a ser presenteados automaticamente, portanto, não precisa incluí-los na lista.

- Use a internet para fazer sua lista. Poupe-se de ter que passar horas e horas na loja, e de ter que tratar dos tornozelos inchados que certamente aparecerão como consequência disso. Após ter adicionado on-line as coisas essenciais, faça uma visita à loja para confirmar suas escolhas pessoalmente antes de estabelecer a lista definitiva.
- Faça listas em mais de uma loja. Assim, seus amigos poderão escolher em uma variedade de lugares e coisas e não são forçados a atravessar a cidade inteira para chegar à butique minúscula que você escolheu.

Comprar coisas usadas

Seria legal comprar apenas coisas novinhas em folha para seu bebê, e você receberá muitas coisas novas em seu chá de bebê. Mas é provável que você acabe comprando muita coisa por conta própria. E já que é legal ter algum dinheiro sobrando para comprar comida após o nascimento, você talvez queira considerar algumas maneiras de economizar um pouco de dinheiro na hora de comprar coisas para seu bebê. Durante a minha primeira gravidez, gastei cada centavo que tínhamos (e alguns centavos que não tínhamos) em coisas para o bebê. E não tinha amigas ou irmãos que pudessem me emprestar coisas, e eu tinha essa ideia na minha cabeça de que era perigoso comprar coisas usadas. (Não é.) Assim, acabei gastando uma fortuna com um berço e um trocador novos — só para que meu bebê vomitasse neles. Não vale a pena.

Aprendi minha lição com nosso segundo bebê. Ela recebeu algumas coisas novas (não consegui resistir àquelas coisinhas adoráveis para menininhas), mas também estava disposta a comprar coisas usadas. E a notícia boa é que é totalmente seguro comprar coisas usadas para seu bebê, desde o carrinho até o berço. Então, aproveite. Ok, aproveite com muito cuidado e fazendo muitas pesquisas. Seguem então as regras para a compra de coisas usadas para seu bebê:

1. Verifique se houve algum *recall*. Às vezes, artigos para bebês são retirados de circulação, e enquanto a maioria das lojas retira esses artigos de suas estantes, a internet não aplica as mesmas regras. Antes de usar um item usado, peça ao proprietário a marca e o número de modelo e pergunte ao Inmetro se o artigo apresenta algum problema.

2. Verifique a data. Isso é muito importante no caso de berços e assentos de carro. Berços produzidos antes de 1992 apresentam fendas mais largas, o que pode representar um perigo de estrangulamento. A madeira de berços mais antigos pode não ser tão lisa e ter sido pintada com tinta que contenha chumbo. E mais sério ainda: a data de validade de assentos de carros é considerada "vencida" seis anos após sua fabricação, pois o plástico começa a quebrar e não resiste tão bem em caso de um acidente. A maioria dos assentos de carro e berços vem com uma etiqueta que informa a data de fabricação.

3. Verifique o estado do produto. Verifique as pernas do berço para ver se foram roídas por um cachorro ou gato, e verifique a grade do berço para ver se não foi roída por um bebê (sim, bebês roem berços; bom saber, não é?). Se o berço apresentar danos causados por mordidas, verifique se as mordidas não deixaram lascas expostas que podem machucar seu filho. Verifique também os assentos de carro para ver se não apresentam rachaduras ou

ângulos estranhos que podem indicar o envolvimento em algum acidente.

4. Verifique seu estado de limpeza. Isso é apenas uma preferência pessoal minha, mas não sou uma grande fã de ter gordura ou vômito seco nas coisas do meu bebê. Vômito pode ser retirado com um forte desinfetante. Creio que não seja necessário dizer isso, mas se o vendedor não fez o favor de limpá-lo para você, limpe-o bem antes de colocar seu bebê nele.

Coisas que você não deve comprar de segunda mão

Assento de carro para bebê. Os assentos são considerados seguros se (a) tiverem menos de seis anos de uso,(b) nunca foram envolvidos em algum acidente e (c) nunca foram objeto de um *recall*. Portanto, a não ser que conheça toda a história do seu assento, você deve comprar um novo.

Colchão para o berço. Você logo descobrirá que até mesmo a maior e mais grossa fralda pode e de fato vazará. E, apesar de terem um revestimento de plástico, os colchões não são totalmente à prova d'água, por isso, simplesmente não me senti à vontade deitando meu bebê adorável (e limpo) em um colchão no qual outro bebê já havia urinado. Se você não tiver nenhum problema com isso, a escolha é sua, mas limpe-o muito bem. Mas já que você pediu minha opinião, sugiro que você economize o dinheiro que você gasta em seu cappuccino diário durante um mês (você nem deveria estar ingerindo tanta cafeína) e o use para comprar um colchão novinho em folha para o bebê.

Bomba tira-leite (ou, no mínimo, partes dela). Antes de explicar isso, preciso lhe dar algumas informações sobre o aparelho. Bombas elétricas consistem em três partes: a bomba, tubos de conexão e as partes de sucção. As partes de sucção sugam o leite do seu seio e o passam para as mamadeiras, e (por razões evidentes) você não vai querer usar as partes de sucção de outra pessoa. Mas eu me arrisco a dizer, em minha opinião totalmente não profissional, que não vejo nenhum problema em usar uma bomba de segunda mão. Gastei muito tempo me familiarizando com as complexidades das bombas tira-leite, e a bomba e os tubos nunca entram em contato com o seio ou com o leite. Portanto, se você tiver a chance de economizar uma boa grana e adquirir uma bomba usada, vá em frente. Você tem a minha permissão. E caso esteja se perguntando: você pode comprar as partes de sucção na seção de bebê de grandes supermercados — aposto que você nunca imaginou que vendiam essas coisas nesses estabelecimentos!

Colchão do trocador. Aplicam-se aqui os mesmos argumentos do colchão de berço usado. Apesar de ter certeza de que um trocador usado é perfeitamente adequado, já que seu bebê estará sujando essa coisa com seu cocô e seu xixi dentro de dias, não me sinto muito à vontade sabendo que o bebê de outra pessoa já a sujou com seu cocô e seu xixi. Se tiver que comprar um trocador usado, limpe-o muito bem e compre um desses lençóis supermacios.

Decorando o quarto do bebê

Eu tinha planejado todo o quarto do meu filho. O tema seriam motivos retrô do mundo dos esportes, com fotos em preto e branco de jogadores de baseball, um cobertor de patchwork de uma butique no centro da cidade e um lindo móbile com minitacos de madeira e luvas de couro. Mas mesmo antes de eu poder escolher as cores do quarto, meu marido me parou. Ele tinha essa estranha aversão a gastar oitocentos reais em um cobertor, principalmente em vista do fato que nós dormíamos em uma cama de cem reais. E alegou que um bebê de dois meses de idade não saberia apreciar o valor dos duzentos reais gastos em uma foto em preto e branco. E por mais adorável que o quarto teria ficado, ele estava certo.

Parece um pouco exagerado gastar milhares de reais em cobertas e decorações já que seu bebê passará mais tempo fazendo cocô do que apreciando a decoração. Além disso, após a fase de sujar tudo, vem a fase de ter opiniões claras e fortes sobre tudo, portanto, estará comprando lençóis de Super-homem ou de Princesa em alguns anos. No momento, você precisa gastar seu dinheiro em milhares de outras coisas — alguém está a fim de uma pedicure? —, portanto, economizar um pouco na decoração do quarto do bebê não vai fazer mal a ninguém.

Após meu marido ter pronunciado sua sentença sobre o quarto de bebê retrô, eu me empenhei em uma missão de incrementar o quarto do meu filho de forma barata. Sim, reconheço que exagero um pouco no "incrementar" (sou o tipo de mãe que passa uma noite inteira em claro pintando flores nas paredes do quarto da minha filha dois dias antes de ela nascer), mas gosto quando as coisas são adoráveis, divertidas e decoradas. Comprei algumas revistas de decoração, aprimorei minhas habilidades artesanais e me pus ao trabalho.

Meu filho recebeu seu quarto de esportista, mas em vez de fotos de 200 reais, recebeu telas pintadas pessoalmente por sua excelentíssima, a mãe. Em vez de um cobertor de patchwork, recebeu um edredom muito mais barato com estampas de baseball, e em vez do *móbile* de couro legítimo, recebeu um *móbile* da loja de artesanato. Sim, levou algum tempo para fazer tudo, mas quando você está no oitavo mês de gestação e passando a noite inteira cronometrando contrações de Braxton Hicks, você tem tempo de sobra. Aqui estão minhas melhores (e mais econômicas) ideias para incrementar o quarto do seu bebê.

Maneiras de incrementar o quarto do bebê sem gastar muito

Pinte as paredes. Pintar tudo de uma cor só é legal, mas se você realmente quiser deixar o quarto um pouco mais sofisticado, dê uma de Picasso e pinte seu próprio mural. Se isso for um pouco artístico demais para você, tente usar estampas. Ou desenhe formas geométricas simples. Ou escreva as palavras do seu versículo bíblico favorito ou da sua música de ninar predileta. Assustador demais? Então forre o chão do quarto e jogue baldes de tinta na parede.

Compre coisas antigas. Faça uma visita à feira de antiguidades e procure coisas antigas que fiquem legal no quarto do bebê (mas encontre um lugar no quarto para essas coisas que esteja fora do alcance da criança!). Decore a lâmpada com um lustre divertido, restaure mesinhas e estantes velhas para acomodar brinquedos ou pinte um velho baú e o encha com cobertores.

Pinte letras. Compre algumas letras de madeira na loja de artesanato (custam poucos reais cada uma) e as pinte você mesma com tinta acrílica. Todos os meus filhos têm as letras de seus nomes na parede de seus quartos.

Pendure a roupa de cama do seu bebê. As regras atuais para a prevenção de morte súbita infantil, que você deve seguir ao pé da letra, dizem que bebês com menos de um ano de idade não devem ter nada em seus berços além de um lençol e um cobertor leve. Mas isso não significa que o lindo cobertor que sua mãe costurou precise ficar escondido no guarda-roupa. Afixe um suporte na parede e pendure o cobertor nele para decorar a parede.

Compre alguns adesivos para a parede. Compre alguns rolos de adesivos de parede e transforme o quarto do seu bebê instantaneamente em uma selva, em um jardim de flores, em uma pista de corrida ou qualquer outra coisa.

Produza utensílios artesanais. Entendi. Você não é Monet (eu também não) e a coisa mais parecida com uma obra de arte foi seu autorretrato no sétimo ano, mas isso não deve impedi-la de produzir uma obra de arte superlegal para o quarto do seu bebê. Tente fazer uma colagem com fotografias. Ou compre algumas tintas e uma tela branca e veja onde isso termina. Ei, se aquele pintor russo, o Malevich, consegue lucrar milhões de dólares com um simples retângulo preto em uma tela, imagine só o que você é capaz de fazer.

Faça uma vitrine. Uma vitrine é como uma moldura tridimensional que pode ser preenchida com objetos coloridos, divertidos e interessantes. Compre uma moldura na loja de artesanato e enche-a com coisas coloridas. Tente flores secas, botões, sapatos de bebê, carrinhos de brinquedo, pequenas bolas ou faixas.

Pendure coisas no teto. Se você estiver decorando o quarto com um tema de aviação, compre alguns aviões de plástico e pendure-os no teto com linha de pescador. Se o tema de seu quarto for algo relacionado a jardins, compre algumas borboletas grandes de tecido e bote-as para voar.

Use espelhos. Bebês adoram olhar para rostos — principalmente o seu próprio. Então, compre uma variedade de espelhos com molduras coloridas e espalhe-os pelas paredes.

Use papel de parede. Recentemente, a fama de papel de parede tem sofrido bastante — e justamente, levando em conta os terríveis motivos de vida marinha que têm agraciado as paredes de cada quarto de hotel barato durante as últimas cinco décadas. Mas existem papéis de parede lindos. Uma das minhas amigas usou um com estampas de flores tropicais para o quarto da sua filha, e aquilo ficou muito divertido e colorido, e sua filha tinha algo para observar enquanto caía no sono. Todos ganham.

Minhas últimas palavras antes de soltá-la na superloja de bebês

Você, minha amiga, está prestes a ser solta na selva da superloja de bebês. Suas únicas armas serão uma calculadora e alguns biscoitos para não morrer de fome. Sua missão: sobreviver um dia sem comprar 16 pares de sapatinhos de bebê. Agora, vá!

Estou brincando. Você não conseguirá resolver tudo isso em um único dia. Há uma razão pela qual uma gravidez dura nove meses: lhe dar o tempo de fazer todas as compras para o bebê em pequenas doses de uma ou duas horas para evitar exaustão gestacional. Sua missão verdadeira é: vá com calma e divirta-se!

Capítulo 9

O jogo dos nomes

Como escolher o nome perfeito para o seu bebê

Para cada Sebastião, Emília ou Sara no mundo, existe também uma coitada Supernova Pimenta, que sempre precisa explicar: "Meu nome é Supernova Pimenta, duas palavras" toda vez que alguém pergunta por seu nome. Os pais da pobre Supernova Pimenta ou estavam tentando ser originais ou cruéis — difícil dizer —, mas certamente deram à sua filha anos e anos de exposição à zombaria e mais alguns anos de crise de identidade, durante os quais ela tenta descobrir por que seus pais sentiram a necessidade de dar-lhe o nome de um evento cósmico e um tempero.

Por razões bastante óbvias, a escolha do nome de seu bebê é, provavelmente, a decisão mais importante que você tomará durante a gravidez. Não é algo que se deve fazer levianamente (como, por exemplo, comprar aquelas botas superlindas, mas totalmente desnecessárias que você vem paquerando há tanto tempo) ou com apenas um pouco de seriedade (como escolher os lençóis para o berço), mas algo que deve ser levado muito, muito a sério. Afinal de contas, o nome será algo que acompanhará seu bebê *para sempre*.

Bem, agora que deixei você em pânico, quero dizer-lhe que é muito difícil cometer erros na hora de escolher o nome do seu bebê. É possível (veja a coitada da Supernova Pimenta), mas enquanto você ponderar suas escolhas em oração e fazer suas pesquisas, é provável que escolherá algo que você e seu filho amarão. Portanto, não fique estressada. Caso contrário, você pode contrair o chamado bloqueio de nome de bebês, uma doença muito séria que só pode ser curada por meio de uma abstinência total de livros de nomes de bebês. E você não vai querer abrir mão dos seus livros de nomes de bebês.

É interessante observar que alguns pais levam a escolha do nome de seu bebê tão a sério que realmente contratam consultores de nome profissionais (sim, essa profissão existe) para fazer algumas sugestões. Li um artigo sobre uma família que contratou um consultor de nomes por mil reais para escolher o nome perfeito para seu filho. É claro que o consultor fez uma cara de profunda reflexão e finalmente sugeriu exatamente o mesmo nome que os pais já haviam levado em consideração. Parece-me que esses mil reais foram jogados pela janela.

Você não precisa de um consultor de nomes, nem mesmo um diploma em linguística avançada (e uma pós-graduação em telepatia), para escolher o nome de seu bebê. É verdade. Aventuro-me até a afirmar que você é 100% capaz de descobrir o nome perfeito para seu bebê por conta própria, com alguma ajuda deste livro, de quarenta amigas íntimas, de todos os funcionários de um site de nome de bebês e de sua sogra. Então, ao trabalho.

Como escolhi o nome do meu filho

Quando estava grávida, a decisão de escolher o nome dele me deixou bastante estressada. Durante anos, eu havia gostado do nome "Jack" e acreditei que chamaria meu primogênito assim. Infelizmente, fiquei um pouco apreensiva quando meu marido me deu um Golden Retriever quatro anos antes do nascimento do nosso primeiro filho, e eu chamei o filhote de Jack. Quando descobri que iria ter um filho, tive a brilhante ideia de chamar o cachorro de Buddy para poder usar o nome de Jack para o nosso filho. Esperto, não acha?

Errado. O cão Jack havia se apegado bastante ao seu nome. Quando entrei na cozinha e o peguei com suas patas dianteiras apoiadas no balcão à procura de comida, ele simplesmente olhou para mim quando gritei: "Não, Buddy, desça já!", e não se mexeu. Por fim, decidimos desistir da ideia de rebatizar nosso cachorro e procurar outro nome para o nosso filho que ainda não havia se apegado a nenhum nome.

Depois disso, meu marido e eu tivemos algumas "discussões acirradas" sobre o nome do nosso filho. O problema era que meu marido gostava de nomes moderninhos como Rowan ou Evan. Eu, por outro lado, gostava de nomes comuns com sentidos bíblicos. Eu estava querendo um nome como José, Lucas ou Pedro. Foi muito difícil encontrar um nome que cumprisse as exigências de ambos.

Evidentemente, chamar nosso filho de "garoto" durante meses não era uma opção, e enquanto brigávamos sobre nomes de verdade, meu marido e eu começamos a chamar nosso filho de *Cheeto* — você sabe, como aquele salgadinho de queijo que eu estava querendo comer o tempo todo. O nome grudou, e dentro de pouco tempo, todo mundo estava chamando nosso filho de Cheeto. Houve um momento em que realmente pensei em acabar com toda essa pressão de escolher um nome e parar de chamar o garoto de Cheeto. Maluquice de mãe grávida. Felizmente, superei essa fase e voltei a discutir com meu marido.

Ainda não havíamos chegado a uma conclusão quando a data do meu parto (finalmente) chegou. Na verdade, quando estávamos dirigindo para o hospital às quatro da manhã do dia em que o parto seria induzido, eu escrevi três nomes em uma folha de papel: Rowan, Evan e Lucas. Eu entreguei a folha ao marido com uma postura de extrema nobreza e lhe disse que ele poderia decidir o nome do bebê após o parto, esperando e orando que, após ter me visto passar pelo trabalho de parto, ele me daria o que eu queria e chamaria o bebê de Lucas.

Mas não foi o que aconteceu. Algum tempo após iniciarem a indução e antes das contrações realmente começarem, um de nós dois se lembrou do nome Josias. Nós pesquisamos o nome pela rede wi-fi do hospital e descobrimos que Josias significa "O Senhor salva". Meu marido amou o nome porque era especial e moderno. Eu o amei porque tinha um significado bíblico e podia ser abreviado e usado na forma de meu apelido preferido: "Joey". Havíamos encontrado o vencedor — no último momento: Josias Cameron.

O nome da minha filha

Levamos literalmente três minutos para escolher o nome da nossa filha, o que foi um grande alívio após a experiência de meses e meses de discussões angustiadas no caso de Josias. Eu apresentei ao meu marido uma lista com dois nomes de menina. Ele disse que gostava de ambos. Escolhemos Kate, que significa "pura". Eu também disse que gostaria que o nome do meio de Kate fosse o nome da minha mãe, "Ellen". Ele também gostou. E *voilà*! Kate Ellen. Foi muito simples.

Descanso para a mãe

Para quando você estiver escolhendo o nome do seu filho.

Mas agora assim diz o SENHOR,
aquele que o criou, ó Jacó,
aquele que o formou, ó Israel:
"Não tema, pois eu o resgatei;
eu o chamei pelo nome; você é meu.
Quando você atravessar as águas,
eu estarei com você;
e, quando você atravessar os rios,
eles não o encobrirão.
Quando você andar através do fogo,
você não se queimará;
as chamas não o deixarão em brasas."

Isaías 43:1-2

Deus Pai, tu conheces meu filho pelo nome! Tu o criaste em meu ventre com um plano e um propósito e tu o conheces intimamente. Estás com ele neste momento e estarás com ele pelo resto de sua existência, com seu criador, seu pai, seu consolador, seu amigo. E Senhor, por mais insignificante que seja minha contribuição, quero escolher um nome para o meu bebê que reflita tudo que tu tens preparado para a sua vida. Por isso, peço, Senhor, que nos orientes em nossa escolha. Amém.

Recursos

Os tios e as tias do meu cunhado Peter se chamam Aaron, Adele, Alan, Arva e Avis. Reza a lenda que sua avó não quis pagar o preço do livro e rasgou a primeira página e a enfiou em sua bolsa. Quando veio a hora de batizar seus bebês, ela só tinha uma lista com nomes que começavam com a letra "A" e assim escolheu os nomes — em ordem alfabética.

Felizmente, hoje em dia você não precisa mais roubar folhas de um livro de nomes de bebês para ter acesso a listas de nomes. Na verdade, você tem acesso a tudo, desde recursos tradicionais aos recursos de alta tecnologia, ao alcance dos seus dedos. E não importa se você está à procura de ideias para um nome ou está simplesmente querendo pesquisar o nome que já escolheu, existem centenas de lugares aos quais você pode recorrer para aprender tudo que precisa saber sobre nomes de bebês.

Nomes legais

O nome do seu bebê é uma decisão sua e ninguém (nem mesmo eu) deveria mudar sua opinião. No entanto, isso não significa que não tentarei. Veja bem, a procura por um nome pode ser agonizante e entediante, e diante de uma escolha tão grande é fácil se perder. Por isso, o mínimo que posso fazer por você é dar-lhe algumas ideias daquilo que é legal e daquilo que não é. Estou apenas tentando ajudar.

Nomes populares

Eu amo nomes populares. Há algo muito positivo em um nome que todos sabem soletrar e escrever (talvez esteja falando aqui a ex-professora). Portanto, nunca tive nada contra nomes populares. Mas muitas pessoas não gostam da ideia porque acham que seu filho será um de dez Pedros em seu primeiro ano do Ensino Fundamental. Mas não é bem assim. Veja o nome Jacob nos Estados Unidos, por exemplo. Segundo a Administração da Segurança Social, Jacob foi o nome de bebê mais popular, no entanto, segundo as estatísticas da ASS, apenas 5.500 bebês foram batizados com o nome de Jacob. Isso é menos de1%. Isso significa que, mesmo que você dê ao seu bebê o nome mais popular do país, é muito provável que ele será o único garoto em sua turma com esse nome.

Nomes singulares

Não tenho nada contra nomes únicos. Na verdade, alguns dos meus nomes favoritos são nomes lindos e originais criados por meus amigos. No entanto, sou contra nomes *ridículos*. Não existe qualquer razão para dar a seu filho um nome absurdo simplesmente porque você quer que seu filho seja a única pessoa no planeta que tenha esse nome. Mas, com um pouco de reflexão e consideração, é bastante fácil evitar catástrofes na hora de escolher um nome — como Alce Barbuda — e encontrar um nome que corresponda a seu estilo único sem o elemento cômico.

Minha irmã e seu marido queriam muito encontrar para a filha algo diferente, mas lindo. Ela tropeçou no nome *Hadassah* em um romance de Francine Rivers e se apaixonou por ele. Hadassah é um nome bíblico, o nome hebraico para Ester, o nome da nossa avó já falecida. Minha sobrinha *Hadassah Rose* sempre recebe elogios pelo seu nome, pois é único sem ser ridículo. Esse é o objetivo de nomes singulares.

Nomes da família

Adoro a ideia de batizar seu bebê em honra de um parente querido. Que homenagem maravilhosa para a pessoa que está emprestando seu nome para o bebê, e que maneira legal de continuar e transmitir as tradições da família para as próximas gerações. Existe um "porém": isso só funciona se você realmente gostar dos nomes que vêm sendo usados em sua família. Por exemplo, o primeiro nome do meu bisavô era Jibbo — sério. Meu irmão Troy, em um momento de loucura, decidiu que serviria muito bem para seu primogênito Gibson (nada mal) apelidá-lo de Jibbo (péssima ideia). Minha cunhada não se opôs porque não queria ser cruel e fazer uma piada sobre um nome da família. Graças a Deus para a minha cunhada, minha irmã e eu ficamos sabendo desse plano e rapidamente dissuadimos nosso irmão de sua maluquice — nome de família ou não, Jibbo *não* é um bom nome para um bebê. Acabaram escolhendo outro nome da família — Glen — e chamando seu filho de Jude Glen — um dos meus favoritos absolutos.

Nomes clássicos

Nomes antiquados estão voltando à moda — na verdade, se você for ver os nomes das crianças na sala de aula do meu filho, você pode achar que voltou à década de 1920. Seus amigos se chamam Jack, Henry, Emma, Catherine e Abigail. Adoro isso! Um casal de amigos chamou seus filhos de Charles William e Edward James — e seus garotos fazem jus a seus fortes nomes tradicionais.

Nomes proibidos

Existem certas palavras que nunca, jamais devem ser consideradas nomes. Sim, estou falando com você, senhora "Quero inventar um nome criativo que jamais passaria pela cabeça de outra pessoa". Não estou dizendo que não deva escolher um nome único e singular, mas apenas que existe uma linha que não deve ser ultrapassada. Tudo bem, estou tentando impor minha opinião mais uma vez; a escolha do nome do seu bebê é sua, 100% sua, e eu não deveria estar fazendo nada para mudar sua opinião. Mas, sério, se você escolheu um nome que se encaixe em uma das seguintes categorias, feche este livro e ligue para quatro amigas e peça a elas sua opinião sincera. Se todas elas gostarem, vá em frente. Caso contrário, releia este capítulo e tente inventar outro nome.

Nomes de comida

Alimentos não funcionam como nomes. Existem exceções — um dos meus nomes favoritos absolutos é Olívia. Gosto também de Clementina, Rosemary e Rúben. Mas em geral, se você puder comê-lo, não deveria dá-lo como nome para o seu bebê. Ameixa, Amora e Mel: não são meus favoritos. Hambúrguer, Pizza e Abacate são absolutamente proibidos.

Nomes de lugares

Esses são complicados. Existem alguns lugares que funcionam maravilhosamente bem como nomes. Conheci uma garota chamada Berlim e era a coisa mais adorável do mundo. Também gosto de nomes como Dallas, Brooklyn, Memphis e até mesmo Paris. Começo a ter problemas quando as pessoas batizam seus filhos com o nome do lugar em que foram concebidos. Isso garante uma conversa muito embaraçosa no futuro quando seu filho perguntar por que vocês escolheram tal nome para ele.

Super-heróis

Desculpe, simplesmente não apoio a ideia de chamar uma criança pelo nome de Batman, Homem Aranha ou Mulher Maravilha. Se, por algum motivo, você precisa satisfazer sua obsessão com histórias em quadrinhos, opte por Clark Kent ou Peter Parker.

Nomes de cores

Novamente, há exceções. Violeta é absolutamente adorável. Nada tenho contra Bianca. Magenta ou verde-limão? Pense de novo.

Nomes de bandas

Se sua banda favorita for Caedman'sCall, você pode chamar seu bebê de Caedman. Mas se você for a fã número 1 de Audio Adrenalina, os nomes "Áudio" ou "Adrenalina" não deveriam nem ser considerados. Ponto-final.

Qualquer nome que termine em ".com"

Conheci alguém que achava uma boa ideia chamar seu filho de Matthew.com. Seus argumentos eram um pouco confusos e tinham a ver com uma transição fácil entre nome e endereço online, mas seja como for, atribuiremos isso simplesmente à loucura maternal e prosseguiremos. Opte por Matthew. Ou por Com. Mas jamais por um nome.com. JAMAIS.

Ortografias malucas

Eu costumava ser professora. E quando você batiza seu filho de "Miaaannkkaser" (pronunciado "BIANCA"), isso simplesmente aborrece as pessoas, inclusive sua filha. Fique com Bianca. B-I-A-N-C-A.

Trocadilhos

Alguns nomes existem provavelmente apenas em piadas de mau gosto, pelo menos é o que espero. Mas as pessoas costumam dar nomes que servem para inventar trocadilhos o tempo todo. Se seu sobrenome se parecer com outra coisa, pense muito bem sobre as possibilidades de criar trocadilhos na hora de escolher o primeiro nome.

Iniciais ruins

As iniciais do nome do meu pai são GAS — e seus avós não resistiram ao ímpeto de comprar casacos com suas iniciais para ele. Não preciso dizer mais nada.

O que um nome traz consigo?

Um nome é muito mais do que algo que você escolhe em um livro de nomes de bebês. Nomes têm significados, e o significado certamente terá um impacto sobre a vida do seu bebê. Não estou dizendo que o nome dele mudará quem ele é, pois chamar sua filha de Fé não é nenhuma garantia de que ela se tornará uma mulher de fé, tampouco quanto chamar seu filho de Rúbio fará com que ele seja ruivo. Mas o nome que você escolher para seu filho lhe dará uma ideia daquilo que é importante para você. Escolher um nome que significa "verdade" comunicará a seu filho que veracidade é um traço que é importante para você. Semelhantemente, um nome que significa "esperança" pode demonstrar seu desejo de que seu filho deposite sua esperança em Cristo.

Na Bíblia, Maria foi instruída pelo anjo Gabriel a chamar seu filho de Jesus, que significa "o Senhor salva" em hebraico, e ao chamar seu filho assim, Deus deixou bem claro desde o início que ele era o Messias enviado para salvar o mundo inteiro. Em Lucas 24:47, Jesus diz: "Seu nome será pregado a todas as nações." Nesse caso, ele está usando a palavra "nome" para se referir a todo o caráter, ou seja, todo o caráter de Deus e a dádiva divina da salvação seriam compartilhados com todo ser humano por meio de seu Filho, Jesus Cristo. Fascinante, não é?

Você já deve ter percebido que, na Bíblia, a maioria das pessoas tem nomes que significam algo. O nome Pedro significa "pedra", e em Mateus 16:18, Jesus diz: "Sobre esta pedra edificarei a minha igreja, e as portas do Hades não poderão vencê-la." Jesus chamou Pedro para que fosse a pedra que serviria como fundamento de toda a Igreja cristã. E Pedro, munido com esta tarefa sagrada, se tornou a pedra que Jesus reconhecera nele. Seu nome representava o traço de caráter que o Pai celestial mais apreciava nele, e Pedro decidiu que faria jus ao chamado de seu nome.

Minha cunhada Stevi adora estudar nomes e seus significados. Meu irmão Troy jura que ela leu o livro *101.000 Baby Names* [101.000 nomes de bebês] de capa a capa pelo menos quatro vezes, o que representa uma proeza e tanto, levando em conta que o livro não apresenta trama nem imagens. Em todo caso, Stevi está grávida e eles estão no meio do processo de escolher um nome para seu bebê, e ainda não sabem se será um menino ou uma menina. Já escolheram o nome de Greta Mae (ahhhh...!) para uma menina, mas ainda não decidiram qual seria o nome se o bebê for um menino.

Um nome que estão avaliando é Paul. Paul não é só um nome comum nas famílias de ambos, mas também é adorável — sério, imagine um pequeno Paul correndo solto por aí. Mas estou me envolvendo demais. A sua única dúvida é que Paul significa "pequeno", e minha cunhada está um pouco nervosa e teme que o bebê crescerá pensando que é "pequeno" aos olhos dos pais. Evidentemente, ele jamais pensaria algo assim, mas para garantir fiz algumas pesquisas sobre o significado do nome. Na verdade, Paul não significa "pequeno" no sentido físico ou intelectual, mas *humilde,* como em "pequeno aos seus próprios olhos". Isso é um traço de personalidade legal e nobre, não acha?

O que estou querendo dizer é que você não precisa se preocupar com o significado do seu nome favorito, apenas o leve em conta quando refletir sobre ele. Para mim, os significados dos nomes dos meus filhos os tornam ainda mais especiais. Creio que teria escolhido os mesmos independentemente de seu significado, mas saber que os nomes dos meus filhos significam "o SENHOR salva" e "pureza" me faz amá-los ainda mais.

Brigas por causa do nome

O problema da escolha do nome do bebê é o seguinte: são necessários dois para fazer um bebê, e tendo isso em mente, seu marido provavelmente vai querer ajudar na escolha do nome do bebê. Sei o que você está pensando agora: ele já não fez o *bastante*? Sério, por mais que você gostasse de batizar seu bebê de Miss Madeline ou Mister Deacon sozinha, a escolha do nome do seu bebê deveria ser um empreendimento conjunto.

E é aqui que as coisas se complicam. Seu marido não gosta de Madeline porque conheceu uma garota chamada Madeline no segundo ano do ensino fundamental que cheirava a ervilha. Ah, e Deacon é ok, mas ele acha que prefere o nome Ashton porque, bem, em sua opinião, é um nome melhor. Que comecem os jogos!

Como escolher um nome sem começar uma briga

Façam listas de exclusão. Cada um anota seus dez nomes favoritos e depois apaga os cinco nomes que menos gosta na lista do outro, sem discussão. Isso significa que você pode eliminar "Berta" de primeira, mesmo se for um nome de família em que a mãe dele esteja insistindo. Mas lembre-se: isso significa também que ele pode eliminar o nome "Sofonias", mesmo que este seja seu favorito atual.

Peçam a mediação de uma pessoa. Convidem um amigo próximo (e confiável) para mediar sua discussão sobre a escolha do nome. Deem a esse amigo o direito de eliminar qualquer nome que possa estar gerando alguma tensão e de sugerir nomes que vocês dois possam gostar.

Realizem um desafio. Desafie seu marido e a si mesma a encontrar pelo menos quatro nomes novos, nomes que não estejam na lista de nenhum dos dois, que ambos gostem. Usem a nova lista como ponto de partida para suas discussões sobre o nome de seu bebê.

Procurem fontes alternativas. Se o livro de nomes de bebês acabou sendo uma decepção, tentem encontrar outras fontes. Vão ao cinema e assistam aos créditos para ver se encontram algum nome que ambos gostem. Leiam revistas e livros de olho em nomes legais. Vocês também podem ir ao supermercado e prestar atenção nos nomes pelos quais as mães chamam seus filhos. (E, não, "Venha aqui agora mesmo!" não deve ser o nome verdadeiro da criança.)

Esperem até o bebê nascer para escolherem o nome. Simplesmente esperem... Sei que é difícil, mas talvez o rosto do bebê os inspire.

Façam um sorteio de nomes. Se vocês tiverem uma série de opções aceitáveis, mas não conseguem reduzir a lista, tirem o nome de um chapéu. Se o nome sorteado for um que ambos gostem, o assunto está resolvido. Se ambos olharem para o nome e ficarem com calafrios, vocês podem eliminá-lo da lista.

Compartilhar o nome do seu bebê

Antes de prosseguir, sinto-me obrigada a compartilhar algumas informações pertinentes: mantive os nomes dos meus bebês em segredo até anunciá-lo após seu nascimento. Eu sei que isso aborrece algumas de vocês — e confie em mim, as minhas irmãs não paravam de me perseguir — mas vale a pena aborrecer todas as suas amigas e seus parentes, pois foi muito divertido ter um pequeno segredo que só meu marido e eu compartilhávamos, e o anúncio do nome do bebê foi uma experiência maravilhosa.

Na verdade, eu nem planejei manter o nome em segredo. Jamais consegui manter algo em segredo por mais de dois segundos em toda a minha vida. Mas quando as pessoas perguntavam qual seria o nome do nosso filho, eu não conseguia dizer, porque eu não *sabia*. Decidimos no hospital, você se lembra? Mas após um tempo comecei a me divertir com toda essa história de não contar — as pessoas adivinhavam, faziam sugestões e — e isso era o melhor — as pessoas ficavam frustradas. E eu meio que gostava quando as pessoas ficavam frustradas. Eu estava grávida, ok? Eu precisava me divertir de alguma forma.

Após toda a diversão de não revelar o nome do nosso filho, decidimos fazer o mesmo no caso da nossa filha. Não contamos a ninguém e nos divertimos muito mantendo o segredo durante todos os nove meses da gravidez. E quando Kate nasceu, convidamos nossas famílias para dentro da sala e anunciamos seu nome. Todo mundo ficou emocionado e nos disseram o quanto amavam o nome Kate. Também, o que iriam dizer? A certidão de nascimento estava assinada, portanto, ninguém podia mais dizer: "Vocês já pensaram em chamar seu bebê de Jenny?"

Esta é a grande vantagem de manter o nome do seu bebê em segredo: ninguém pode ficar dando sua opinião sobre sua escolha. Se sua tia-avó Tilda quer que você escolha o nome Gerolld (com dois eles) para seu filho, você pode simplesmente dizer: "Não vamos revelar o nome, portanto, você terá que esperar para ver." E quando o pequeno Gerold (com um ele) tiver nascido, a tia Tilda não poderá mais dizer nada, porque a essa altura o pequeno Gerold já estará usando uma camiseta com seu nome estampado no peito. Dessa forma, você pode evitar muita pressão.

Evidentemente, há também desvantagens quando você mantém o nome do bebê em segredo, principalmente a falta de roupinhas personalizadas absolutamente adoráveis. Meu filho saiu do hospital e se deparou com um quarto sem letras de madeira que soletravam seu nome, não tinha cobertas personalizadas, nenhuma roupa com suas iniciais e, isto talvez tenha sido o pior, sem uma almofada de amamentação personalizada. Não estou dizendo que essas coisas são necessárias, mas são muito convenientes para os momentos em que você abre a gaveta e não se lembra de quem são todas essas roupas de bebê fofinhas. E, sério, quem consegue resistir a um bebê que tem seu nome estampado em seu lindo corpinho?

Meus favoritos

Não posso encerrar este capítulo sem compartilhar com você os meus nomes favoritos — bem, eu poderia, mas não quero. E aqui estão meus dez nomes favoritos para meninos e meninas.

Meus dez nomes favoritos para meninos

10. Guilherme (Gui)
9. Lucas
8. Max
7. Elias
6. Asa
5. André
4. Pedro
3. Henrique
2. Eduardo
1. Josias

Meus dez nomes favoritos para meninas

10. Violeta
9. Isabela (Isa)
8. Graça
7. Eva
6. Sara
5. Abigail
4. Estela
3. Fernanda (Fê)
2. Kate
1. Este não vou revelar... porque é meu nome favorito e pretendo usá-lo caso venha a ter outra menininha. Perdoe-me, Charlie. Ah, Charlie... adoro esse nome. Talvez devesse acrescentá-lo à minha lista.

Capítulo 10

O bê-á-bá do terceiro trimestre da gravidez

Sobrevivendo ao seu terceiro trimestre

Durante o seu segundo trimestre, naquele tempo em que você ainda tinha energia sobrando e ainda cabia em sua roupa normal, você deve ter se sentido bastante animada por estar grávida. Não mais. Até hoje não conheci nenhuma mulher em seu terceiro trimestre que não tenha implorado a Deus pedindo que ele apressasse as coisas um pouco e simplesmente tirasse aquele bebê de dentro de sua barriga. E, sério, quem pode culpar uma mãe grávida?

Você está imensa. Tem enorme dificuldade para respirar. E não tem sido capaz de depilar as coxas há sete semanas. E como se isso não bastasse para levá-la à loucura, você de repente se tornou vítima de um grave caso de insônia gestacional que está deixando você cansada e mal-humorada. Neste momento, a única coisa que está preservando sua saúde mental é a certeza de que seu bebê chegará em algum momento durante os próximos três meses. É isso aí, restam agora três — ok, no máximo três meses e meio. Você está na reta final.

Mas essa reta final é longa. E muita coisa precisa acontecer ainda antes de você poder pular no carro e partir para o hospital. Por isso, enquanto você está correndo (ou melhor, cambaleando) para a linha de chegada, aqui estão alguns conselhos para levá-la até lá.

O pânico do terceiro trimestre

Com a maternidade prestes a se tornar realidade em sua vida, talvez você deva começar a se preocupar, afinal ter um bebê a transformará de uma mulher perfeitamente normal que ouve U2 e usa jeans em uma mãe meio enlouquecida que cantarola o dia todo e não troca sua blusa de moletom há algumas semanas. É de dar nos nervos. Você está prestes a se tornar mãe, uma mãe de verdade com um bebê de verdade. E isso certamente provocará algumas mudanças em sua vida.

A coisa mais enlouquecedora em relação a essa história de bebê é que não existe uma fase de adaptação gradual. Seria legal se você tivesse um mês ou dois de transição, mas o máximo que você pode esperar são dois ou três dias no hospital, e, de repente, você volta para casa com essa criança que precisa de você 24 horas por dia, sete dias por semana e 365 dias por ano. E isso significa que você terá muito pouco tempo sobrando para se irritar com *The Voice* ou para preparar uma refeição gourmet em um futuro próximo. Daí o pânico do terceiro trimestre.

Meu pânico de terceiro trimestre começou quando minha amiga inocentemente me ligou perguntando se eu e meu marido estávamos com vontade de encontrá-los em um restaurante para um jantar casual. Ela acrescentou enfaticamente que em breve eu, bem... jamais poderia fazer coisas assim de novo, portanto, já poderia começar a me acostumar com isso antes de meu bebê nascer. Respiração acelerada e lanche de emergência: jantares casuais. Nunca mais.

Enquanto devorava um pacote inteiro de biscoitos, me dei conta de todas as coisas que perderia depois que meu bebê tivesse nascido. Imaginei uma vida acorrentada à casa, sem a possibilidade de almoçar com as amigas, de ir a um show e — isso era o pior — sem a possibilidade de ir a uma grande rede de varejo na temporada de promoção. E de repente não estava mais tão animada assim com essa história de ter um bebê.

Agora, antes de você sair correndo para a cozinha à procura de um pacote de batatinhas, deixe-me dizer que toda essa história de bebê não é tão dramática quanto parece. Você não ficará acorrentada em sua casa e não será forçada a assistir ao programa do Barney pelos próximos quatro anos de sua vida. As mães — até mesmo aquelas cobertas de vômito e as que não dormem há uma semana — podem sair de casa. E você poderá até ir a lugares divertidos para adultos, como restaurantes e shoppings. Não, você não poderá entrar no carro e ir ao restaurante para um jantar casual, mas você poderá enfiar algumas fraldas, um pacote de lenços, três brinquedos, uma capa de amamentação, uma muda de roupas, quatro cobertas, seus paninhos e um pacote de biscoitos (para vocês) em uma bolsa e ir ao restaurante para um jantar não tão espontâneo.

Na verdade, fiquei até um pouco surpresa com a portabilidade do meu bebê. Sim, tive de planejar mais e tive de levar comigo uma bolsa de fraldas do tamanho de uma mochila de acampamento, mas consigo sair de casa com bastante frequência. Até levávamos o bebê quando saíamos para jantar com amigos. É uma experiência diferente — tenho certeza de que até agora você nunca teve que expor seu seio em um restaurante lotado — mas não é impossível.

Descanso para a mãe

Para quando você estiver totalmente exausta

Venham a mim, todos os que estão cansados e sobrecarregados, e eu lhes darei descanso. Tomem sobre vocês o meu jugo e aprendam de mim, pois sou manso e humilde de coração, e vocês encontrarão descanso para as suas almas. Pois o meu jugo é suave e o meu fardo é leve.

Mateus 11:28-30

Senhor, ouvi este versículo centenas de vezes, mesmo assim eu me apoio em minhas próprias forças quando estou cansada. Mas hoje minhas forças se esgotaram. Preciso descansar em ti. Senhor, entrego meus fardos — meu cansaço, minhas preocupações, minha irritação, minha fadiga — a ti. Obrigada por carregar o meu peso quando eu não consigo mais dar nem um passo sequer. Tu és a minha força. Amém.

Tentando dormir

No início do seu terceiro trimestre, você desenvolverá um caso grave de "olhar maluco". Você pode não perceber no início (estará cansada demais para prestar atenção no espelho), mas você saberá que está com ele quando as pessoas começarem a olhar você com pena e a dizer coisas como: "Querida, você precisa descansar um pouco", e você (é claro) responderá dizendo: "Ouça bem, minha senhora, tente você dormir com uma bola de ginástica enorme presa à sua barriga, estamos entendidas?"

Parece um pouco injusto que mães de terceiro trimestre fiquem com insônia gestacional poucas semanas antes de terem a insônia de bebê recém-nascido. O lógico seria se as mães pudessem passar seu terceiro trimestre dormindo sem nenhuma preocupação. Mas, como você sabe muito bem, o mundo não é lógico. Em vez disso, as mães grávidas passam seu terceiro trimestre se revirando na cama ressentindo o fato de que o seu marido consegue descansar confortavelmente.

Como dormir quando você estiver enorme, com fome e tiver que fazer xixi

Três palavras: pijamas de seda. Eles são escorregadios, o que significa que você poderá sair de uma posição desconfortável e procurar outra posição não tão desconfortável sem se levantar, agarrar, puxar e rasgar seu pijama já esticado ao máximo.

Faça uma cama supergrande. Enquanto me revirava no meio da minha insanidade de terceiro trimestre, passei a dormir no quarto de hóspedes para poder me revirar e resmungar sem acordar meu marido (mal-humorado). Homem doce que é, ele protestou contra minha mudança para o quarto de hóspedes e montou nossa velha cama dupla ao lado da nossa cama de casal. Chamamos nossa invenção de "megacama" e a adoramos tanto que ela permaneceu no quarto até nosso filho sair de seu berço e nós termos que lhe ceder a nossa cama extra. Em todo caso, se você estiver mantendo seu marido acordado, mas não quer dormir em um quarto diferente, tente juntar duas camas ou instalar um colchão inflável no chão — para o marido, é claro.

Durma em seu lado esquerdo. Aparentemente, quando você dorme de costas ou do seu lado direito, uma artéria importante é pressionada o que pode (a) diminuir o fluxo de sangue para você e seu bebê e (b) acordá-la até do sono mais profundo. E já que tanto (a) quanto (b) são coisas ruins, sugiro que arrume seus travesseiros para que a mantenham deitada no seu lado esquerdo.

(Observação: Não entre em pânico caso você mude de posição durante o sono; meu médico me disse que seu corpo irá acordá-la muito antes de a diminuição no fluxo de sangue causar qualquer dano a você ou ao seu bebê.)

Faça um lanche à meia-noite. O problema é o seguinte: se você comer pouco antes de ir para a cama, sua azia se manifestará, mas se você não comer antes de dormir, seu estômago a acordará por volta das quatro da manhã. As mulheres mais idosas dizem que se você beber um copo de leite com um pouco de mel, isso acalmará tanto seu estômago quanto sua azia. Minha irmã Alisa — aquela com diploma de nutricionista — afirma que o leite não combate a azia, mas beber um copo de leite (talvez para tirar o gosto dos biscoitos de chocolate?) à noite não é uma ideia ruim, pois lhe fornece também uma dose extra de cálcio.

Não beba nenhum líquido durante as últimas horas antes de dormir. Eu sei, estou me contradizendo, mas essa é uma daquelas situações em que você precisa escolher o seu veneno. Se você acordar no meio da noite com um ataque de fome, faça um lanche e beba um copo de leite. Se você acordar porque precisa fazer xixi, não beba.

Tente dormir sentada. Se seu marido de alguma forma conseguiu convencê-la a preservar aquela velha poltrona dos seus dias de solteiro, este é o momento para usá-la a seu favor. Se você conseguir cair no sono em uma posição ereta, é provável que a azia a deixará dormir em paz.

Saia da cama. Se o fato de você estar pensando que não está conseguindo dormir está impedindo que você consiga dormir, saia da cama e vá fazer alguma coisa. Assista à TV, leia um livro ou, sei lá, vá pintar flores na parede do quarto do bebê.

Pergunte seu médico sobre remédio para insônia. Eu sei que o mero pensamento de tomar um remédio contra a insônia durante a gravidez a deixa aterrorizada, mas o que é mais aterrorizante: iniciar sua maternidade como um zumbi exausto ou tomar um remédio que é comprovadamente seguro e eficaz para grávidas? O médico da minha cunhada Annie finalmente receitou um medicamento após ela não ter fechado o olho durante três noites. Ela conta que tomou a pílula e dormiu em paz pela primeira vez em semanas... e deu à luz um filho saudável um mês depois.

Ore. Se sua mente está a mil por hora, ore. Peça e receberá, certo?

Como fazer sexo quando você estiver enorme, com fome e tiver que fazer xixi

Já que estamos falando sobre sono, creio que seja o momento ideal para falar sobre sexo no terceiro trimestre. (Você sabe, já que está na cama e não consegue dormir, pode muito bem estar fazendo *alguma* coisa.) Sim, você está enorme e cansada e precisa fazer xixi a cada 14 segundos, mas sob todas essas camadas de gordura (quero dizer: pele), você ainda é a mesma garota sexy da era pré-gestacional.

A boa notícia é que, para a maioria das garotas, sexo é totalmente seguro até o fim da gravidez. Existem, é claro, alguns "poréns": se você sofrer de placenta prévia ou apresentar qualquer sangramento, você precisa falar com seu médico antes de fazer sexo. O mesmo vale se você estiver grávida de gêmeos, se tiver uma história de trabalho de parto precoce ou se sentir dor fazendo sexo. Caso contrário, a não ser que sua bolsa tenha estourado ou as contrações tenham começado, você tem a benção da comunidade médica para fazer sexo quando (sempre que) você quiser.

O bê-á-bá sexual para mães no terceiro trimestre

Experimente (mais) posições novas. É bem provável que a posição papai-mamãe tenha sido banida do seu quarto desde os meados do seu primeiro trimestre. Você conseguiu ficar em cima durante todo o segundo trimestre, mas em seu terceiro trimestre essa posição ficará um pouco difícil (e exaustiva). Tente a posição da "colherzinha", em que vocês ficam deitados lado a lado e ele a penetra por trás.

Incremente as preliminares. Preliminares sempre são divertidas, mas durante seu terceiro trimestre se transformam em necessidade. Os hormônios do terceiro trimestre (sim, de novo) podem acabar com sua libido, dificultando muito entrar no clima e permanecer nele. É irritante, mas não é nada que um bom namoro não possa resolver.

Faça um pouco de alongamento. Desculpe-me por soar como seu professor de educação física do Ensino Médio, mas se você praticar atividades físicas sem aquecimento, você pode distender algo. E, confie em mim, em vez de ser obrigada a explicar ao seu obstetra que você distendeu sua coluna/coxa/ombro fazendo sexo, você vai preferir gastar alguns minutos fazendo um aquecimento pré-sexo das suas pernas, da sua coluna e dos seus braços. Isso não é sexy, mas é essencial.

Não pense que vai entrar em trabalho de parto por estar fazendo sexo. Inúmeros estudos mostram que fazer sexo no terceiro trimestre da gravidez não causa contrações antecipadas. A única maneira de o sexo provocar o trabalho de parto é se seu colo do útero já estiver preparado e o parto for iminente (e nem mesmo isso tem sido completamente comprovado). Dito isso, se você estiver no ponto de querer que seu bebê nasça, tente. Minha amiga Karen jura que fazer sexo iniciou o trabalho do parto de sua filha.

Não tenha medo de rir um pouco (ou muito). Tentar fazer sexo com uma barriga inchada é, bem, um pouco constrangedor. E se você se encontrar em uma posição pouco favorável fazendo determinadas coisas com seu corpo enorme sem coordenação motora, não tenha medo de rir. Afinal de contas, é engraçado, e não há nada mais legal para aproximar você de seu marido do que rolar no chão rindo histericamente.

Medo do trabalho de parto e do próprio parto

Houve momentos durante minha gravidez em que o medo do parto quase me paralisou. Houve noites em que eu acordava tremendo de medo, aterrorizada pela dor e pelo desconhecido. Eu havia ouvido inúmeras vezes que "a graça de Deus me basta" e que "seu poder se aperfeiçoa em nossa fraqueza" (2Coríntios 12:9), mas, na escuridão da noite, essas verdades eram levadas por uma onda de medo que me tirava o fôlego.

Existe uma grande diferença entre medo sagrado e medo profano. A Bíblia relata muitos casos em que homens e mulheres de Deus permitiram que seu temor ao Senhor influenciasse suas decisões. Durante o cativeiro de Israel no Egito, houve um tempo em que Faraó exigiu que as parteiras lançassem todos os meninos recém-nascidos nas águas do Nilo. Em vez de temerem o Faraó, temeram o Senhor e preservaram a vida dessas crianças — e como resultado disso, o povo de Deus foi preservado de grande angústia e tristeza. O temor sagrado das parteiras gerou o bem, e Deus as abençoou por terem permitido que o temor dele as guiasse (Êxodo 1).

Diametralmente oposto ao temor do Senhor é o medo paralisante e profano que influencia muitas das nossas decisões.

O medo paralisante não vem do Senhor — é um instrumento que Satanás usa para nos afastar da graça de Deus. Portanto, quando você se sentir dominada por um ataque de medo paralisante, sua única saída é voltar-se para o Senhor e pedir que ele a preencha com sua graça.

Meus ataques de medo noturnos começaram a me afetar significativamente no terceiro trimestre. Eu acordava amedrontada e, em vez de me voltar para Deus, permiti que o medo, a preocupação e a dúvida se instalassem em meu coração. Eu passava horas lutando contra o medo — incapaz de dormir, de confiar e de orar. Após algumas noites de insônia, percebi que esse medo não vinha de Deus, e imediatamente me voltei para o Senhor em oração. Quando meu coração estava angustiado demais para orar, eu lia 2Coríntios 12:9 (meu versículo favorito): "Minha graça é suficiente para você, pois o meu poder se aperfeiçoa na fraqueza... Minha graça é suficiente para você, pois o meu poder se aperfeiçoa na fraqueza... Minha graça é suficiente para você, pois o meu poder se aperfeiçoa na fraqueza..."

Aos poucos, essas palavras se gravaram em minha mente e meus medos se transformaram em confiança. A graça de Deus é realmente suficiente, mesmo quando você se vê diante de desafios aterrorizantes como o trabalho de parto e o próprio parto. Quando seu medo puxa o tapete debaixo dos seus pés, a graça de Deus é suficiente. Quando seu coração está pesado e seu corpo está fraco, a graça de Deus é suficiente. Quando você sentir dor, a graça de Deus é suficiente. Ele é tudo que você precisa, portanto, volte-se para ele.

Os nove monstros do terceiro trimestre

Você se lembra do trio do primeiro trimestre: exaustão, inchaço e enjoo matinal? (Como você poderia se esquecer dela, não é mesmo?) Bem, quando você chegar ao terceiro trimestre, você descobrirá que seus monstros gestacionais se multiplicaram e que você precisa enfrentar aquilo que carinhosamente chamo de "os nove monstros do terceiro trimestre". Prepare-se para o seguinte:

1. Inchaço

Você esperava aumentar alguns tamanhos no quadril durante sua gravidez, mas esperava aumentar também o número dos seus sapatos? A gravidez não é maravilhosa? Fluídos extras em seu corpo costumam causar edemas, uma queixa divertida (e comum) durante a gravidez que faz inchar seus braços, suas pernas, seus tornozelos, seus pés e seu *rosto*. Isso não é perigoso (a não ser, é claro, que você considere perigosa a impossibilidade de usar suas botas favoritas), mas é irritante. Portanto, se você quiser reduzir seu inchaço, tente reduzir o sódio em sua dieta e repouse suas pernas em posição elevada sempre que possível.

2. O andar gestacional

Você está absolutamente ciente de que seu corpo é uma fábrica de hormônios sobre pernas, portanto, creio que não ficará surpresa ao saber que seu corpo começará a produzir uma grande quantia de um hormônio com o nome adequado de *relaxina*. A missão da relaxina é relaxar suas juntas púbicas a fim de prepará-las para o trabalho de parto, o que resulta também no efeito colateral de fazer você parecer um pato ao andar. Em algum ponto durante seu terceiro trimestre, você desenvolverá o inconfundível e hilário andar do pato.

3. Aumento de peso

Você tem ganhado peso (continuamente) durante toda sua gravidez, portanto, você não ficará surpresa ao saber que esse processo continuará durante o terceiro trimestre. A diferença entre o aumento de peso regular e o aumento de peso no terceiro trimestre é a velocidade notável em que uma mãe consegue ganhar peso a esta altura. É incrível se você imaginar que consegue aumentar um quilo e meio em uma semana, mas sei por experiência própria que isso é absolutamente possível — e até *provável*.

4. Azia

Na medida em que seu estômago é esmagado por seus pulmões, e seus pulmões sobem pela sua garganta, há cada vez menos espaço para a comida que você mastiga e engole. E, como você já deve saber, isso resulta em azia. A melhor maneira de evitá-la e não comer qualquer coisa saborosa durante os três últimos meses de sua gravidez, mas se não conseguir abrir mão de suas guloseimas, você pode tentar ficar de pé durante uma hora após comer ou pedir ao seu médico uma receita para um antiácido.

5. Obsessivite

Essa enfermidade costuma ser causada pela obsessão da mãe no terceiro trimestre em garantir que tudo em sua vida esteja em perfeita ordem antes do início de sua maternidade. Isso resulta em noites passadas sem sono organizando as meias do bebê e com idas ao consultório do médico "só para ter certeza de que a pontada estranha no meu seio direito não afetará meu futuro como amamentadora".

6. Estrias

À medida que sua barriga vai esticando, a pele começa a se revoltar, resultando em marcas escuras e irregulares na região abdominal. E deixe-me garantir uma coisa: elas nunca, jamais desaparecerão. (Não entre em pânico... Com o passar do tempo, elas tendem a ficar menos evidentes!) Aparentemente, você pode evitar a formação de estrias tratando sua barriga com toneladas de manteiga de cacau para ajudar sua pele a esticar, mas essa mesma fonte diz que a gravidez dura nove meses, e todas nós sabemos que 40 semanas são muito mais do que nove meses; portanto, não sabemos ainda se essa fonte é confiável.

7. Tontura

Isso tem a ver com o volume extra de sangue e com o fato de seu coração precisar trabalhar muito mais para dar conta de todo esse sangue extra. No entanto, seu coração simplesmente não consegue dar conta do recado, o que significa que você pode sentir uma leve tontura, especialmente quando você saltar de seu lugar favorito no sofá com um desejo repentino de comer um sanduíche.

8. Síndrome do estômago esmagado

Em algum momento durante o terceiro trimestre, seu corpo começará a desenvolver um relacionamento de amor e ódio com a comida. Eu sei o que você está pensando: "A comida é minha amiga! Jamais a abandonarei!" É só aguardar. O que acontece é o seguinte: à medida que seu bebê crescer, seu útero expandirá — como você já sabe muito bem. Infelizmente, seu útero não expande apenas para fora, mas também para cima, esmagando seu estômago e comprimindo-o em um espaço do tamanho de uma bola de golfe. A essa altura, não importa o tamanho da sua fome, você se sentirá totalmente entupida após algumas mordidas. Depois vem a azia, o que rapidamente transforma você em uma mulher mal-humorada. É um ciclo terrível, pois assim que tudo isso passar, você ficará com fome de novo e rapidamente devora quatro mordidas de pizza para reiniciar todo o ciclo. Um relacionamento de amor e ódio. O que uma mãe grávida pode fazer? Assegure-se de que cada mordida vem com muitos nutrientes para seu bebê. Acrescente uma fatia de presunto de peru ao seu cracker integral. Coloque creme de amendoim em sua fatia de pão integral. Acrescente amêndoa ao seu sorvete.

9. Incontinência

Ah, falando em guardar o melhor para o final. Quando você chegar ao terceiro trimestre da gravidez, seu bebê já terá montado acampamento em cima de sua bexiga por meses e seu diafragma pélvico já terá desistido da luta. Isso significa que talvez você queira dar uma passada na farmácia e comprar alguns absorventes extragrandes. Faça isso ou acostume-se a sempre levar consigo uma calcinha extra.

Equipamentos para gravidez que não existem — então pare de procurar

Mães grávidas precisam suportar tantas dificuldades que o normal seria supor que exista alguém que possa ajudar uma gestante e inventar uma cura mágica para o enjoo matinal. Ah, e já que estamos falando nisso, aqui estão mais algumas coisas que realmente facilitariam a vida de uma grávida.

Uma extensão de braço para raspar seus pelos. Você lembra que eu lhe disse como a gravidez faz seus pelos crescerem mais rápido do que o pelo do Chewbacca? O que eu não lhe disse foi que raspar seus pelos se tornará praticamente impossível em algum momento do seu terceiro trimestre, quando sua barriga ficar tão grande que se tornará difícil alcançar determinadas regiões. A solução mais simples seria um braço robótico que graciosamente circunda sua barriga e cuidadosamente ensaboa, raspa e passa creme em suas pernas e suas regiões íntimas.

Um extrator de xixi noturno. Tecnicamente, ele existe — é chamado de cateter. Mas já que o cateter é desagradável e exige uma internação no hospital, talvez você esteja à procura de um extrator de xixi não medicinal. Imagino algo como uma pílula que instantaneamente transforma toda água que você bebe em nutriente para o cérebro do seu bebê, de modo que você nunca, nunca precise se levantar para fazer xixi no meio da noite. Seria legal, não acha?

Um exame do sexo do bebê. Isso poderia se parecer com um teste de gravidez: você faz xixi no bastão, e ele lhe diz se você vai ter um menino ou uma menina. Isso seria útil para as mulheres que não querem esperar até o ultrassom, mas também seria útil para mulheres como eu que não têm certeza absoluta se podem confiar 100% no diagnóstico da ultrassonografia — e que se preocupam com a possibilidade de sair do hospital com um bebê menino vestido de rosa.

Um sutiã redutor de seios. Você certamente não precisa de um sutiã que faça parecer que seus seios são maiores, e a última coisa de que precisa é um sutiã que os faça cair. Mas um sutiã forte e resistente que reduza seu decote seria bem prático para o jantar com seus sogros no próximo fim de semana.

Um nomeador de bebês. Esse aplicativo automaticamente analisaria todos os seus nomes favoritos para o bebê e selecionaria o nome ideal. Melhor ainda, o nomeador de bebês possuiria um mecanismo que, de alguma forma, consegue convencer seu marido cético que os nomes escolhidos por você são os melhores e o faz esquecer que o nome Gert possa ser fofo.

Um disfarçador de quadris. Não, não estou falando daquele terrível vestido para grávidas que sua avó comprou em uma feira de pulga, mas de um lindo vestido preto que faça desaparecer seus quadris, seus braços e suas pernas de grávida, revelando apenas uma linda barriguinha e talvez algumas maravilhosas tranças como seus únicos sinais externos de sua gravidez.

Um removedor de bebê. Essa ferramenta prática ajudaria você a evitar todo o trabalho de parto e retiraria seu bebê por outro — e, se possível, maior — buraco. Como uma cesárea sem a cirurgia, sem as seis semanas de convalescença e sem a cicatriz no abdômen.

Um indutor de sono. Isso poderia ter a forma de um enorme balanço de bebê que lentamente induz o sono — ou, espera aí, poderia ser também uma pílula que você tomaria à noite e que, de alguma forma, a acalma e põe para dormir. Ah. Esquece. Isso já existe.

Amizades no terceiro trimestre

No fim de sua gravidez, perceberá que uma abundância de amigas, colegas de trabalho e parentes com os quais você pouco ou nada conviveu estarão te ligando "só para bater um papo". Deixe-me dizer que ninguém ligará só porque você tem um bom papo. Eles ligarão por uma única razão: querem saber se você já terá entrado em trabalho de parto. E já que você atenderá ao telefone, deixando claro que não está em trabalho de parto, essas pessoas rapidamente inventarão uma desculpa para encerrar a conversa.

Eu sou a primeira a admitir que sou a rainha do telefonema "só para bater um papo". Quando minha cunhada estava grávida, inventava algum motivo todo dia para ligar para ela. Num dia, pedi a receita para sua famosa salada de frango. No dia seguinte, quis saber se ela já havia assistido ao novo filme com George Clooney. No outro, perguntei se meu futuro sobrinho faria aulas de música. Mas — e isso é algo que minha cunhada jamais deve descobrir (e que ela não podia adivinhar) — eu só estava ligando para descobrir se ela já estava apresentando algum sintoma de trabalho de parto.

Se você gosta de ficar a par da vida das pessoas das quais nunca mais ouviu nada desde a última reunião de família e está louca para saber tudo sobre o novo aparelho auditivo do tio Ed, atenda ao telefone. Mas se você quer passar seus últimos meses de gravidez em paz, quero lembrá-la de que não existe nenhuma lei que a obrigue a atender o telefone toda vez que ele tocar. Use a secretária eletrônica e ligue de volta quando você estiver a fim. Ou melhor ainda: grave uma mensagem dizendo: "Não, ainda não entrei em trabalho de parto... mas prometo mandar uma mensagem para todo mundo assim que meu estado mudar."

Lista de afazeres no terceiro trimestre

Você tem muito no que pensar neste momento e não há nada melhor do que uma lista para ajudá-la a se organizar. Então, lá vamos nós. Aqui está sua lista de afazeres para o terceiro trimestre:

- Lembre seu marido de instalar o assento infantil no carro.
- Devolva os 14 aquecedores de lenços umedecidos que você recebeu no chá de bebê e enlouqueça perguntando a si mesma se deve trocá-los pelos lençóis de berço com estampa de caminhões ou pela cadeirinha alta roxa.
- Escolha o nome do bebê.
- Convença sua sogra que batizar seu bebê com o nome de seu primo de terceiro grau Moltov só deixaria seu outro primo de terceiro grau Joltov com ciúmes.

- Compre um ou dois sutiãs de amamentação (Hei, você pode encontrar sutiãs de amamentação superfofos e supersexy).
- Faça o registro antecipado no hospital.
- Lembre seu marido de que, apesar de o sutiã de amamentação rosa ser superfofo e supersexy, ele não poderá tocá-lo por pelo menos seis semanas após o parto.
- Encomende toalhas, babadores e roupas personalizados com as iniciais do seu filho. Só para o caso de você não lembrar se aquela toalha azul com capuz pertence a você ou a ele.
- Lembre seu marido (de novo) de instalar o assento infantil.
- Explique à sua mãe que o bebê só precisa de quatro casacos para seu primeiro inverno, mas se ela insistir em tricotar mais alguma coisa, um bonezinho seria útil.
- Lave alguns conjuntos de roupa de bebê e todos os lençóis do berço. (Não lave todas as roupas para seu recém-nascido. Caso seu filho nasça em tamanho gigante, você poderá trocá-las por tamanhos maiores.)
- Cozinhe e congele refeições que possam ser aquecidas para quando o bebê chegar; faça isso ou salve o número da pizzaria em seu celular.
- Ameace instalar você mesma o assento infantil se seu marido não o fizer dentro de uma semana.
- Descubra como instalar (e usar) bomba tira-leite. E sim, isso é algo que sugiro fazer quando seu marido não estiver por perto.

- Descubra o significado do nome de seu bebê, qual sua posição em listas de popularidade e que pessoas famosas se chamam assim.
- Libere seu marido e vá ao corpo de bombeiro local para que possam ajudá-la a instalar corretamente o assento infantil em seu carro.

Capítulo 11

Em suas marcas, preparar... esperar...

Preparando-se para a chegada do bebê

Virá um momento durante sua gravidez em que suas orações mudarão de "Por favor, Senhor, dê-me um parto fácil e curto" para "Por favor, Senhor, TIRE ESTE BEBÊ DE MIM AGORA!" Essa oração costuma ser seguida por longas crises, durante as quais as almofadas do sofá são jogadas nos maridos, os maridos mansamente massageiam os ombros das esposas, e as grávidas por fim recebem uma xícara de chá e o conselho de se acalmarem caso não queiram entrar em trabalho de parto precocemente.

Não importa quanto medo do parto você teve no início da gravidez. Quando o parto se aproxima, você não se importa com as dores ou com sua duração, você simplesmente quer que seu bebê saia daí. No início da minha gravidez, eu tinha pavor do que me esperava no trabalho de parto. Eu realmenteme recusei a assistir ao seriado *A Baby Story*, porque me causava pesadelos. Mas quando cheguei às últimas semanas de gestação, minha postura havia mudado. Passei meus dias pedindo e implorando a Deus para que ele *tirasse aquele bebê de dentro mim*. E não me importava o quão doloroso fosse.

A boa notícia é que, finalmente, todos os bebês saem, mesmo quando se atrasam alguns dias, como meu filho. Eu posso garantir isso. Portanto, não importa quão miserável você se sinta e não importa que você ache que não sobreviverá a outro dia, você sobreviverá sim. E por fim virá o dia em que seu bebê de fato sairá. Até lá, há algumas coisas que você pode fazer para preparar aquele dia glorioso.

Planos de nascimento

Escrever um plano de nascimento para que sua parteira ou seu médico e as enfermeiras saibam exatamente o que você deseja a qualquer momento do trabalho de parto e do próprio parto é uma ideia ótima. Teoricamente. Na realidade, é provavelmente uma perda de tempo. Não estou dizendo que não deva fazê-lo, mas apenas que não deva se agarrar demais a ele. Ainda não encontrei uma mulher cujo plano de nascimento tenha sido seguido ao pé da letra.

Meu plano de nascimento era o seguinte: entrar em trabalho de parto em casa (de preferência três semanas antes da data prevista), chegar ao hospital já com uma abertura de oito centímetros, experimentar uma variedade de técnicas respiratórias e não médicas para lidar com a dor e parir o bebê com não mais do que dois empurrões, no máximo uma hora após entrar no hospital. Plano perfeito, não é?

O que aconteceu de fato foi o seguinte: o médico induziu o parto dois dias *após* a data prevista, e, após quatro horas de contrações ineficientes, os batimentos cardíacos do meu filho começaram a diminuir. A equipe cirúrgica veio correndo e tirou meu filho da minha barriga por meio de uma cesárea de emergência.

O que estou querendo dizer? Planeje. Não faz mal, pois quando as contrações começarem você não conseguirá pensar e decidir se quer tentar um banho ou uma bola de parto. Mas escreva seu plano com lápis e não com caneta, pois as coisas certamente mudarão assim que você chegar ao hospital.

Deus sabe mais do que o Google

Tenho certeza de que você já gastou horas e horas lendo tudo sobre suas opções durante o trabalho de parto e o parto em si. Creio que já saiba tudo sobre anestesias epidurais e Lamaze e bolas de parto (se ainda não souber, vá para o capítulo 13 onde eu lhe digo tudo o que precisa saber). Mas é fácil perder-se em suas pesquisas a ponto de se esquecer do fato de que Deus sabe mais sobre *suas* necessidades durante o trabalho de parto do que o Google.

Minha amiga Carrie decidiu já cedo durante sua primeira gravidez que ela iria querer uma anestesia epidural. Quando começou a orar sobre seu parto, ela teve a forte sensação de que Deus estava indicando um parto natural para ela. Evidentemente, seu instinto a levou a discutir com Deus — por que optaria por uma dor que não precisaria sentir? —, mas ela sentiu que Deus estava insistindo em um parto natural. Após o nascimento do seu bebê, os médicos lhe disseram que, se ela tivesse recebido uma anestesia epidural, isso resultaria em uma cesárea de emergência. A posição do bebê tornou necessário que ela sentisse cada contração, permitindo de alguma forma que o parto fosse mais saudável para ela — e para o bebê.

Curiosamente, no caso do seu segundo bebê, ela simplesmente supôs que, já que Deus não quis que ela recebesse uma anestesia no primeiro parto, ele exigiria o mesmo no segundo. No entanto, no meio de seu demorado e doloroso parto, ela percebeu que nunca falara com Deus sobre o assunto —e dessa vez, ela não obteve nenhuma resposta específica. Era tarde demais para pedir uma anestesia epidural, mas ela jurou que, na próxima vez, oraria e pediria a orientação de Deus em vez de supor que conhecia a vontade dele.

Quando engravidou pela terceira vez (ela tem *quatro* filhos!), ela orou sobre seu parto e não sentiu que Deus estivesse exigindo um parto natural. Dessa vez, pediu uma anestesia epidural e não se arrependeu do alívio que isso lhe deu durante o parto de mais um bebê saudável. Ela percebeu então que sua convicção na primeira gravidez de fazer um parto natural não significou que Deus estava proibindo uma anestesia em todos os partos ou que o parto natural sempre seria o melhor caminho, mas simplesmente que Deus sabia que, para o primeiro bebê, o parto natural seria melhor.

É mais fácil confiar em nossas próprias pesquisas e decidir o que é melhor para nossos bebês e nossos partos em vez de orar e confiar que Deus sabe de tudo. Por isso, antes de tomar qualquer decisão importante relacionada ao seu parto, lembre-se de procurar Deus em oração e pedir que ele lhe diga o que é melhor para você e seu bebê. E se ouvir a forte voz de Deus dizendo que deve seguir este ou aquele caminho, confie nele. Provérbios 3:5-6 o expressa isso perfeitamente: "Confie no Senhor de todo o seu coração e não se apoie em seu próprio entendimento; reconheça o Senhor em todos os seus caminhos, e ele endireitará as suas veredas."

Participe de um curso de preparação para o parto

Eu funciono seguindo a filosofia de que eu vivo melhor sem saber de certas coisas. E após ler o panfleto de um curso de preparação para o parto oferecido pelo meu hospital, decidi que o parto era uma daquelas coisas em relação às quais prefiro permanecer em minha ignorância, pelo menos até adquirir o conhecimento por experiência própria. Assim, nunca participei de um desses cursos. Gastei os cinquenta dólares de taxa de matrícula em uma massagem relaxante. Decidi entrar em trabalho de parto totalmente ignorante em relação ao que aconteceria.

Mas, já que a maioria das mulheres prefere saber pelo menos um pouco daquilo que as espera — e pelo fato de ser a coisa mais normal do mundo participar de um curso de preparação —, grande parte delas participa de algum curso. Não sou perita em assuntos relacionados a cursos de preparação (pois nunca participei de um), por isso, passo a palavra a alguém um pouco mais experiente. Minha cunhada Stevi adorou seu curso de preparação para o parto. Não tanto quanto uma tarde de sábado passada em casa, mas ela afirma que foi muito instrutivo e que o curso a ajudou a se preparar para o trabalho de parto e o parto em si. Ela aprendeu a reconhecer o momento em que estava entrando em trabalho de parto, isso significa que ela fez apenas uma viagem de "trabalho falso" para o hospital em vez das sete que uma mulher costuma fazer. Ela também aprendeu técnicas respiratórias e a administrar a dor, e fez um tour pela ala da maternidade do hospital para se emocionar com todos os recém-nascidos.

Além disso, o curso lhe oferece a oportunidade de conhecer todo tipo de outras mães grávidas e também de pais, ou seja, você encontra muitas pessoas igualmente animadas e nervosas para discutir nomes de bebês e bombas tira-leite. Talvez você até encontre novas amigas. No mínimo, você descobre no curso que (a despeito do ataque de loucura da semana passada) você é bastante normal comparada a algumas outras mães grávidas.

Tipos de pessoas que você pode encontrar em um curso de preparação para o parto

A mãe orgânico-natural. Essa é a mulher que aparece no curso mastigando uma raiz medicinal com uma blusa que diz "100% natural". Provavelmente fará perguntas hipoteticamente importantes como "Se você malhar 14 horas por dia, seu trabalho de parto será mais curto?" e "Se você se alimentar com uma dieta puramente vegana, você perderá o peso da gravidez em quatro e não em nove meses?" Um conselho sábio: evite sentar-se do lado dela. Ela pode oferecer-lhe barras de quinoa ou chips de berinjela e tentar convencer você de que "são realmente deliciosos se você tampar o nariz enquanto come" caso você recuse.

O cara inconveniente. É o sujeito que grita "Que nooooooojo!" sempre que mostram a foto de um recém-nascido coberto de "alguma gosma repugnante de parto" e que faz perguntas sobre "extensão excessiva da vagina" quando mostram um vídeo de um parto. Advertência: rir desse cara só prolongará o momento desconfortável, portanto, faça um favor à esposa envergonhada do cara e não mexa um músculo do seu rosto.

A supermãe classe "A". Essa futura mãe aparece no curso de preparação para o parto em sua sétima semana de gravidez porque achou que era "um dia ótimo para fazê-lo, já que o quarto do bebê está sendo pintado e eu não queria me expor aos cheiros". Se você estiver sentada ao lado de uma supermãe classe "A", tente copiar a lista das coisas que precisa levar para o hospital ou seu plano de parto, pois não há necessidade de reinventar a roda se a supermãe já o fez por você.

A mãe que morre de medo de agulhas. Essa coitada tem tanto medo de sangue e agulhas e hospitais e dores que hiperventila toda vez que vê algo que a lembre de um hospital. Seu marido terá que levá-la para fora para acalmá-la e "protegê-la das partes aterrorizantes".

A mãe do tipo "Estou tão animada que não consigo esconder". Essa é a mulher que aparece no curso com um carrinho de bebê e uma boneca em tamanho natural. Essa mulher até se desculpa e sai para "alimentar seu bebê", e provavelmente passará o tempo todo compartilhando com todos os outros as coisas "maravilhosas" que ela aprendeu sobre como cuidar de bebês, incluindo o fato de que eles acordam pelo menos quatro vezes por noite de forma que você não precisa nem esperar até o amanhecer para apertar a doçura do seu filho.

A mãe do tipo "Como é que fui me meter nisso?". Essa é a mulher que grita "*O quê?* Eu não sabia disso!" quando a parteira explica que o bebê passa pelo canal de parto. Não, essa mulher não passou sua vida na Idade Média; ela é provavelmente muito parecida comigo e decidiu permanecer completamente ignorante em relação ao processo do parto. Tenha paciência com ela. Ela deve estar em estado de choque.

O casal que manifesta sua adoração em público. Esse casal não falará muito durante o curso... está ocupado demais se olhando nos olhos e sussurrando doçuras no ouvido um do outro. Sempre que a parteira mostra uma foto ou um vídeo, o marido beija sua esposa carinhosamente e diz algo como: "Tenho tanto orgulho de você, meu amor." Esse casal é fofo — se você gosta de assistir a doces dramas de amor na vida real — mas se você sentir inveja de seu relacionamento extrarromântico, lembre-se de que o trabalho de parto consegue fazer com que até as esposas mais dóceis gritem com seus maridos. Seu dia virá.

O executivo "ocupado". A cada cinco minutos, esse marido se desculpará e sairá da sala de aula para fazer uma "importante ligação ao trabalho". O volume de sua chamada aumenta consideravelmente sempre que a parteira mostra um vídeo de um parto natural ou quando a instrutora discute o uso da bomba tira-leite. Esse executivo "ocupado" só é superado pela mãe executiva "ocupada" cujo iPhone superimportante interrompe a instrutora a cada 12 segundos.

Descanso para a mãe

Para quando você estiver esperando para conhecer seu bebê

As [sementes] que caíram em boa terra são os que, com coração bom e generoso, ouvem a palavra, a retêm e dão fruto, com perseverança.

Lucas 8:15

Jesus, quando contaste a parábola do semeador, falaste da semente que cai em terra boa. Quero ser essa semente e essa terra. Senhor, ajuda-me a ouvir tua palavra e a guardá-la para que eu possa ser firme em minha fé. Da mesma forma, ajuda-me a fornecer a terra boa para o meu bebê, para que ele possa crescer e se desenvolver em ti. Amém.

As três fases do (pré-) trabalho de parto

Sei que você já ouviu muito sobre o que acontecerá quando chegar ao hospital (pela quarta vez) e realmente estiver em trabalho de parto. Isso é importante. Mas eu me preocupei mais com o que aconteceria antes de eu chegar ao hospital, quando estivesse em casa, tentando sobreviver sozinha sem acesso imediato a uma dúzia de profissionais médicos. Decidi então ajudar as mães grávidas e oferecer um esboço claro das fases que precedem o trabalho de parto. Assim, você saberá exatamente o que está enfrentando e conseguirá avaliar em que ponto do processo se encontra. Sim, você precisa passar pelas fases um e dois para chegar à fase três, mas você pode ter certeza de que, quando chegar lá, seu bebê não demorará a nascer. Portanto, aqui estão minhas três fases (altamente qualificadas) de (pré-) trabalho de parto:

Sintomas da fase 1 antes do trabalho de parto

- Uma vontade irresistível de ver seu médico todos os dias, apenas para verificar se você já dilatou. Esse sintoma pode durar semanas e só desaparece quando o trabalho de parto realmente se iniciar.
- Um fascínio noturno pela cronometragem das contrações de Braxton Hicks (só para garantir que não se transformem magicamente em contrações verdadeiras sem que você perceba).
- A habilidade de simultaneamente ler um livro de nomes de bebês, limpar estantes no quarto do bebê e comer um sundae de chocolate.
- Uma incapacidade de manter seus jeans na altura do quadril, o que resulta em uma ostentação permanente de seu "cofrinho".
- Uma preocupação aterrorizante de que você não reconhecerá as contrações verdadeiras juntamente com o medo de que estará completamente dilatada sem perceber.
- Gastar muito tempo caminhando pela vizinhança, comendo comidas apimentadas e bebendo óleo de rícino (veja "maneiras de induzir o trabalho de parto segundo a sabedoria tradicional").

- Fazer e desfazer constantemente a mala do hospital, acompanhada por um debate mental contínuo sobre se deve levar as meias cor de rosa ou roxas.

Sintomas da fase 2 antes do trabalho de parto

- Bate-boca irritado com qualquer pessoa que pergunte pela data esperada.
- Obsessão total com caminhadas pela vizinhança, com comida apimentada e óleo de rícino, ao mesmo tempo queixando-se da sabedoria tradicional de não ter encontrado nenhuma maneira efetiva de induzir o trabalho de parto.
- Uma insistência teimosa de que contrações de Braxton Hicks são indistinguíveis de contrações verdadeiras.
- A incapacidade de descobrir como instalar o assento infantil corretamente e então entrar em pânico por temer que entre em trabalho de parto sem ter o assento instalado.
- Ligações constantes para a enfermeira do seu médico, "só para garantir que as regras de procedimento para a ida ao hospital não mudaram".
- Um ódio mortal contra o marido por ter tido a ousadia de engravidá-la.
- Negociar com Deus que, se ele tirar seu bebê de dentro de você nos próximos minutos, você se oferecerá como voluntária para a creche dominical na igreja por um ano inteiro. Ou dois.

Sintomas da fase 3 antes do trabalho de parto

- Ataques ferozes contra seu marido por ele não ser perito em métodos de induzir o trabalho de parto e por não saber exatamente como tirar o bebê da sua barriga.
- Um exame cuidadoso dos conteúdos do vaso sanitário à procura do tampão mucoso (veja página 244).
- A incapacidade de caminhar ao redor do bloco (longe demais), comer comida apimentada (causa azia demais) ou beber óleo de rícino (acabou).
- A certeza absoluta de que o cronômetro do seu marido quebrou e que quando ele mede um intervalo de dez minutos entre as contrações, o intervalo real é de três minutos.
- Incapacidade de dormir por mais de 10 minutos sem acordar seu marido para dizer-lhe que a última contração pode ter sido uma contração autêntica.
- O medo de você ser a primeira mulher do mundo a ficar grávida para sempre.
- O choro incontrolável provocado por uma aparente sujeira na estante do quarto de bebê, mesmo após você tê-la limpado 29 vezes.

Maneiras de induzir o trabalho de parto segundo a sabedoria tradicional

Em algum momento no meio da fase 1antes do início do trabalho de parto, você talvez decida apressar as coisas um pouco e induzir o trabalho de parto em casa. Eu lhe dou todo o meu apoio. Não porque eu acredite que funcione — é provável que não —, mas porque a distração de tentar induzir o trabalho de parto a impedirá de destruir a estante empoeirada no quarto do bebê ou de gastar mais gasolina em outra viagem desperdiçada para o hospital. Aqui estão os truques oferecidos pela sabedoria tradicional para induzir o trabalho de parto:

Comer alimentos apimentados. Reza a lenda que uma comida mexicana bem temperada levará todo o seu trato intestinal a dançar a Macarena... e seu útero irá entrar na festa. O único efeito que eu senti ao comer algo bem temperado foi azia, mas vale tentar. Um pouco de pimenta jamais prejudicou alguém.

Fazer caminhadas. Tentei isso — muitas vezes — no final da minha primeira gravidez. Voltava do trabalho, fazia um lanche, calçava meus tênis e partia para uma caminhada pela vizinhança. Não queria me afastar demais de casa, caso realmente entrasse em trabalho de parto, assim passei a maior parte do tempo descendo e subindo a rua em frente à nossa casa e me fazendo de louca aos olhos dos vizinhos. Isso nunca induziu qualquer contração, mas estar ao ar livre acalmou meus nervos.

Sexo. O segredo desse método — que certamente foi inventado por um homem — é que o esperma na cerviz uterina ajuda a dilatá-la. Achei isso um pouco suspeito, mas meu marido adorou a ideia, e assim concordei em tentar. Não funcionou tão bem quanto meu marido e eu esperávamos. Eu não entrei em trabalho de parto, e ele teve dificuldades de encontrar uma passagem ao redor da minha barriga verdadeiramente gigantesca. Mas fique tranquila: os mesmos "profissionais" que sugerem esse método garantem também que ele de forma alguma prejudicará seu bebê, portanto, caso queira tentar, sinta-se à vontade.

Óleo de rícino. Óleo de rícino ativa seus intestinos. A teoria aqui alega que — além de causar uma diarreia muito forte — o movimento de seus intestinos de alguma forma iniciará uma reação em cadeia e o resto de seu corpo também começará a se mexer. Não conheço ninguém que conseguiu obter qualquer efeito além da diarreia e algumas convulsões abdominais, mas se você quiser se castigar — e estiver disposta a passar o dia no banheiro — vá em frente e beba.

Estimulação do mamilo. Quero que fique registrado que eu lhe recomendei não fazer isso em casa. Tenho uma amiga cujo médico a ajudou na execução desse método com uma bomba tira-leite *no consultório com acesso à ajuda médica,* mas a maioria dos médicos não recomenda esse método. Por quê? Porque, às vezes, funciona. Ao estimular os mamilos, você imita a sucção do bebê e isso leva o corpo a se contrair. O problema é que, muitas vezes, as contrações são muito próximas uma da outra e muito improdutivas, e isso pode representar um perigo para você e seu bebê. Portanto, caso você realmente precise tentar isso, sugiro que converse primeiro com seu médico e permaneça muito próxima a um hospital (digamos, no estacionamento) quando for tentar isso.

Acupressão. Diga ao seu marido que você quer uma massagem nos pés, e ele reclamará. Diga ao seu marido que você precisa que ele faça um pouco de acupressão para induzir o trabalho de parto, e de repente ele vestirá sua máscara de super-herói e se focará em sua missão. A ideia aqui é que, ao aplicar pressão em certos pontos de seu corpo, você pode incentivar seu útero a contrair-se. Procure os pontos certos na internet e fale com seu médico se você estiver insegura. No mínimo, isso lhe renderá uma bela massagem.

Chá de folha de framboesa. A folha de framboesa se encontra na lista dos itens proibidos da gravidez, pois tende a provocar contrações. Mas se contrações é o que você está querendo, você pode tirar o chá de folha de framboesa da lista dos itens proibidos e transferi-lo para a lista de itens sugeridos. Meu médico me disse que eu podia tomar o chá após a 38ª semana, mas antes de fazer um jarro extragrande, fale com seu médico para garantir que você está liberada para consumi-lo. É sempre melhor perguntar do que remediar.

Implorar a Deus por misericórdia. Garanto que, em algum momento, Deus ouvirá seu clamor e a libertará de seu estado.

O que colocar na bolsa para o hospital

Você sabe quantas semanas leva para planejar, organizar e fazer as malas para viajar de férias. Ir para o hospital é como viajar de férias (ah!), portanto, você precisará investir algum tempo organizando e fazendo as malas para o grande dia. (A não ser, é claro, que você não se importe em usar aquela roupa de hospital que revela seu traseiro e em lavar seu cabelo com sabão durante toda a sua estadia; nesse caso, você não tem nada com que se preocupar.)

Você não precisará de um baú enorme cheio de coisas para sua estadia no hospital; pois não ficará tanto tempo assim. Se seu parto for normal, você ficará no máximo dois dias. Se tiver que fazer uma cesárea, sua estadia se estenderá por três ou quatro dias, mas em todo caso você ficará menos de uma semana no hospital. Portanto, não precisará de conjuntos de roupa que combinem com seus sapatos para um mês inteiro. E já que estamos falando sobre roupas bonitas, sugiro que mantenha suas roupas boas longe das gosmas e dos fluidos que a acompanharão durante toda sua estadia no hospital.

Outro conselho útil: faça você mesma a sua mala. Tenho uma amiga cuja bolsa rompeu, e ela não teve tempo para preparar sua bolsa. Após seu bebê nascer, ela mandou seu marido para casa a fim depegar as coisas de que precisava. Ele voltou com um vestido de verão florido (era dezembro e muito frio), um casaco cinza, meias, tênis, um pente e sabão. Por melhores que nossos maridos sejam, é melhor encarregar uma pessoa mais qualificada (ou seja, uma mulher) para fazer sua mala. E se você realmente entrar em uma situação de emergência e tiver que mandar seu marido para casa para pegar suas coisas, escreva uma lista específica com o que quer ou corra o risco de ter que voltar para casa com aquela blusa que sua sogra lhe deu como presente de Natal.

Os itens indispensáveis para a estadia no hospital

Documentos. Resolvamos primeiro as coisas entediantes. Você terá que levar um monte de documentos, como cartão do plano de saúde e prontuários médicos. Que tal resolver isso agora mesmo? Levante-se e coloque todas essas coisas na bolsa externa da sua mala. Pronto. Agora, podemos falar das coisas mais divertidas.

Itens de higiene. Diferentemente de seu hotel favorito, o hospital lhe fornecerá apenas um frasco minúsculo de sabão líquido e uma escova de dente. Portanto, leve alguns itens essenciais para torná-la pelo menos um pouco apresentável (e que lhe garantam um bom hálito) quando os visitantes vierem admirar seu bebê.

Protetor labial. Sei que, em teoria, o protetor labial faz parte dos itens de higiene, mas é algo tão importante no processo de parto que achei que ele merece uma menção especial. O suor, os gemidos, os gritos durante o parto tendem a ressecar seus lábios a ponto de racharem; portanto, leve alguns batons de protetor labial.

Loção de massagem. Seu marido terá que ter algo a fazer enquanto você estiver no hospital, certo? Compre um frasco de óleo de massagem cheiroso e leve com você caso ele comece a ficar entediado — ou caso você comece a gritar com ele e ameaçar perder o controle se ele não começar a massageá-la dentro de 12 segundos.

Carregador de celular. Você não conseguirá mandar mensagens com a primeira foto do seu bebê para todos os seus contatos se a bateria de seu celular acabar após você fazer 15 ligações para o seu médico quando estiver a caminho do hospital e setenta ligações para sua mãe quando você chegar ao hospital.

Meias ou chinelos. Eu sempre calçava meias grossas e chinelos quando saía do conforto da minha cama de hospital. Por duas razões: (a) o chão era muito frio e eu não queria arriscar um pé congelado só porque precisava fazer xixi e (b) a despeito da garantia do hospital de que o chão era esterilizado, eu não confiava 100% nele. Eu vi o que acontece nessas salas — e você age em seu melhor interesse mantendo uma camada grossa de tecido entre seus pés e o chão supostamente higiênico.

Absorventes para seios. Absorventes para seios são pequenos protetores que você coloca no sutiã para evitar que seu leite molhe toda a sua blusa. Essas coisas, que você nem sabia que existiam há 30 segundos atrás, logo se tornarão uma *parte essencial de sua rotina de higiene diária*. Se não acreditar em mim, pergunte a uma de suas amigas. Depois vá e compre um pacote gigante e pratique inserindo-os em seu sutiã rápida e discretamente.

Sua câmera fotográfica. Cada movimento de seu bebê merecerá uma foto, portanto, carregue as baterias e apague cada cartão de memória para garantir que sua câmera fotográfica, sua filmadora e seu laptop consigam dar conta do recado para carregar (e enviar) um mínimo de um trilhão de fotos por dia que você passará no hospital.

Cobertor para enfaixar. Os cobertores que você usará no hospital terão um tamanho diferente daqueles que você usará em casa. E se você for aprender o bê-á-bá de enfaixar seu bebê com um cobertor que é diferente daqueles que você usará em casa, você terá que reaprender todo o processo na primeira noite de volta à sua casa, enquanto tenta acalmar o bebê em seus braços. Sugiro que já leve seus próprios cobertores para o hospital.

Uma almofada de amamentação. Se pretende amamentar seu bebê, você vai querer ter uma almofada de amamentação a seu alcance no hospital. Essas almofadas sustentam seu bebê, de forma que você não precisa segurá-lo em seus braços exaustos enquanto ele come. Confie em mim, isso é uma coisa *muito* boa.

Seu laptop. Isso pode parecer um pouco extremo para algumas de vocês, mas eu sou viciada em e-mails, por isso, não pude ir sem meu laptop. Hoje em dia, muitos hospitais oferecem redes sem fio, e se você estiver com seu laptop, poderá enviar mensagens com detalhes sobre seu parto diretamente da sua cama de hospital. Além disso, quando você tiver uma folginha — digamos às três da madrugada, quando seu bebê decidir mamar por duas horas a fio — você pode visitar seu site favorito e bater um papo sobre seu bebê maravilhoso e adorável.

Uma roupinha de volta a casa para o seu bebê. Por mais que sua mãe adorasse ver seu bebê voltando para casa em uma linda roupa de batizado ou em um conjunto de três peças, não faça isso! Primeiro porque o hospital não é o lugar adequado para uma roupinha branca, delicada e com rendinhas, e também porque você levaria uma hora para enfiar seu recém-nascido em uma roupa com botões e outras coisas complicadas. Já que vestir um bebê será totalmente inusitado para você e roupas serão algo completamente inusitado para ele, sugiro escolher uma roupa simples. Após algumas experiências desastrosas, todos os meus filhos foram para casa em um macacão miúdo de algodão e boné combinando — e ficaram adoráveis.

Roupas para você. Essa é difícil. Por mais que você queira sair do hospital em sua roupa preferida que usava antes da gravidez, isso não vai acontecer. Vou ser franca aqui: *Você ainda estará gorda demais*. E já que você não vai querer ser lembrada para sempre nas primeiras fotos de seu bebê como a "mulher no roupão gigante", você terá que levar algo (mais ou menos) adorável. Roupas para grávidas são a escolha óbvia (mas revoltante), porém não conheço uma mulher que não tenha derramado algumas lágrimas ao pensar que terá que vestir roupas para grávidas *após* o parto. Portanto, se isso não for uma opção para você, tente uma roupa esportiva como um moletom chique. Outra opção são *calças de salão*, que, na verdade, nada mais são do que calças com elástico sofisticadas o bastante para serem usadas em público. Comprei um par de calças de salão e as usei durante um mês inteiro após o nascimento da minha filha — e fiquei adorável, se me permitirem dizer isso sobre mim mesma.

O que você NÃO deve levar ao hospital

Qualquer coisa branca, de seda e cara. Deixe-me dizer apenas que tudo em torno do parto é sangrento, e tudo que você queira proteger de manchas de sangue deve ficar em casa. Isso significa: não leve pijamas de seda ou roupas de hotel confortáveis. O mesmo vale para o vestido branco supercaro para voltar para casa. É lindo, mas coisas bonitas tendem a ficar manchadas pelo trabalho de parto e em quartos de hospital.

Um livro. Talvez você acredite que todo aquele tempo que você terá no hospital finalmente lhe dará a chance de ler aquela dissertação sobre "O impacto qualitativo do teorema de Pitágoras". Adivinhe. Seu cérebro estará exausto. Talvez você conseguirá ativar o poder mental para folhear um catálogo, mas certamente não conseguirá se concentrar na leitura de qualquer coisa que se estenda por mais de um parágrafo.

Lanches. Qualquer outro livro de autoajuda sobre a gravidez a aconselhará levar um lanche, mas sugiro que não o faça. Quando você estiver em trabalho de parto, não permitirão que você coma qualquer coisa além de pequenos cubos de gelo. Após o nascimento de seu bebê, você provavelmente desejará comer algo bem específico e muito delicioso. Não faz sentido levar barras de cereais super saudáveis, pois você vai mandar seu marido comprar uma porção gigante de carboidratos com uma cobertura grossa de chantilly.

Lanches para seu marido. Se seu marido quiser sobreviver ao parto, sugiro que não ouse comer porções gigantescas de M&M's durante as suas contrações. Portanto, poupe-o dessa situação e deixe-o passar fome. Confie em mim: com todo o peso extra que ele ganhou durante sua gravidez, ele sobreviverá a algumas horas sem comida.

Planejando sua volta para casa

Eu gosto de planejar, por isso, quando fui ao hospital para dar à luz meu filho, seu quarto estava equipado com todos os itens possíveis que ele poderia querer ou precisar. Eu havia comprado tudo — fraldas, lenços, lençóis e sabão de bebê que induz o sono que prometia fazê-lo dormir à noite. Eu havia lavado suas roupas, colocado dois conjuntos de lençóis em seu berço para poder trocá-lo rapidamente no meio da noite e até instalado uma linda coleção de bichos de pelúcia em sua estante.

Mas em meio a essa febre, eu me esqueci completamente de preparar a minha própria volta para casa. Nunca passou pela minha cabeça que eu também precisaria de algumas coisas; por isso, quando cheguei em casa, tive que mandar meu marido para a farmácia comprar absorventes extrafortes e lanolina. E, só para sua informação, até mesmo os maridos mais empolgados se sentirão um pouco constrangidos quando enviados à farmácia para comprar "os maiores absorventes que você puder encontrar". E nem mesmo os pais mais espertos conseguirão encontrar o que você quer em meio ao pânico de sair o mais rápido possível do setor de produtos femininos. Meu marido voltou com absorventes para fio dental. Em todo caso, segue aqui a lista de coisas que você deve ter em casa *antes* da chegada do seu bebê:

Coisas que você precisa ter em casa

Absorventes extra (EXTRA) grandes. Caso ninguém tenha advertido sobre a "menstruação" que você terá após o parto (tecnicamente, chama-se *lóquios*), deixe-me passar as informações básicas: o sangramento será forte (se lembra da menstruação mais forte que já teve?) e durará de 4 a 6 semanas (estou falando sério). Você definitivamente precisará de absorventes extrapotentes e supergrandes quando voltar para casa. Compre os absorventes com abas. No entanto, há uma luz no fim do túnel: quando esse período passar, é provável que você não menstrue durante meses (ou até anos, se você amamentar).

Um sutiã de amamentação. Se você pretende amamentar, você precisará fornecer um acesso fácil para o seu bebê. Mas antes de você sair e comprar um monte de sutiãs novos, lembre-se de que seus seios ficarão ainda maiores — é verdade, eu não mentiria sobre algo assim — quando você começar a amamentar. Por isso, compre um sutiã de amamentação um tamanho acima daquele que estiver usando agora.

Absorventes para seios. Eu sei que já lhe disse que deve levar um pacote destes para o hospital, mas eles acabarão. Por isso, compre outro pacote para deixar em casa.

Produtos de cuidados para os seios. Seus seios serão usados e abusados de maneiras que você jamais imaginou durante as semanas após o parto. Se você for amamentar seu bebê, terá que lidar com seios ardidos. Sugiro que compre um tubo de creme de lanolina; não é barato, mas faz maravilhas. Você também pode comprar absorventes para seios com gel de lanolina para acalmar seus mamilos entre uma sessão de amamentação e outra. Amamentando ou não, você precisará de algo que a ajude a lidar com a ingurgitação. Eu consegui resolver o problema enfiando folhas de repolho em meu sutiã. (As folhas de repolho possuem qualidades anti-inflamatórias, incrível, não acha?) Minha irmã recebeu de uma amiga em seu chá de compressas que você coloca em seu sutiã e que ajudam a aliviar a ingurgitação. Minha irmã jura que são maravilhosas.

Um estojo de primeiros socorros personalizado. Um estojo de primeiros socorros comum não ajudará muito — acredite, curativos e analgésicos não darão conta do recado —, mas eu recomendo que você monte seu próprio estojo. Compre alguns pacotes de ervilhas congeladas (como pacotes de gelo para sentar em cima ou para comer caso você acabe com todas as refeições no seu congelador), um spray anestésico para aliviar a dor (pergunte ao seu médico)e algum protetor de colchão para proteger seus lençóis do xixi do seu bebê e do seu sangue. Ter um bebê é divertido, não é?

Roupas normais limpas. Suas antigas roupas que você usava antes da gravidez devem estar acumulando poeira no sótão e você pode deixá-las onde estão durante mais algum tempo, pois não poderá usá-las por enquanto. Mas você precisará vestir *algo*. Sugiro que lave as calças de suas aulas de ioga antes de ir para o hospital para que você tenha algo que possa usar durante os primeiros dias após sua volta.

Chocolate. Tudo bem, confesso que sou do tipo de garota que come para aliviar a dor, mas ter um bebê pode deixá-la deprimida de vez em quando, e ter um chocolate por perto para melhorar o humor não faz mal a ninguém.

As malas estão feitas, mas você não tem para onde ir

A mala está feita. Sua casa está preparada. O quarto do bebê está decorado. E agora, você espera. E espera. E a não ser que entre em trabalho de parto cedo, você terá de esperar um pouco mais. E enquanto espera, você precisa fazer alguma coisa. Aqui estão minhas nove sugestões para fazer o tempo passar enquanto espera pela primeira contração (autêntica):

1. Escreva os endereços nos envelopes para o anúncio da chegada do bebê. Muitas lojas on-line enviam seus envelopes de antemão para permitir que você os enderece antes da chegada do bebê.

2. Planeje uma viagem com sua família à Disney. (Você não perde nada se essa viagem só se realizar quando seu filho completar sete anos.)

3. Procure roupas comuns superlegais na internet e sonhe com o dia em que você poderá voltar a usá-las.

4. Organize seu guarda-roupa, sua despensa, sua gaveta de bagunça ou qualquer outro canto de sua casa que não é limpo há anos e que certamente não será limpo durante anos após a chegada de seu bebê.

5. Aprenda a cozinhar uma nova receita. Maridos parecem ser muito mais tolerantes com esposas grávidas quando elas mantêm um estoque de pudim de banana e de torta de creme de amendoim na geladeira.

6. Tente aplicar o máximo de métodos de indução de trabalho de parto ao mesmo tempo. Por exemplo, tente comer algo apimentado enquanto dá sua volta pelo quarteirão. Ou beba chá de folhas de framboesa enquanto fizer acupressão. Ou se você for muito corajosa, tente fazer sexo enquanto bebe óleo de rícino.

7. Assista a uma maratona de *A Baby Story* no canal TLC (se você aguentar).

8. Faça algo artesanal para seu bebê. Mesmo se você for a mamãe menos artesanal do mundo e seu projeto resultar em algo que se pareça com o que seu irmão fez na quarta série — seu bebê não perceberá. Tente fazer um boné para seu filho, uma moldura, e se você sentir-se muito disposta, faça o anúncio do seu bebê. Caso precise de inspiração, eu amo o livro *Crafty Mama: Makes 49 Fast, Fabulous, Foolproof (Baby & Toddler) Projects* [Mamãe esperta: faça 49 projetos rápidos, seguros e incríveis para bebês e crianças]. É um livro cheio de projetos muito fáceis e superfofos impossíveis de errar.)

9. Ande pela casa se queixando do tempo em que você já está grávida, encarando feiamente qualquer pessoa não grávida que ouse cruzar seu caminho.

Capítulo 12

Que comecem os trabalhos (de parto)

Como saber quando chegou a hora de ter seu bebê

É provável que você já tenha passado do ponto em que se preocupava se o bebê nasceria cedo ou não (é provável que não). Deve ter passado também do ponto em que se preocupava se teria tempo para pintar suas unhas antes do início do trabalho de parto (você já não se importa mais com isso). Você deve até já ter passado do ponto de se estressar com a pergunta se o parto será doloroso (será doloroso, mas você não se importará, pois finalmente o seu bebê estará saindo). A essa altura, sua preocupação principal é como saber que o trabalho de parto realmente já começou.

A resposta? Você simplesmente saberá. Ok, retiro isso. Você *provavelmente* saberá. Tenho uma amiga que não reconheceu o início do trabalho de parto e acabou dando à luz à beira da estrada a caminho do hospital. (Mãe e bebê não sofreram nenhuma consequência.) Mas é raro isso acontecer. A maioria das mulheres dá à luz horas após chegarem ao hospital, e a maioria faz pelo menos três viagens ao hospital em trabalho falso antes disso.

O problema é o seguinte: você está grávida há nove meses. O simples fato de estar grávida há nove meses é uma boa garantia de que o trabalho de parto está prestes a começar. Sua condição não é definitiva — por mais que você acredite nisso agora. E enquanto espera, você fica obcecada com qualquer sinal, sintoma ou detalhe, só para garantir que está preparada. Deixe-me ajudá-la a alimentar essa obsessão.

Descanso para a mãe

Para quando você estiver com medo do trabalho de parto

Sejam fortes e corajosos. Não tenham medo nem fiquem apavorados por causa deles, pois o SENHOR, o seu Deus, vai com vocês; nunca os deixará, nunca os abandonará.

Deuteronômio 31:6

Ó Senhor, estou com medo! Estou prestes a dar à luz um bebê e reconheço: estou com medo. Estou nervosa por causa da dor, temo que algo possa acontecer e estou um pouco preocupada com o primeiro encontro com meu bebê. Mas prometeste estar ao meu lado não importa o que aconteça, e me consola saber que tu estás comigo, intercedendo por mim junto ao Pai. Obrigada, Senhor. Acalma meus nervos e ajuda-me a descansar em tuas promessas. Amém.

Indícios de que seu trabalho de parto está começando

Só para acalmar suas preocupações de que você possa perder o início do trabalho de parto e acabar dando à luz no elevador do hospital porque chegou tarde demais, quero assegurá-la (mais uma vez) que a maioria das mulheres recebe muitos sinais de que o trabalho de parto está se aproximando. Isso não se parece em nada com aquela vez em que sua tia Marilda, que você não via há décadas, apareceu em sua porta e decidiu ficar em sua casa por uma semana. Você saberá que a tia Marilda está chegando muito, muito (e repito: muito) antes de ela chegar. Estes são os sinais de advertência:

O instinto de construir um ninho

Se de repente você detectar um desejo — não, retiro isso — a *necessidade* de tirar a poeira do ventilador ou arrumar as roupas do bebê de acordo com as cores, isso pode ser um sinal de que o trabalho de parto está prestes a começar. Chamamos isso de instinto de construir um ninho e é o método que Deus escolheu para garantir que sua casa estará higienizada e organizada antes da chegada do bebê.

Eu sou uma pessoa bastante fanática quando não estou grávida; portanto, quando senti a necessidade irresistível de organizar as conservas na despensa em ordem alfabética — você sabe, para que eu conseguisse encontrar a lata de feijão após a chegada do bebê —, isso não parecia ser algo fora do normal. Mas a maioria das mulheres provavelmente consegue identificar atividades de limpeza e organização incomuns como prenúncio do trabalho de parto. Minha amiga Sarah suspeitou que algo estava prestes a acontecer quando se viu abaixada no chão do banheiro esfregando as fendas entre as lajotas atrás do vaso sanitário. Seis horas mais tarde as contrações começaram.

Às vezes, o instinto de construir um ninho envolve tinta no lugar de desinfetante. Lembro-me de como acordei no meio da noite, mais ou menos uma semana antes do nascimento da minha filha, com o desejo repentino (e forte) de pintar flores nas paredes de seu quarto. Eu estava convencida de que, se ela voltasse para casa e não encontrasse um mural de flores em suas paredes, isso deixaria cicatrizes para o resto de sua vida. Então, evidentemente, fiz o que toda mãe faria: levantei-me, peguei um pincel e comecei a pintar (não se preocupe, usei tinta orgânica para não expor meu bebê a odores perigosos). Quando meu marido me surpreendeu às três da manhã misturando tintas, ele soube imediatamente o que estava acontecendo — afinal de contas, esta era minha segunda gravidez, e ele já havia visto esse instinto frenético e obcecado. Ele simplesmente voltou para a cama e fez uma anotação mental de que, provavelmente, o bebê nasceria dentro de uma semana.

Já que a compulsão por limpar e organizar é um sentimento passageiro, você deve aproveitar-se dela enquanto puder. Garanto que após o nascimento do seu bebê, você nunca, nunca mais sentirá o desejo de limpar qualquer coisa no fundo do armário; portanto, veja isso como uma oportunidade para arrumar sua vida. Minha irmã Alisa se aproveitou do seu instinto de construir um ninho preparando uma série de refeições congeladas que ela poderia simplesmente aquecer após o nascimento do filho. Minha amiga Jen comprou — e organizou — um estoque de itens para seu livro de recados para poder fazer um livro de bebê após o seu nascimento.

Preciso ressaltar também que nem todas as compulsões causadas por esse instinto são seguras. Sim, o fato de haver poeira no ventilador de teto pode estar levando você à loucura, mas você terá que esperar seu marido voltar para casa para limpá-lo. Uma escada alta não é o lugar apropriado para uma mulher em seu nono mês de gravidez. Semelhantemente, limpe o que quiser, mas não toque em produtos fortes como limpadores de forno que podem ser prejudiciais para a saúde do bebê. Deixe que o forno limpe a si mesmo e faça algo menos perigoso como limpar as gavetas de seu armário.

Dilatação e obliteração cervical

A partir de sua 36ª semana, seu médico ou sua parteira começará a examiná-la para ver se já há alguma dilatação e obliteração cervical. Isso envolve você colocar seus pés naquelas hastes horrorosas da cadeira ginecológica e permitir que seu médico veja o que está acontecendo com sua cérvice. A obliteração cervical é o processo em que sua cérvice se torna mais fina, e a dilatação se refere à abertura dela. A não ser que sua cérvice tenha atingido a espessura de uma folha de papel (ou seja, 100% mais fina) e muito, muito aberta (isto é, apresente uma abertura de dez centímetros), seu bebê não está indo a lugar algum.

O problema é o seguinte: você pode continuar sua vida com uma obliteração de 100% e uma dilatação de três centímetros durante semanas sem dar à luz o bebê. Sei disso porque passei por isso. Na minha 37ª semana, recebi o diagnóstico de uma obliteração de 100% e uma dilatação de três centímetros e saí do consultório confiante de que meu bebê nasceria dentro de poucas horas. O parto foi induzido dois dias após a data prevista, portanto, uma obliteração de 100% e uma dilatação de três centímetros não me serviu para nada. Semelhantemente, você pode estar hermeticamente fechada e ter seu bebê uma hora mais tarde. Minha cunhada Annie recebeu o diagnóstico de uma obliteração cervical de 0% e de uma dilatação de 0 centímetro na consulta de sua 40ª semana e entrou em trabalho de parto na mesma noite. Seu bebê nasceu de madrugada. Dilatação e obliteração cervical são um pouco como todos os outros sintomas de parto: dizem-lhe que algo está acontecendo, mas não lhe dizem quando aquilo acontecerá.

A descida do seu bebê

Em algum momento nas semanas antes do nascimento, seu bebê "desce" para sua pélvis para se preparar para o nascimento. Como todos os outros sinais, isso significa que o parto virá (sério?), mas provavelmente não lhe dirá nada sobre quando isso acontecerá. Meu filho desceu mais ou menos um mês antes do nascimento, mas o bebê da minha amiga Emily desceu duas horas antes de ela entrar em trabalho de parto.

Independentemente do momento, o fato de seu bebê descer é um bom sinal. Não só porque lhe diz que o parto está se aproximando, mas também porque isso aliviará um pouco da pressão sobre seu estômago e seus pulmões, facilitando coisas como comer e respirar. Evidentemente, como tudo relacionado à gravidez, há uma suposição. Sim, seu estômago não será mais amassado e seus pulmões não receberão mais chutes do seu bebê, mas agora ele está acampado em cima de sua bexiga. Boa sorte se tiver que fazer uma viagem de carro de vinte minutos sem banheiro por perto.

A perda do tampão de muco

O tampão de muco é exatamente o que parece ser: um tampão grosso e mucoso do tamanho de duas ou três moedas de um real. Ele fecha a abertura da sua cérvice durante sua gravidez. Quando sua cérvice começa a dilatar, nada mais segura o tampão de muco, e ele cai diretamente no vaso sanitário. Nojento, não é?

Eu estive atenta ao meu tampão de muco por semanas quando, muito empolgada — ok, em êxtase! O que poderia causar um êxtase maior do que um tampão de muco? —, percebi algo flutuando no vaso sanitário após fazer xixi certa manhã. É claro que gritei e chamei meu marido para ver aquilo, e ele olhou com nojo para o interior do vaso sanitário como se eu estivesse lhe mostrando alguma forma de vida alienígena que, de certa maneira, havia entrado no nosso banheiro. Quando lhe expliquei o que era, ele fez uma careta e então me perguntou por que eu sentia a necessidade de mostrar-lhe *aquilo*. Aparentemente, teria acreditado em mim sem ver aquilo.

Em todo caso, a perda do tampão de muco é um sinal de que sua cérvice está dilatando, isso significa que o parto não pode estar mais tão distante. Assim como a dilatação e a obliteração cervical, a perda do seu tampão de muco significa uma única coisa: algo está acontecendo. Mas novamente isso nada lhe diz sobre quando aquilo ocorrerá. Também quero ressaltar que você pode nunca ter o privilégio de ver seu tampão de muco. Minha cunhada Stevi nunca viu o seu, e seu médico lhe disse que, às vezes, o tampão de muco sai ao longo do tempo ao passo em que se dissolve lentamente.

Irritabilidade extrema

Como já constatamos, a gravidez tem um jeito de garantir que todas as mulheres em toda a face da terra se tornem extremamente irritantes, insanas e repulsivas. E quando estiver no nono mês de sua gravidez e prestes a entrar em trabalho de parto, você descobrirá que o fato de ser a única pessoa racional no mundo realmente a aborrecerá. É como se todas as pessoas na sua vida tivessem a única missão de irritá-la. E como é que alguém tão irritante pode se safar impune?

Respire fundo aqui. Não sei como dizer isso — ainda mais que o fato de eu dizer isso a fará jogar este livro contra a parede —, mas a pessoa mais irritante neste momento é *você*. Não a culpo. Você tem muitas razões para sentir-se irritada. Provavelmente está 25 quilos acima do seu peso ideal, e seus tornozelos devem ter dobrado de tamanho. A cada dez minutos, seu corpo é castigado com uma contração dolorosa — e possivelmente pouco produtiva. E além de tudo isso, você está cansada de ser chutada em suas costelas por um bebê que claramente quer sair dali. Não surpreende que você esteja perdendo sua sanidade mental.

Você talvez perceba que antes estava mal-humorada, irritada e melancólica, mas agora você grita com seu marido quando ele massageia seus ombros, fica furiosa com seu médico por se recusar a induzir o parto e pode transformar qualquer conversa divertida em um ataque de fúria dentro de poucos segundos. Relaxe! O fato de você estar perdendo o controle é um bom sinal. Significa que o parto está se aproximando!

Após 38 semanas, seis dias, duas horas e 49 minutos de gravidez (não que estivesse cronometrando), eu fiquei doente e fui internada por causa de uma desidratação. Na minha opinião, a solução mais evidente teria sido tirar o bebê, mas meu médico teve a coragem de recusar a indução porque o hospital tinha essa regra estúpida de não induzir um parto antes da 39ª semana. E já que eu estava grávida há 38 semanas, seis dias, duas horas e 49 minutos, eu tive dificuldades de controlar minhas emoções. Comuniquei meus pensamentos sobre sua decisão aos médicos... às enfermeiras... às faxineiras... e à mulher amável no quarto ao lado, que realmente tinha entrado em trabalho de parto.

Não estou dizendo que é bom agir de forma repulsiva simplesmente porque você está a poucos dias de dar à luz — não é legal. Mas quando você perceber que as pessoas — principalmente seu marido — a estão irritando extremamente, lembre-se de que isso pode significar que o parto está se aproximando rapidamente. E com isso em mente, esconder-se em um canto solitário para ler a Bíblia, ou organizar as roupas do bebê, pode ser uma boa ideia. No mínimo, assim você poupa seus entes queridos da loucura gestacional.

Diarreia e vômito

Por alguma razão, enquanto seu corpo se prepara para o trabalho de parto, ele decide também se esvaziar. Portanto, se você começar a vomitar como vomitou no primeiro trimestre, o parto pode estar bem próximo. É claro que você pode também estar apenas com uma gripe estomacal. Como acabei de dizer, fui internada por causa de uma desidratação, causada por excesso de vômito — mas era uma gripe, não o trabalho de parto. Droga.

O rompimento da bolsa

Para algumas mulheres (sortudas), o primeiro — e muito óbvio — sinal do trabalho de parto é o rompimento da bolsa. A bolsa da minha cunhada Stevi rompeu quando ela estava em sua 38ª semana. Ela havia convidado algumas amigas para assistir a um jogo na TV, e de repente ela percebeu que estava sentada em uma poça d'água em seu sofá de couro. Ela se levantou, e a água continuou a pingar pelas pernas, molhando o chão. Quando seu marido voltou com uma toalha, a "água" havia formado um pequeno lago aos seus pés e começou a correr pelo piso.

Quando sua bolsa romper, você terá a sensação de estar fazendo xixi sem poder parar. O fluxo contínuo de água saindo de você e encharcando todas as suas roupas pode parecer incessante porque *é* incessante. À medida que o fluido amniótico sai do seu corpo, ele se transforma em uma fábrica desse líquido e literalmente começa a bombeá-lo para seu útero em uma velocidade surpreendente. Isso é bom — o fluido amniótico protege seu bebê de infecções — mas também significa que, uma vez que sua bolsa romper, você ficará vazando líquido como uma torneira até seu bebê nascer.

Se você estiver preocupada com a possibilidade de sua bolsa romper em público, na igreja ou na fila do caixa no supermercado, talvez você queira tomar algumas providências como usar um superabsorvente e levar uma pequena toalha em sua bolsa. Mesmo que nenhum desses itens impeça a água de sair de seu corpo quando sua bolsa romper, eles podem lhe dar alguns minutos para chegar a um banheiro antes de encharcar o chão na frente de muitas pessoas.

Quando sua bolsa romper, você precisa ir para o hospital imediatamente. Com a bolsa rompida, garanto que você terá seu filho dentro de, no máximo, 24 horas (viva!). Não só porque seria bastante desagradável andar por aí vazando fluido amniótico, mas também porque as membranas que impedem uma infecção já não estão mais intactas, por isso seu bebê precisa sair.

Contrações

Em minha opinião muito oficial, existem pelo menos 23 tipos bem diferentes de contrações, e já que todos eles são (a) dolorosos, (b) desagradáveis e (c) irritantes, pode ser difícil reconhecer o tipo que lhe diga que está na hora de ir para o hospital imediatamente ou o tipo que significa nada. Chegou a hora de estudar, amiga. Nas próximas semanas, você experimentará todo tipo de contrações, por isso, você precisa saber reconhecê-las. Segue meu guia sobre contrações:

Braxton-Hicks. Se sua barriga de repente ficar mais dura do que o abdômen de seu marido antes do aumento de peso dele, é provável que você esteja tendo contrações de Braxton--Hicks. Essas contrações podem ser de completamente indolores a um pouco desagradáveis — mas sempre são improdutivas — por isso tendo a desconsiderá-las completamente. Essas contrações servem apenas para lembrá-la de que sua barriga possui o potencial de ser dura como uma pedra.

Supostas contrações. Essas falsas contrações "reais" que podem ser ou não pra valer são, na verdade, contrações de Braxton-Hicks muito fortes que levam algumas mulheres a pensar que estão entrando em trabalho de parto. É claro que, se alguma vez você já teve uma contração verdadeira (pense em uma dor muito maior), você se lembrará saudosamente dessas possíveis contrações e as verá como o que realmente são.

Contrações que permitem você andar. Talvez você já tenha ouvido alguém dizer que uma contração só é verdadeira se você não conseguir andar ou falar enquanto estiver tendo a contração. Não acredite nessa pessoa. Eu já tive contrações muito dolorosas — e sem dúvida, algumas muito reais — que não me derrubaram nem me calaram. Mesmo se a enfermeira no hospital afirmar o contrário, a meu ver, você está tendo contrações absolutamente autênticas. Mas uma contração autêntica não significa que você esteja fazendo algum progresso. Por isso, vá para casa, levante as pernas e espere para a diversão verdadeira começar.

Contrações assombrosas. Ocorrem quando as contrações que permitem você andar se tornam cada vez mais próximas uma da outra até estarem separadas apenas por cinco minutos, e justamente quando você já coloca sua mala no carro e aperta o cinto, elas desaparecem como se tivessem sido nada mais do que uma brincadeirinha de sua imaginação.

Contrações desidratadas. Ocorrem quando você tem contrações que permitem você andar a cada cinco minutos, e você liga para o médico e ele a manda tomar um copo de água e ligar para ele novamente após dez minutos. Você faz o que ele mandou e quando retorna a ligação, as contrações desapareceram, e o médico age como se já soubesse.

Contrações (realmente) reais. São fortes e consistentes, que lhe darão a certeza absoluta de que agora você está tendo contrações absolutas e, de fato, reais. Você será tão insistente no hospital dessa vez que a examinarão imediatamente, só para dizer-lhe que, sim, você está progredindo, mas que ainda faltam algumas horas até o parto, por que, então não volta para casa e só retorna para o hospital daqui a mais ou menos 12 horas, quando as contrações apresentarem uma frequência maior?

Contrações genuínas. São as contrações que a convencem de que todos os outros tipos de contração que você experimentou até agora não foram contrações verdadeiras. E, sim, dessa vez você pode ficar no hospital.

Cronometrando as contrações

É provável que seu médico a instrua a ir para o hospital quando suas contrações genuínas ocorrerem em um intervalo de cinco minutos — e diferentemente das contrações assombrosas, as contrações genuínas mantêm esse intervalo durante mais ou menos uma hora. Tendo isso em mente, é provável que você passe boa parte das semanas anteriores ao parto tentando descobrir se já está na hora ou se é apenas alarme falso.

Antigamente (antes de mais ou menos 1998), as mulheres precisavam cronometrar suas contrações manualmente — muitas vezes encarregando o marido com a tarefa de operar o cronômetro, o lápis e um bloco de anotações. Esse método, apesar de bárbaro, era bastante preciso para determinar o momento em que a mulher devia entrar no carro e procurar o hospital mais próximo.

É claro que hoje, na era do Google, a tecnologia tem nos levado muito além de ferramentas arcaicas como lápis e papel. Mães sofisticadas com um iPhone podem baixar aplicativos para cronometrar suas contrações em qualquer lugar. Isso pode ser muito útil se você ficar presa no shopping com contrações que a derrubam e a calam a cada seis minutos. Nunca se sabe, não é mesmo?

A ida ao hospital ou ao centro de parto

Uma vez que você alcança o intervalo mágico de cinco minutos, finalmente chegou (talvez) a hora de sair de casa. Pegue sua mala (espero que ela esteja pronta) e suas chaves, entre no seu carro com o assento para bebês instalado e vá! Espere — mais uma coisa: peça que seu marido ou uma amiga dirija. Você nunca, jamais deveria tentar dirigir para o hospital quando tiver entrado em trabalho de parto. Pense nas distrações que você terá que enfrentar no caminho!

Quando chegar ao hospital, você será levada para a sala de espera da emergência, onde terá que preencher milhares de formulários e dezenas de cartões de identificação e do seu plano de saúde. A maioria dos hospitais e centros de parto permite que você preencha toda essa papelada com antecedência. Sugiro que você faça isso, pois preencher formulários médicos não é a coisa mais divertida para se fazer quando você está tendo contrações. É claro que você também pode mandar seu marido fazer isso enquanto você gritar com ele e se queixar de que ele é a pessoa mais lenta do mundo. A escolha é sua.

Após preencher toda a papelada, uma enfermeira a levará para a ala de maternidade e a conectará a uma máquina que supervisiona as contrações. Quando essa coisa começar a apitar e desenhar muitas montanhas e vales, isso é um bom sinal! Se a máquina desenhar apenas uma linha reta, isso significa que provavelmente está apenas tendo gases. Em todo caso, após terem se certificado que você realmente está tendo contrações (como se você não soubesse), um obstetra — possivelmente o seu — virá para examinar sua dilatação e obliteração cervical. Esse é o momento da verdade.

Se o obstetra ou a parteira disser que você apresenta dilatação e obliteração adequadas, você será internada. Oba! Você está tendo um bebê! Mas se suas contrações não forem muito fortes ou sua dilatação e obliteração ainda não tiverem progredido muito, é provável que a mandem para casa. É possível que tenha feito a viagem frenética e enervante para o hospital por nada.

Foi o que aconteceu com minha irmã. Após uma longa viagem noturna para o hospital, as enfermeiras a conectaram ao monitor, examinaram sua dilatação e a mandaram voltar para casa. Ela estava tendo contrações fortes, rápidas e sucessivas, mas àquela altura apresentava uma dilatação de apenas dois centímetros, e o médico achou que ela teria mais algumas horas antes de dar à luz. Disseram-lhe que deveria tentar dormir um pouco, pois pareciam ser contrações falsas que desapareceriam.

Minha irmã não gostou muito dessa ideia. Ela sabia que as contrações não eram falsas e queria ficar perto do hospital — e da anestesia epidural. Decidiu ir para a casa da nossa mãe, pois ficava mais próxima do hospital, onde passou algumas horas miseráveis na banheira antes de pedir que seu marido a levasse de volta ao hospital. Dessa vez, foi internada. Teve o seu bebê na manhã seguinte.

O trabalho de parto pode ser um pouco esquivo. Conheço muitas mães que foram mandadas de volta para casa após cronometrarem contrações assombrosas fortes e persistentes o bastante para convencê-las de que eram verdadeiras. E não há nada de errado com isso. Se você achar que entrou em trabalho de parto, VÁ PARA O HOSPITAL OU CENTRO DE PARTO. Um exame nunca faz mal, e mesmo se você for mandada para casa, eles pelo menos lhe darão uma previsão de quão próxima está do parto. No mínimo, poderá praticar um pouco, e quando seu trabalho de parto começar de verdade, você conhecerá o caminho mais rápido no horário de pico e quais restaurantes estão abertos no meio da noite.

Também quero lembrá-la de que enfermeiras, médicos e parteiras podem até ter diplomas sofisticados em medicina, mas não são eles que estão sentindo o que está se passando com você. Podem não estar vendo nenhuma contração no monitor, mas se você sentir que algo não está bem, confie em seus instintos! Minha amiga Megan foi recusada no hospital por apresentar uma dilatação de apenas um centímetro. Ela sabia o que estava sentindo, por isso, acampou no estacionamento do hospital e uma hora mais tarde voltou, e constataram que sua dilatação havia aumentado para seis centímetros. Por isso, se você sentir que está em trabalho de parto, e as enfermeiras e os médicos mandarem você para casa, não tenha medo de insistir — ou acampe no estacionamento até você poder voltar e tentar de novo.

Indução de parto

Após nove meses de dificuldades, você está absolutamente ciente de que a única cura para sua situação é o parto. E já que nenhum dos métodos tradicionais para induzir o trabalho de parto funcionam, muitas mães grávidas optam pela indução especializada para curar seus problemas de gravidez.

O parto do meu filho foi induzido. Eu estava me sentindo péssima, e após semanas implorando para que meu médico fizesse algo, ele finalmente concordou que, caso o bebê não nascesse até Natal, ele induziria o parto. É claro que meu filho não nasceu na data prevista, nem mesmo tive contrações genuínas. Então meu médico (finalmente) agendou uma indução para o dia 27 de dezembro.

A indução funciona da seguinte forma: alguns médicos internam a mulher grávida na véspera para dar-lhe uma droga que "amadurece" a cérvice. Podem até deixar você passar a noite no hospital... e lhe dar um remédio para que você consiga descansar um pouco. Durma bem, querida. Será sua última noite tranquila (se você considera tranquila uma noite em que uma enfermeira a acorda a cada duas horas para aferir sua pressão) por pelo menos uma década. Meu médico não considerou necessário amadurecer minha cérvice, pois já estava madura — você se lembra de como eu estava dilatada três centímetros já meses antes do parto? —, por isso, pediu que chegasse ao hospital às cinco da madrugada.

Após fazer meu registro, a enfermeira me conectou ao aparelho para medir minhas contrações (inexistentes) e colocou uma agulha para a infusão intravenosa. Depois veio o médico e rompeu minha bolsa "para apressar as coisas". (Caso queira saber, ele usou um instrumento que se parecia com uma longa agulha de tricô e doeu um pouco. A única coisa realmente irritante foi que o vazamento constante do fluido amniótico criou uma poça fria e nojenta na minha cama.) Depois disso, uma enfermeira acrescentou *pitocina*, uma droga que inicia as contrações e disse que deveria ficar de olho no monitor para não perder o início dos fogos.

No início, minhas contrações se pareciam muito com cólicas menstruais muito fortes e dolorosas. Mas após alguns minutos, desenvolveram um ritmo rápido e forte. Meu marido, que teve a ideia infeliz de trazer um filme para assistir "enquanto esperávamos", percebeu rapidamente que o filme teria que ficar para mais tarde. Em vez disso, teria de ficar do meu lado para que eu tivesse algo para apertar durante as contrações e alguém com quem gritar quando a dor ficasse insuportável. É claro que assim que a contração diminuía, eu virava um doce até o início da contração seguinte.

A coisa boa da indução é que você tem a garantia de que as contrações começarão assim que você receber sua dose de pitocina. A coisa ruim é que as contrações começarão assim que você receber sua dose de pitocina. Sou testemunha disso. Passei de ter uma contração genuína a ter contrações fortes e rápidas dentro de uma hora. E apesar de estar feliz por (finalmente) estar dando à luz, eu não fiquei muito feliz com a velocidade com que as coisas estavam acontecendo.

Com tudo isso em mente, você deve estar se perguntando se eu recomendaria uma indução. Minha resposta: talvez. Não me arrependo de ter tido meu parto induzido. Eu vinha me sentindo péssima há semanas e não sei se teria aguentado muito mais tempo. Mas, apesar disso, tenho certeza que a indução tornou meu trabalho de parto muito mais forte do que se tivesse tido um parto natural. Sugiro, portanto, se você estiver pensando em induzir o parto, que ore e espere pelo menos até a data prevista antes de fazer a indução. Até lá, seu corpo talvez entre em trabalho de parto naturalmente.

Capítulo 13

O dia de trabalho

Trabalho de parto, parto e todo o resto

Não importa se seu parto é induzido ou se ocorre naturalmente, haverá (prometo) um momento em que você ouvirá a frase mágica "Sim! Chegou a hora!", e de repente, em um momento delirante, todo o seu mundo mudará. Quando minhas contrações genuínas começaram pra valer, meu primeiro pensamento foi: "Finalmente!" e o seguinte: "Isso está realmente acontecendo comigo? Não estou pronta!" Mas pronta ou não, eu não tive escolha. O bebê estava vindo!

Enquanto esperava (pacientemente) pelo início do trabalho de parto, eu nutria a ideia de que quando o trabalho de parto começasse pra valer, ele realmente começaria pra valer e a partir de então seria ação ininterrupta até o nascimento do meu bebê. Em vez disso, tive de passar horas e horas entediantes. Para a maioria das mães de primeira viagem, o trabalho de parto demora em média 16 horas. Só para você ter uma ideia do que isso significa: em 16 horas, você pode ir ao aeroporto no horário de pico, embarcar em um avião, voar para Paris e ainda teria tempo de ver a torre Eiffel. Isso demora um pouco. Alguns momentos serão repletos de ação, mas também haverá muita espera — e muitas contrações.

O dia de trabalho de parto será, provavelmente, um dos melhores, piores, mais longos, mais curtos, mais loucos, mais entediantes e mais estressantes dias de toda a sua vida. E no fim dessa jornada louca, confusa e maravilhosa, seu bebê entrará neste mundo. E é nisso que você precisa focar. Nisso, e em algumas outras coisas... como nas contrações e na anestesia epidural, você terá de empurrar e esmagar a mão do seu marido até ele achar que você a arrancará.

Vai doer?

Sim, vai doer.

Não conheço nenhuma mulher que tenha entrado em trabalho de parto plenamente preparada para o número de contrações necessárias para dilatar completamente a cérvice. Quando as pessoas falam sobre a dor do parto, normalmente não se referem à dor de uma contração individual nem mesmo ao momento em que a cabeça do bebê aparece. Normalmente, referem-se à duração épica da dor e do trabalho. É fácil aguentar a dor de uma contração dolorosa — ou até mesmo de cem, se o fim estiver à vista, mas não saber quanto tempo o processo todo levará e encarar horas e horas de contrações infinitas é a parte mais difícil. Esse é o momento em que muitas mulheres perdem o ânimo.

Mas, agora que já a deixei aterrorizada, também quero lhe dizer que a maioria das garotas que conheço me disse que, mesmo que não tenham se preparado para a maratona de dor, o sentimento incrível que as inundou no momento em que o bebê chegou as recompensou instantaneamente por tudo. Não estou dizendo que você esquecerá a dor — você não conseguirá —, mas simplesmente que quando colocam aquele bebê recém-nascido em seu peito pela primeira vez, você estará tão feliz (e tão aliviada) que você não se importará mais.

Voltando-se para Deus no meio de tudo isso

Possivelmente, durante seu trabalho de parto, haverá um momento em que você vai querer mudar de ideia e decidir que não quer dar à luz este bebê neste exato momento. Você pode até dizer para a enfermeira: "É, sabe, acho que mudei de ideia. Prefiro fazer isso em outro dia, quando eu estiver mais preparada. Agora, prefiro pintar minhas unhas." Não preciso lhe dizer que não é assim que funciona. Uma vez que as contrações começaram, o único modo de pará-las é dando à luz.

O trabalho de parto é doloroso, cansativo e demorado. Ele exige muita perseverança de sua parte, e haverá momentos em que você vai querer desistir e simplesmente ir para casa. Quando você se sentir assim, peça que Deus lhe dê graça e força... afinal de contas, o próprio Jesus teve que perseverar e aguentar alguns momentos bastante dolorosos. E mesmo que sua provação durante este parto não chegue nem perto das provações de Jesus na cruz, podemos aprender algo com a forma como ele reagiu. Jesus se voltou para o Pai no meio de sua angústia, e Deus Pai lhe deu a graça necessária para perseverar. Ele fará o mesmo com você.

Quero encorajá-la a orar e voltar seus pensamentos para Deus sempre que se sentir desanimada, desencorajada ou paralisada pelo medo durante seu trabalho de parto. Em vez de gritar com seu marido (seu primeiro impulso) ou pedir morfina às enfermeiras (seu segundo impulso), volte-se para o

Senhor. Ele lhe dará a graça que você precisa para sobreviver ao parto (e até mesmo à fase em que seu bebê não dorme e sempre chora).

A intercessão do Espírito

Pode até surgir um momento durante seu trabalho de parto em que você se sente incapaz de orar. Eu tive uma cesárea emergencial com meu filho, e houve um momento, quando me levaram para a sala de cirurgia, em que minha pressão caiu e o mundo todo parecia desmoronar. Pensei que estava morrendo; não consigo descrever a sensação. Foi um momento aterrorizante em que eu era incapaz de falar, me mexer e compreender o que estava acontecendo. No mesmo momento, a batida do coração do meu bebê começou a ficar irregular, por isso, todos os médicos e enfermeiras na sala estavam absolutamente concentrados em tirar o bebê.

Naquele momento, não consegui orar — estava sem palavras. Mas senti como meu espírito clamava a Deus dizendo: "Deus, Deus, por favor..." Em Romanos 8:26, lemos que "o Espírito nos ajuda em nossa fraqueza, pois não sabemos como orar". Quando estive deitada na mesa de cirurgia, em meio ao barulho de máquinas, da correria de médicos e enfermeiras tentando aumentar minha pressão e do meu obstetra tentando tirar meu bebê, tenho certeza de que o Espírito do Senhor estava ao pé do trono de Deus intercedendo por mim. Ele sabia o que eu estava precisando, apesar da minha incapacidade de me expressar.

Durante seu trabalho de parto você pode experimentar momentos semelhantes. Momentos em que você quer se voltar para Deus, mas não encontra as palavras para expressar o que você necessita. Não tem problema. Apenas volte seus pensamentos para ele, e enquanto seu espírito estiver gritando

"Ó Senhor, por favor!", seu Santo Espírito transformará esses gritos em ação e intervirá em seu nome. Isso é um grande consolo nos momentos em que nos faltam as palavras para expressar nossas necessidades.

Descanso para a mãe

Para quando você estiver exausta e com dores

O Senhor é a minha luz e a minha salvação;
de quem terei temor?
O Senhor é o meu forte refúgio;
de quem terei medo?

Salmos 27:1

Eu lhes disse essas coisas para que em mim vocês tenham paz. Neste mundo vocês terão aflições; contudo, tenham ânimo! Eu venci o mundo!

João 16:33

Senhor, nem sei por onde começar para explicar como estou me sentindo neste momento — exausta, com dor, pronta para me encontrar com este bebê. Mas sei que és quem me compreende. A Bíblia te chama de "meu forte refúgio", o lugar perfeito onde encontro segurança e descanso. Por isso, volto-me para ti. Pois mesmo que este mundo esteja repleto de dor e sofrimento, tu estás no controle de tudo. E por causa de ti, este mundo também está repleto de alegria. E sei que minha alegria virá em breve. Dá-me a força para preservar até lá. Amém.

A anestesia epidural

Vou em frente e confessar abertamente para deixar isso claro desde o início: sou uma grande (GRANDE) fã da anestesia epidural. Portanto, se você estiver à procura de alguém que a convença do mal de analgésicos gestacionais, você terá que ler outro livro. Gostei — e muito — da minha anestesia epidural. Como já disse antes, após terem me dado pitocina, meu trabalho de parto começou com força total. E após algumas horas de desespero, eu estava pronta para receber algum alívio.

E é assim que a anestesia epidural funciona: um anestesista virá com um carrinho cheio de instrumentos e a informará sobre algumas questões jurídicas, dizendo basicamente que a anestesia epidural é considerada segura tanto para você quanto para seu bebê, mas que como qualquer procedimento anestésico, existe algum risco. Você, é claro, não ouvirá nada daquilo que ele está dizendo, porque estará ocupada demais tendo suas contrações, mas seu marido provavelmente terá que assinar alguns formulários. Uma vez que toda a papelada jurídica estiver resolvida, finalmente começará a parte divertida.

A esta altura, sugiro que você feche os olhos e procure algum lugar bonito em sua imaginação. O anestesista enfiará uma agulha longa no centro de sua espinha, anestesiando assim qualquer coisa que você possa sentir abaixo daquele ponto. Qualquer pessoa sã sem contrações sairia fora no momento em que visse aquela agulha gigante, mas quando você está no meio do trabalho de parto e está tendo contrações a cada três minutos, a agulha de repente se transforma em uma visão muito, muito querida.

Após o anestesista desinfetar o local (isto é, após espalhar muito iodo de cor laranja em suas costas), ele pedirá que você se curve e assuma uma posição fetal deitada de lado (faça o melhor que puder com sua barriga gigante) e então enfiará a agulha em suas costas. Quando ela penetra sua espinha, você não deve sentir muita dor, mas talvez sinta um choque desagradável em suas pernas. Isso significa que a anestesia epidural entrou e que suas pernas estão se preparando para sentir nada durante as próximas dez horas. Uma vez que a anestesia epidural foi aplicada, a agulha será removida, deixando um pequeno tubo de plástico em sua coluna, e uma enfermeira aplicará um cateter. O cateter tem um propósito muito importante, pois evita que você molhe sua cama, já que a anestesia também afeta a sua bexiga.

Dentro de minutos, você perceberá que suas contrações agora se limitam a um endurecimento do abdômen, e de repente o mundo lhe parecerá um lugar muito, muito mais feliz. As contrações sumiram. A dor sumiu. E você não precisa mais se levantar a cada cinco minutos para fazer xixi. É maravilhoso. A enfermeira talvez sugira que você cochile um pouco, mas talvez você esteja empolgada demais para dormir (seu bebê está a caminho!). Fiquei tão feliz e animadacom minha anestesia epidural que passei as últimas horas tranquilas lendo uma revista e conversando com minha mãe ao telefone sobre os milagres da medicina moderna. Eu até permiti que meu marido fosse até a lanchonete para comer um sanduíche. Não sou legal?

Parto natural

A despeito de minha paixão pela anestesia epidural, preciso reconhecer a coragem de todas as mulheres guerreiras que optam pelo parto natural. Isso não me agrada —não vou mentir para você —mas isso não significa que não reconheça a proeza das garotas que optam pelo parto natural.

Existem muitas razões para optar por um parto natural. Minha amiga Kim não quis ter a sensação de estar perdendo o controle sobre a parte inferior do seu corpo e achou que seria mais confiante se não recebesse qualquer analgésico. Minha amiga Aimee simplesmente quis ver se conseguiria dar conta daquilo sozinha... e fiquei muito feliz ao saber que ela conseguiu. E minha amiga Brianna, após muitas orações e pesquisas, chegou à conclusão que o parto natural era simplesmente a melhor opção para ela e seu bebê.

Se você optar pelo parto natural, tenho algumas sugestões baseadas em minhas experiências com um hospital que gosta de aplicar anestesias epidurais.

Seja firme

Se você estiver determinada a fazer um parto natural, informe sua decisão às enfermeiras, aos médicos e a qualquer pessoa que esteja usando luvas descartáveis. Não deixe que ninguém mude sua opinião. Existem muitos defensores da anestesia epidural (eu) que tentarão convencê-la de que ela é a melhor coisa do mundo, portanto, se você quiser um parto natural, poderá ter que lutar por isso. Que bom que você é uma mulher guerreira, certo?

Esteja disposta a mudar de opinião

Conheço várias mulheres que mudaram de ideia no meio do trabalho de parto. Não seja dura consigo mesma se isso acontecer. Tome as decisões que lhe parecem certas naquele momento.

Venha preparada com outros métodos de aliviar a dor

Já que tantas mulheres acabam optando pela anestesia epidural, muitos hospitais não oferecem outros métodos para aliviar a dor. Coisas como bolas de parto (grandes bolas de borracha que a ajudam a encontrar todo tipo de posições mais confortáveis durante o trabalho de parto) e massagens são opções raramente encontradas em hospitais, por isso, se você quiser usar essas coisas, traga-as consigo.

Considere uma alternativa ao hospital

Se você estiver absolutamente certa de que não quer uma anestesia epidural, considere fazer o parto com uma parteira, em uma casa de parto ou até mesmo em casa. Se você não tiver a opção de pedir uma anestesia epidural, você não terá que se preocupar com ninguém tentando convencê-la a pedir uma.

Trabalho de parto natural

Todas as leitoras que estão lendo isso devem estar se perguntando agora como é passar por um trabalho de parto e um parto natural. Bem, sabemos que é doloroso, sim, mas quão doloroso? Eu, é claro, não posso falar muito sobre isso em vista de minhas experiências de parto nada naturais. Pedi então à minha amiga Cara, que deu à luz naturalmente em uma casa de parto, que me passasse todos os detalhes.

Cara me contou que a melhor parte de sua experiência com a casa de parto foi a paz e tranquilidade da atmosfera. Ela teve um quarto particular com uma cama enorme, na qual pôde se aconchegar com seu marido. Ela disse que durante boa parte do processo, ela foi capaz de relaxar e focar em suas técnicas de respiração, pois não era distraída constantemente pelos apitos de aparelhos e enfermeiras irritantes (palavras dela).

Disse também que sempre que se sentia incapaz de continuar, suas parteiras conheciam algum método para aliviar a dor. Usaram a bola de parto. E massagens. E técnicas de respiração. E o favorito de Cara: uma banheira gigante com jatos de massagem. Aposto que você nunca viu isso em um hospital.

Cara disse também que quando estava se preparando para empurrar, ela havia se acostumado tanto às contrações que a dor não chegou nem perto daquilo que havia esperado. Ela afirma que empurrar é a parte menos dolorosa de todo o processo de parto, pois finalmente a mãe tem algo a fazer durante as contrações. Ok, é possível que já estivesse entorpecida a essa altura, mas ela disse também que foi legal ver a luz no final do túnel e saber que seus esforços contribuíam para apressar o parto.

Cara jura que sua experiência na casa de parto foi a melhor coisa, e sendo honesta reconheço que parece ser legal. Não estou dizendo que eu esteja interessada —sou a fã número um da anestesia epidural —, mas vejo as vantagens.

Parto em casa

Confesso que a ideia de dar à luz em casa me assusta, não só por causa do parto não médico e natural, mas também porque sou uma fanática por limpeza e a ideia de sujar todos os meus lençóis e toalhas me deixa maluca. Mas um número cada vez maior de mães opta pelo parto em casa, por isso, vou lhe dar todos os detalhes — incluindo os lençóis sujos.

Minha amiga Beth deu à luz seus filhos em casa. Ela fez essa opção porque queria ter um parto natural e sabia que em casa, por mais que implorasse, ela não tinha como ter acesso a uma anestesia. Além disso, queria ter seu bebê em um lugar em que ela se sentisse confortável, relaxada e completamente à vontade.

Ela me contou que, quando as contrações começaram, não teve que se preocupar com a cronometragem ou com sua ida ao hospital. Em vez disso, foi até a cozinha e preparou um lanche e então voltou para o sofá e assistiu ao seriado The Office. Algumas horas mais tarde, quando as contrações se tornaram fortes demais para continuar falando durante elas, ela ligou para sua parteira e sua assistente de parto, e ambas vieram imediatamente e ficaram com ela até o parto.

Beth disse que a melhor parte de dar à luz em casa foi ficar de molho em sua banheira. Sempre que a dor ficava insuportável, sua parteira preparava um banho quente para ela. Beth afirma que a água quente a ajudava a relaxar e diminuía a dor por pelo menos dois pontos, o que ajudou bastante quando a dor atingiu o nível máximo de dez pontos no final do trabalho de parto. Sabendo disso, pergunto-me porque os hospitais não têm banheiras em suas salas de parto.

Quando chegou o momento de Beth empurrar, ela se mudou para sua cama e deu à luz seus filhos. Ela amou o fato de poder usar seu próprio quarto como sala de parto. Ela ouviu a música que ela mesma havia escolhido. Ela acendeu velas. Nas paredes, havia fotos de sua família e amigos. Era uma atmosfera relaxada e confortável. Quando seus filhos nasceram, tudo ficou ainda mais tranquilo. Ela pôde amamentá-los sem ser incomodada pela correria de médicos e enfermeiras examinando seus bebês. Além do mais, logo após dar à luz, sua acompanhante de parto desceu e preparou um lanche enorme com frutas, que ela devorou (é claro). Isso certamente é melhor do que comida de hospital.

Ah, e caso você se pergunte (eu, pelo menos, perguntei): — Beth diz que não teve que jogar fora seus lençóis, toalhas e colchão após o parto. Ela comprou um kit de parto caseiro (sim, isso existe... pergunte ao senhor Google) com milhares de toalhas absorventes para o colchão, com luvas e tudo que pudesse precisar. Sua parteira trocava as toalhas absorventes sempre que ficavam sujas, e seus lençóis sobreviveram ao parto sem uma única mancha. Esperta, não acha?

Por fim, eu seria negligente se não encerrasse essa seção com uma advertência. Obviamente, o parto em casa envolve alguns riscos. Enquanto a maioria dos partos em casa transcorre sem qualquer problema, sabemos de alguns casos recentes de danos à mãe e até mesmo mortes como resultado de partos em casa, que poderiam ter sido evitadas. Se você optar pelo parto em casa, faça suas tarefas. Pesquise os riscos. Faça um plano de como chegar ao hospital o mais rápido possível se algo acontecer, e acima de tudo, contrate uma parceira experiente para ajudá-la durante o parto.

Defecar na mesa de parto

Sei que você está nervosa porque talvez faça cocô na mesa de parto, e já que ninguém quer falar com você sobre isso, irei direto ao ponto e lhe darei todos os detalhes sujos. Sim, muitas mulheres fazem cocô durante o parto quando empurram o bebê, e não, você não é a única que está aterrorizada com o fato de que você se juntará a esse grupo e fará cocô na frente dos médicos, das enfermeiras e do seu marido.

Eu estava tão preocupada com isso que quando meu médico me disse na segunda-feira que faria a indução do parto no dia seguinte, jurei que não comeria pelo resto do dia. Achava que, se nada estivesse dentro de mim, nada poderia sair. Assim, discretamente informei meu marido que não estava com fome, e ele nunca me questionou. Creio que imaginou que eu estava simplesmente nervosa por causa do parto iminente.

Fato é que o jejum a que me impus foi desnecessário, pois tive uma cesárea, mas já que estou tentando fornecer todos os detalhes, fiz uma enquete entre minhas amigas sobre o fenômeno do cocô na mesa de parto. É interessante que a maioria não tem certeza se fizeram ou não. Estavam tão ocupadas empurrando o bebê — e tantas coisas estavam acontecendo em sua volta — que nem perceberam. As poucas mulheres que conheço e que perceberam disseram que não foi aquele momento vergonhoso que temiam que fosse. As enfermeiras rapidamente limparam, muitas vezes antes de seus maridos perceberem.

Por isso, por mais aterrorizador que possa parecer, fazer cocô na mesa de parto não deveria ser uma grande preocupação sua. Sim, existe uma grande probabilidade de isso acontecer com você, mas existe também uma grande probabilidade de que você nem perceba. E mesmo se sim, esquecerá esse incidente, pois fazer cocô na mesa de parto significa que você está empurrando e isso significa que seu bebê está prestes a entrar neste mundo.

Vomitar durante o trabalho de parto

Como se os grunhidos, gritos e fezes não fossem o bastante, muitas mulheres também vomitam durante o trabalho de parto. Quando tive minha cesárea, eu literalmente vomitei no técnico do laboratório que estava monitorando minha pressão. Minha amiga Allana disse que vomitou toda vez que teve uma contração durante todo o trabalho de parto. Evidentemente, todo o esforço que seu corpo está fazendo — você sabe, de empurrar e se contrair e respirar profundamente — leva seu estômago a se rebelar. E você acaba vomitando.

A boa notícia é que você terá coisas mais importantes com que se preocupar se isso acontecer. Muito provavelmente a enfermeira segurará uma bacia na frente da sua boca e limpará seu queixo com uma toalha, e você não precisará se preocupar com isso. E com todas as gosmas sangrentas e fluidos corporais voando pela sala, ninguém se aborrecerá com um pouquinho de vômito. Por isso, peça que lhe tragam uma bacia e uma toalha e foque naquilo que realmente importa: seu bebê está vindo.

Espere o inesperado

Quando a anestesia epidural começou a fazer efeito, eu estava me sentindo bastante confiante em minhas capacidades de parto. O monitor do meu lado mostrava um fluxo contínuo de altos e baixos nas contrações, ou seja, meu útero estava fazendo seu trabalho. É claro que não estava sentindo nada, por isso, fiquei sentada lendo minha revista e chupando cubinhos de gelo. Isso continuou durante quatro horas quando, de repente, o monitor começou a apitar feito doido. Meu marido pulou do sofá e em poucos segundos eu estava rodeada de enfermeiras e médicos.

A enfermeira rapidamente me explicou que a batida do coração do meu bebê havia diminuído e que eu precisaria ser submetida a uma cesárea emergencial naquele mesmo instante. Meu médico entrou na sala, uma enfermeira deu algumas luvas e uma máscara para meu marido, e me tiraram do quarto. Foi repentino. Dentro de três minutos, passei da leitura de uma revista para os preparatórios cirúrgicos. Fiquei aterrorizada — e absolutamente surpresa.

Evidentemente, não me alegrei muito com a ideia de médicos abrirem minha barriga com facas, e certamente não estava muito feliz com a perspectiva de passar o resto da minha vida com uma cicatriz em meu abdômen, mas para mim a pior parte da cesárea foi que eu me senti como se tivesse fracassado. Eu era jovem, saudável, tinha um quadril belo e largo; por que não consegui dar conta disso?

Com essa retrospectiva, quero encorajá-la a esperar o melhor; mas espere também o inesperado. Você pode ter um parto fácil ou ter que enfrentar algumas complicações. Talvez tenha que fazer uma cesárea. Ou talvez tenham que usar um fórceps. Ou talvez o parto tenha que ser feito sem a anestesia epidural. E quando as coisas não acontecerem como você esperava, isso não significa que você é um fracasso. Na verdade, é o contrário: você não só acaba de dar à luz um bebê, mas o fez com grande coragem e persistência. E nada, nada do que acontece durante o trabalho de parto e durante o parto importa mais que segurar seu bebê em seus braços.

Empurrar

Já que não tenho nenhuma experiência com isso — eu tive cesáreas —, falar sobre esse assunto seria como meu marido explicar sobre multitarefas. Você não pode explicar o que nunca fez. Por isso, a fim de lhe dar todas as informações de que você precisa, eu tive que pedir reforços, isto é, implorar para que minhas irmãs permitissem compartilhar com o mundo inteiro suas experiências pessoais e um tanto embaraçosas. Você não gostaria de fazer parte da minha família também? Mas quando ameacei parar de fazer meus famosos biscoitos de chocolate até obter todas as informações que precisava para este capítulo, minhas irmãs cederam. Bem, aqui estão todos os detalhes sangrentos.

Minha irmã Alisa afirma que o que a surpreendeu foi que empurrar não é tão urgente quanto parece. Ela sempre acreditara que, uma vez que a cérvice teria alcançado a dilatação de dez centímetros, este seria o momento para empurrar, para empurrar *de verdade*. Mas seu médico pediu que descansasse por uma hora após alcançar a dilatação total — provavelmente porque ele ainda não havia terminado de tomar seu café da manhã.

Mas em algum momento, após todas as contrações que levaram sua cérvice a dilatar completamente, o médico lhe dirá que chegou a hora de empurrar. Isso significa que a enfermeira ou o médico pedirá que você agarre seus joelhos em cada contração e empurre como jamais empurrou.

Minha cunhada Stevi diz que empurrar se parece muito com fazer cocô — uma analogia nojenta, eu sei, mas já que essa é a experiência humana que mais se aproxima de empurrar, essa é a comparação que posso lhe oferecer. Então, quando uma contração se aproxima, você faz de conta que está com a maior dor de barriga que já teve em sua vida e continua empurrando assim até que a enfermeira lhe diga que você pode parar e esperar pela próxima contração.

Dependendo se você recebeu uma anestesia epidural ou não, o esforço físico atingirá algum ponto entre onze e dezesseis em uma escala de um a dez. Isso não é apenas cansativo — você precisa empurrar como se estivesse expulsando as maiores fezes do mundo a cada minuto —, mas é também doloroso. Se eu fosse tentar convencê-la de que empurrar um bebê por um buraco do tamanho da sua vagina não dói, você me chamaria de mentirosa. Portanto, sejamos sinceras: vai doer.

Essa fase de empurrar pode demorar entre os quase inacreditáveis "cinco minutos e dois empurrões", como alega minha mãe, e horas e horas e horas a fio. A maioria das mulheres empurra uma hora, o que corresponde mais ou menos ao tempo que você precisa para fazer uma tigela de pipoca e assistir a um episódio de *Parenthood*. Não é tão ruim assim, concorda?

Quando finalmente aparece a cabeça do seu bebê na abertura da sua vagina, seu trabalho está quase feito. Daí em diante, você usará as próximas contrações para expulsar a cabeça e os ombros do bebê, e depois disso os braços e as pernas simplesmente seguirão sem grande esforço de sua parte.

Então, o médico anunciará "É um menino!" ou "É uma menina!" — algo que muito provavelmente você já deve saber — e colocará seu bebê em seu peito para que vocês possam se acostumar um com o outro durante alguns minutos. Esse momento é indescritível. Você conseguiu, e a recompensa por seus sofrimentos será maior do que você pode imaginar. Prometo que independentemente de quão enrugado ou amassado seu bebê estiver, você ficará absolutamente maravilhada com o presente com o qual Deus a abençoou. Absolutamente maravilhada.

Infelizmente, não há descanso para os cansados. No mesmo momento em que você achar que acabou, o médico pedirá que você empurre um pouco mais para expulsar a placenta. Mas não se assuste, isso costuma ser um processo rápido e indolor comparado com aquilo que você acaba de experimentar. Basta manter seu olhar fixo no seu bebê e não pensar naquilo que está acontecendo, você nem perceberá que a equipe médica rapidamente retira a placenta e outras matérias nojentas do parto.

Quando tudo estiver limpo, seu médico começará a lidar com o estrago causado em suas regiões inferiores. Talvez ele tenha feito uma episiotomia, um pequeno corte na abertura da sua vagina para aumentá-la e facilitar a saída do seu bebê – ou talvez ele tenha deixado tudo por conta da natureza e permitido que rasgasse naturalmente. Isso não é um pensamento agradável? Em todo caso, é provável que precise levar alguns pontos. Demorará algum tempo até o médico terminar seu trabalho lá em baixo, mas a boa notícia é que provavelmente não vai doer, — principalmente em comparação com as dores que teve que suportar nas últimas horas. Talvez você queira simplesmente fechar as pernas e se dedicar ao bebê, mas é melhor permitir que o médico faça o seu trabalho. O parto pode ser brutal com suas partes íntimas, e aconselho permitir que os peritos médicos encerrem seu trabalho e coloquem tudo de volta em seu devido lugar.

Cesariana

Existem muitas razões pelas quais as mulheres podem acabar tendo que dar à luz por meio de uma cesariana. Seu bebê pode estar na posição errada. Ou talvez seu trabalho de parto não apresente progresso. Ou você pode estar empurrando e empurrando e acaba descobrindo que sua pelve não é larga o suficiente para o cabeção de seu bebê. Ou, como aconteceu comigo, a batida do coração do seu bebê pode diminuir, fazendo com que seu médico decida que seu bebê precisa ser retirado imediatamente. Algumas mulheres até agendam sua cesárea. Qualquer que for o motivo, você precisa se preparar para a situação de que, talvez, tenha que fazer uma cirurgia — querendo ou não.

Se isso acontecer, tudo acontecerá de forma bastante rápida. A primeira coisa que farão é dar uma roupa azul a seu marido e mandarão que se vista. Depois, soltarão os freios da sua cama e a levarão, assim como todos os aparelhos aos quais você está conectada, para a sala de cirurgia. Deixe-me adverti-la: a sala de cirurgia não chega nem perto em termos de beleza e aconchego da sala em que você esteve até agora. Não há imagens de bebês na parede. Não há janelas e, caso seu marido pergunte, não há também nenhuma TV na qual ele possa assistir aos dois últimos minutos do jogo, enquanto a preparam para a cirurgia.

Assim que você entrar na sala de cirurgia, um anestesista aplicará uma epidural ou espinhal. A diferença é pequena; eu recebi ambas e não consegui sentir nenhuma diferença, então sugiro que deixe isso para os profissionais médicos, enquanto você se preocupa com coisas mais importantes, por exemplo, como será o rostinho do seu bebê. Se sua cesárea ocorrer após você já estar em trabalho de parto há algum tempo, talvez você já tenha recebido uma anestesia e poderá pular essa parte.

Assim que sua anestesia epidural ou espinhal começar a surtir efeito, você será colocada na mesa de cirurgia, e a equipe médica colocará uma tela enorme entre sua cabeça e sua barriga. Até agora, seu marido teve que esperar no corredor, mas quando tudo estiver preparado, ele poderá entrar e segurar sua mão e sussurrar coisas bonitas em seu ouvido – sob a condição de ele colocar antes sapatos estéreis e uma rede de cabelo. Tente não rir de seu marido quando ele entrar. Eu sei que ele parecerá ridículo, mas se formos honestas, é bem provável que sua aparência seja mais ridícula ainda, portanto, não o provoque.

Antes de você poder se acostumar com a ideia de que estão prestes a abrir sua barriga, o médico já terá feito nela um belo buraco de 15 centímetros de comprimento. Talvez você sinta algum movimento enquanto seu médico procura seu bebê lá dentro, e então seu médico a advertirá de que você perderá a capacidade de respirar durante 30 segundos. Isso é perfeitamente normal — bem, tão normal quanto perder a capacidade de respirar pode ser considerado normal. Quando o médico puxar o bebê pela cabeça, a criança dará um último chute em seus pulmões e isso simplesmente tira seu fôlego.

Uma vez que a cabeça do bebê estiver fora da barriga, seu médico fará uma pequena pausa para limpar os pulmões do seu bebê com um sugador de muco. A essa altura, seu marido talvez queira tirar uma foto supernojenta de seu bebê meio fora, meio dentro de seu corpo. Sugiro que não permita isso. A única coisa mais perturbadora é a foto de um bebê meio fora, meio dentro da vagina.

Alguns segundos mais tarde, você ouvirá os primeiros gritos do seu bebê, enquanto seu médico gritar "É um menino!" ou "É uma menina!" Quando minha filha nasceu, eu havia me encontrado em um estado de êxtase durante meses por ter uma menina, e quando o médico tirou o bebê e disse: "Uau!

Que bebê lindo e saudável!" eu entendi: "Opa, errei na ultrassonografia e agora convenientemente deixarei que o marido lhe diga que é um menino." Eu é claro, em estado absolutamente racional, comecei a chorar e disse: "Por favor, me diga que é uma menina!" Era.

A grande desvantagem da cesárea é que, além de ver seu bebê apenas rapidamente, você terá que esperar bastante tempo até segurá-lo em seus braços. As enfermeiras levarão seu bebê (e seu marido) para ser pesado e medido e para cortar o cordão umbilical enquanto os médicos a costuram. Isso pode levar algum tempo (o que é bom), pois quando se trata de fechar uma ferida em seu abdômen, você não vai querer que seus médicos se apressem.

Seu novo bebê

Quando você estiver toda costurada, seu médico se despedirá de você e as enfermeiras terminarão de arrumar e limpar tudo e provavelmente a levarão para uma sala de descanso (juntamente com seu marido e seu bebê). E depois, após muita atividade, tudo ficará em silêncio. E em um momento mágico, você de repente se encontrará — pela primeira vez — apenas com sua família.

Creio que você tenha esperado há meses por esse momento, e deixe-me lhe dizer que sua expectativa não é nada comparada ao que você sentirá quando olhar nos olhos do seu bebê pela primeira vez e perceber que essa pessoa miúda feita à imagem de Deus é a criança que ele decidiu confiar a você. Que honra, e que responsabilidade. Provavelmente você esteja se perguntando: "E agora?"

Descanso para a mãe

Para quando você encontrar seu bebê pela primeira vez

"Era este menino que eu pedia, e o SENHOR concedeu-me o pedido. Por isso, agora, eu o dedico ao Senhor. Por toda a sua vida será dedicado ao SENHOR." E ali adorou o SENHOR.

1Samuel 1:27-28

Disse Jesus: "Deixem vir a mim as crianças e não as impeçam; pois o Reino dos céus pertence aos que são semelhantes a elas."

Mateus 19:14

Deus Pai, há meses tenho orado por este bebê e agora, finalmente, ele chegou. E ele é maravilhoso, mais lindo e precioso do que jamais imaginei. Obrigada por este presente maravilhoso! Pai celestial, quero agarrá-lo, protegê-lo deste mundo e de tudo que possa ameaçá-lo. Mas sei que isso não é certo. Porque ele pertence a ti. Tu contaste os fios de cabelo em sua cabeça e planejaste os dias de sua vida. E assim eu o entrego a ti, para que tu o segures, o protejas, o ames. Teu Reino pertence ao meu bebê — que esperança maravilhosa! E oro para que enquanto eu o criar, cada palavra que eu diga e cada coisa que eu faça o aproxime de ti. Amém.

Capítulo 14

O guia definitivo do pai cristão

O que futuros pais devem saber sobre a gravidez

Você já deve estar se perguntando qual seria o papel de seu marido em tudo isso. Quero dizer, foi ele quem a engravidou, mas desde então, ele teve uma responsabilidade muito pequena além de correr para o supermercado para comprar sorvete de chocolate. Se formos sinceras, ele teve uma vida bastante fácil nessa história toda.

O engraçado é que a maioria dos homens *acha* que a gravidez é bem difícil também para eles. Recentemente, uma amiga nos perguntou se estávamos pensando em ter outro bebê, e meu marido teve a coragem de dizer: "Não tenho certeza se estou pronto para passar por outra gravidez." Ah é? *Ele* não sabe se *ele* está pronto? Tudo bem, ele teve que sofrer muito — todas as vezes em que teve que segurar meu cabelo enquanto eu vomitava. Coitado. Ok, ok. Sei que não foi fácil conviver comigo durante minha gravidez. Mas alguém pode me culpar?

Em todo caso, já que a gravidez afeta os homens em nossas vidas e já que seu marido está implorando para que você o deixe ler este livro de gravidez, imaginei ser uma boa ideia dedicar um capítulo aos pais grávidos. Infelizmente, porque (a) nunca fui um homem e (b) nunca tive que lidar com uma esposa grávida, não sou a melhor pessoa para falar sobre o assunto. Por isso, contratei um grupo de pais que já passaram por essa experiência dispostos a compartilhar todos os seus conselhos com outros futuros pais. Bem, aqui está: *O guia definitivo do pai cristão para a gravidez.*

Apresentando os conferencistas

Peter se considera especialista em apoio ao trabalho de parto e o próprio parto... e é praticamente certo que, se sua esposa permitisse que ele fizesse experimentos com os tubos que você conecta ao seu seio para estimular a amamentação no hospital, ele também se tornaria perito em amamentação.

Troy acabou de realizar a proeza de engravidar sua esposa pela terceira vez e orgulhosamente segura o cabelo dela enquanto ela vomita — caso não esteja passando um jogo de futebol naquele momento. Troy se considera um especialista em visitas noturnas ao supermercado e, de alguma forma, conseguiu montar o berço de seu filho sem cometer nenhum erro.

Cameron (sim, meu maridão) secretamente se considera o rei do enjoo matinal. Gastou tanto tempo falando com farmacêuticos, médicos e o senhor Google sobre curas de enjoo matinal que ele realmente acredita poder curar os problemas do primeiro trimestre de qualquer pessoa — menos, é claro, os meus.

Michael é pai de segunda viagem que percebeu um pouco tarde demais que lidar com os hormônios gestacionais exige tanta sensibilidade e delicadeza quanto lidar com um cliente difícil — ou, pior ainda, um chefe difícil.

O que eles acham que você — e o pai do seu bebê — devem saber

Troy sobre testes de gravidez:

Lição n° 456: não importa quanto um teste de gravidez custe, permita sua esposa fazer tantos quantos quiser.

Minha esposa é viciada em testes de gravidez. Se houvesse algo como Testadoras de Gravidez Anônimas, eu a obrigaria a participar das reuniões. Quando estávamos tentando engravidar, ela fazia doze testes por mês. Isso mesmo. Ela fazia um duas semanas antes de sua menstruação começar, "só para garantir que não havia errado nos cálculos" e outro no dia seguinte "caso tivesse errado por um dia". Isso continuou durante uma ou duas semanas, depois aumentou sua quota para dois testes por dia "caso um dos testes tivesse falhado". Seus testes de gravidez estavam nos custando mais de 125 reais por mês — e teriam nos custado bem mais se eu não tivesse proibido (com muito amor) os testes digitais, que podem chegar a custar 25 reais cada um.

Sério, o que há de errado em descobrir uma gravidez à moda antiga (ou seja, esperar três meses até a barriguinha começar a aparecer)? Tentei explicar isso a ela (após esconder a caixa com os testes no fundo do meu armário), mas ela não quis saber. Na verdade, teve a ousadia de encher os olhos de lágrimas e explicar a mim o que significaria para ela receber um resultado positivo bem cedo. E ouça as palavras de um cara que sabe do que está falando, quando sua esposa possivelmente grávida começa a chorar, não há como voltar atrás. Eu cedi e lhe dei o que ela queria.

Lição aprendida: 125 reais por mês é um preço baixo para satisfazer sua esposa possivelmente grávida — mesmo se a ideia dela de satisfação tenha a ver com fazer xixi em bastões supercaros.

Michael sobre a loucura gestacional

Lição nº 721: não discuta com uma mulher grávida.

Aprendi já cedo que é muito mais fácil apoiar a irracionalidade emocional da sua esposa do que tentar convencê-la de que ela está sendo irracional. Por exemplo, se ela insistir que o quarto do bebê precisa ser pintado hoje à noite — mesmo que às três da manhã e mesmo que seu filho nasça apenas daqui a cinco meses — talvez seja em seu próprio interesse preparar um jarro de café forte e terminar a pintura do quarto *hoje à noite*.

Existem, porém, meios de convencer sua esposa de que os pensamentos racionais *do homem* são, na verdade, ideias *dela*. O desafio consiste em descobrir formas de esconder comprimidos de lógica no pudim de afirmação ou concordância. Por exemplo:

- "É claro que você não está me mantendo acordado a noite inteira com sua inquietação, seus roncos e grunhidos. De forma alguma" (*pudim de afirmação*). "Mas se você quiser, podemos construir um ninho gestacional muito confortável no quarto de hóspedes — incluindo uma mesa para sua água e seu protetor labial e um mínimo de quinze almofadas como suporte para sua barriga. Venha. Eu ajudo" (*comprimido de lógica*).
- "Fico tão feliz com o fato de você limpar minhas estantes 'encardidas e higiênicas' com minha escova de dente — eu também já estava ficando preocupado com isso" (*pudim de afirmação*). "Mas

temo que você possa entrar em trabalho de parto precoce com todo esse trabalho. Por que você não se deita do meu lado e eu lhe dou uma massagem gostosa?" (*comprimido de lógica*).

- "Você não está sendo irracional" (*pudim de afirmação*). "Mas por que você não tira uma folga hoje à noite e relaxa um pouco? Tranque-se em um quarto quieto e calmo e leia a Bíblia durante algumas horas enquanto eu assisto a esse jogo na TV? Eu lhe trago um copo d'água" (*comprimido de lógica*).
- "É claro que a balança no consultório está errada. *É impossível* que você já tenha aumentado 32 quilos" (*pudim de afirmação*). "Mas... só para fazê-la sentir-se melhor, eu vou comer esse pacote inteiro de biscoitos — pois sei que não há nada melhor do que eu ganhar alguns quilos de simpatia para fazê-la sentir-se melhor" (*comprimido de lógica*).

Lição aprendida: existe uma linha tênue entre defensor e cúmplice. Existe uma linha ainda mais tênue entre encorajador e capacitor. É possível ser um marido apoiador sem permitir que os hormônios gestacionais da sua esposa passem a controlar sua vida.

Cameron sobre enjoo matinal

Lição n° 823: pelo que sabemos, não existe cura para o enjoo matinal.

Quando minha esposa estava no auge de seu enjoo matinal, eu teria feito qualquer coisa para curá-la. Ela estava se sentindo miserável. Por isso, eu também estava me sentindo horrível. E já que viver em uma casa com duas pessoas que se sentem horríveis é uma existência triste, parti em uma missão de curar o enjoo matinal da minha esposa. Tentei de tudo:

- Um dos livros de gravidez da minha esposa alegava que um antiemético aliviaria os sintomas. Assim, certa noite, fui até a farmácia às 10 horas da noite para comprar um frasco. Ela sentiu o cheiro do xarope... e foi correndo para o banheiro e vomitou.
- Minha cunhada sugeriu a "dieta de batatinhas e limonada" (aparentemente, a combinação de salgado com doce pode relaxar o estômago). Minha esposa correu para o banheiro e vomitou.
- Uma amiga da minha esposa sugeriu uma pulseira antienjoo. Outra viagem para a farmácia no meio da noite. Quando voltei para casa, minha esposa correu para o banheiro e vomitou.
- Li na internet que comer comidas sem tempero e sem gosto ajudava. Comprei arroz branco para minha esposa. Adivinha. Minha esposa correu para o banheiro e vomitou.

Todas essas corridas para o banheiro e todo esse vômito me ensinaram uma coisa: *não* existe cura para o enjoo matinal. Mas isso não significa que não deva tentar encontrá-la. Quando sua mulher estiver doente — e acredite, nunca vi minha esposa tão doente quanto durante seus enjoos matinais — você precisa ser seu cavaleiro na armadura brilhante. Ela precisa de você neste instante, e mesmo que a procura por uma cura para o enjoo matinal seja fútil, você precisa tentar encontrá-la.

Lição aprendida: mesmo se você tentar 50 curas diferentes e sua esposa correr 50 vezes para o banheiro para vomitar, você precisa continuar conversando com o senhor Google e tentar encontrar a cura n° 51.

Troy sobre a alimentação na gravidez

Lição n° 945: preparar uma porção gigante de *carnitas* para que sua esposa não tenha que cozinhar durante uma semana inteira pode parecer uma ideia boa, mas resultará apenas em você comendo *carnitas* durante uma semana inteira no café da manhã, almoço e jantar.

Minha esposa odeia cozinhar quando está grávida, por isso tive a ideia brilhante de preparar uma porção gigante de *carnitas* para que ela não tivesse que cozinhar durante uma semana inteira.

Após sentir o cheiro de *carnitas* cozinhando o dia inteiro no fogão, minha esposa vomitava só de pensar que teria que comê-las. Ela comeu cereal. Eu comi *carnitas* todos os dias durante uma semana e ainda tenho porções de *carnitas* no congelador esperando pelo dia em que eu volte a poder comê-las.

Lição aprendida: cozinhar para sua esposa grávida é uma boa ideia, mas preparar porções gigantes para ela só resultará em você comendo os restos durante um mês inteiro. Portanto, use seu cartão do supermercado para comprar fraldas e lenços — não pacotes tamanho família de filé de frango.

Cameron sobre listas para o chá de bebê

Lição n° 1232: você não precisa fazer de conta que gosta de passar tardes inteiras na loja de bebês apenas para impressionar sua esposa... ela já está impressionada.

Você se lembra de quando fizeram a lista de presentes de casamento? Isso foi divertido, não foi? Só se seu conceito de diversão inclui discutir estampas de louça e tipos de talheres. Admita, você prefere mil vezes ficar em casa e assistir a um jogo de futebol ou fazer um lanche na praça de alimentação a ficar na seção de louça e discutir sobre quantos pratos vocês precisarão para sobreviver à primeira festa em sua casa.

Mas antes de se casar, você teve que fazer de conta que aquilo o interessava porque ainda não havia se casado com aquela garota. E, sinceramente, você *estava* interessado porque amava aquela garota e queria demonstrar seu interesse por ela. Mas agora você está casado — e a responsabilidade de ser um homem casado lhe confere alguns privilégios. Um desses privilégios é que você não precisa se submeter a sessões de maratona na loja de bebês para discutir as vantagens e desvantagens de determinada bomba tira-leite. Especialmente porque a mera ideia daquela máquina gigante ligada ao seio da sua esposa o faz estremecer.

O truque de se safar da ida à loja de bebê para fazer a lista de presentes é simples: convença sua esposa de que você seria um ajudante inútil na loja e de que uma amiga ou um membro de sua família seria uma ajuda muito maior. Minha esposa foi à loja com a mãe e a irmã. Ofereci a elas um almoço, para que pudessem descansar de sua tarefa entediante. Evidentemente, ficaram excitadas por poderem passar um dia inteiro fazendo compras e almoçar juntas, enquanto eu evitei um encontro desagradável com as bombas tira-leite.

Lição aprendida: sua esposa ficará grata pela oportunidade de fazer compras com suas amigas, e você aproveitará um dia inteiro assistindo jogos de futebol sem ser interrompido. Portanto, deixe-a fazê-lo.

Michael sobre o consultório do obstetra

Lição n° 1543: o consultório do obstetra é muito, muito mais assombroso do que parece — mesmo assim, você deve ir.

A primeira vez que entrei no consultório do ginecologista, entendi exatamente por que a minha esposa reclama de seu exame anual. O consultório é um lugar muito, muito assombroso. Além de você encontrar um monte de mulheres grávidas mal-humoradas, você também se depara com coisas perturbadoras como a cadeira ginecológica, máquinas de ultrassonografia vaginal e (e isso talvez seja o pior) com mulheres que acabam de ser pesadas pela balança infame.

Por mais que você se sinta tentado a fazer de conta que está doente e queira ficar bem longe do consultório do obstetra — não faça isso! O consultório pode ser um lugar assombroso, mas é também sua única fonte de informações sólidas e boas sobre a gravidez. Homens não costumam ligar para seus amigos para conversar sobre a gravidez de sua esposa, portanto, essa é a sua chance de encontrar uma pessoa real e viva e fazer perguntas como:

1. Qual é a minha tarefa durante o trabalho de parto? (Encorajar e apoiar sua esposa sem ser (a) irritante, (b) aborrecedor ou (c) enjoativo — coisas que você consegue ser simplesmente estando presente.)

2. O peso de simpatia é um fenômeno real ou será que tenho comido hambúrgueres em excesso? (São os hambúrgueres. E o sorvete. E as batatas fritas.)

3. O que devo fazer se preciso ir ao banheiro durante o trabalho de parto da minha esposa? (Vá. Mas saiba que pagará por isso mais tarde.)

4. Será que os seios da minha esposa algum dia voltarão a ter o tamanho que tiveram antes da gravidez? (Sim. Mais ou menos duas semanas após ela parar de amamentar seu bebê. A não ser que você a engravide antes de ela parar de amamentar. É uma ideia que merece alguma reflexão...)

5. Criar um filho realmente custa 280 mil dólares? (É claro que não. Você se esqueceu de levar em conta a inflação.)

Lição aprendida: por mais perturbador que possa ser, vá ao consultório do obstetra. Assim, você demonstra ser um marido apoiador e amável e receberá informações sobre a gravidez indispensáveis para sobreviver a ela e ao parto de sua esposa.

Troy sobre desejos

Lição n° 1924: se sua esposa deseja comer aspargo com mostarda, vá e compre aspargo com mostarda.

Os desejos de gravidez da minha esposa não são do tipo "Preciso dessa comida específica neste instante", mas do tipo "Estou faminta e a única coisa no mundo que me apetece neste momento são rosquinhas com molho de alho". Muitas vezes, fui ao supermercado às 11 horas da noite subindo e descendo pelos corredores passando nomes de alimentos pelo telefone:

Sorvete? "Ah! Nojento!"

Picles? "Nem menciona essa palavra!"

Batatinhas? "Eca. Por que você teve que falar nisso?"

Uma banana? "Troy! Você sabe que eu odeio bananas!"

Por fim, encontrava algo que prometia agradar. E normalmente era a coisa mais esquisita do mundo. Queijo e sanduíche com pasta de azeitonas. Ovos de conserva com ketchup. Pão branco com mostarda e fatias de tomate. Houve um tempo em que a questionava. Mas deixei de fazer isso. Coloco os itens no carrinho, pago e volto para casa, onde minha esposa devora suas combinações deliciosas (leia-se, apavorantes).

Lição aprendida: ovos de conserva com ketchup pode parecer nojento para você, mas quando sua esposa deseja algo específico, é aquilo que ela deseja. Vá até o supermercado e compre o ovo. E não faça perguntas.

Peter sobre o presente infame do parto

Lição n° 6234: sua esposa carregou seu filho durante nove meses e em breve empurrará seu bebê para fora de seu corpo. Ela merece um presente.

Já ouviu falar em presente de parto? Eu também não, até três meses antes da data prevista do nascimento de nossa filha. Aparentemente, algum idiota teve a grande ideia de dar algum presente sofisticado à sua esposa como recompensa por parir seu filho. E sua esposa ficou tão maravilhada com essa sensibilidade de seu marido que decidiu contar a todas as suas amigas, e de repente todas as mulheres da América sabiam o que é um presente de parto e esperavam que seu marido seguisse o exemplo do senhor Romântico.

Tendo isso em mente, sugiro que faça o mesmo e compre algo para sua esposa. E só para deixar isso bem e absolutamente claro: sua esposa não quer que você compre um lençol para o berço, uma blusa que não cabe nela ou um novo processador. Tudo isso é legal, mas quando se trata do presente de parto, você precisa comprar algo exclusivo com valor sentimental. Sugiro que compre joias.

Quando estava escolhendo um presente de parto, eu não tinha muito dinheiro. É claro que minha esposa merecia um colar com um diamante de 20 quilates, mas eu só podia gastar 50 dólares, portanto, tive que procurar outra coisa. Recorri à ajuda da minha cunhada e ela escolheu lindos brincos de prata. Uma hora após o nascimento da nossa filha, ela adormeceu no peito da minha esposa. Minha esposa estava acariciando sua cabecinha, com lágrimas nos olhos, e achei que era o momento perfeito. Abri a caixinha com os brincos. Minha esposa começou a chorar. E naquele momento percebi que o idiota que havia inventado essa coisa de presente de parto havia sido um gênio.

Lição aprendida: você nunca se arrependerá de investir tempo e dinheiro em um presente que fará sua esposa sentir-se especial, mesmo que você tenha que gastar algumas horas numa joalharia lotada.

Michael sobre as provações da gravidez

Lição n° 7234: a gravidez é o trunfo permanente (e merecido) de sua esposa.

Eu jamais teria ousado dizer isso em voz alta quando minha esposa estava grávida, mas havia momentos durante sua gravidez que foram bastante difíceis para mim. Eu cozinhava, limpava, fazia massagens, sem mencionar a energia emocional que gastei suportando suas mudanças de humor. Mas quando comparo o meu papel com o papel da minha esposa, reconheço que o dela foi bem mais duro. Sem qualquer dúvida.

Ela teve que lidar com enjoo matinal e ganho de peso e contrações e expulsar um bebê de quatro quilos de seu corpo. Não há absolutamente nada na vida de um homem que se compare ao trabalho de parto. Nada. Sei que você sente a tentação de discutir comigo e de dizer que uma discussão com sua sogra enquanto você tenta assistir a um jogo de futebol também não é fácil, mas não chega nem perto. Eu testemunhei o trabalho de parto e o parto em si. E garanto que a gravidez é o trunfo inalcançável da minha esposa.

Lição aprendida: aceite a realidade de que estar grávida é pior do que ser marido de uma mulher grávida, e esteja ciente de que você será lembrado desse fato muitas vezes.

Peter sobre o início do trabalho de parto

Lição n° 3459: se houver qualquer possibilidade de que sua esposa se encontre em trabalho de parto ou próxima dele, aconselho não pedir sua ajuda para instalar um filtro de água.

Poucos dias antes do nascimento da nossa filha, tive a ideia esplêndida de instalar um filtro de água na nossa garagem. Queria garantir que a água que nosso bebê viria a beber fosse pura e livre de produtos químicos. Nobre, certo? O problema é que essa tarefa acabou sendo um pouco maior do que eu havia imaginado. E para piorar as coisas, tive que desligar a água na casa inteira para instalar a coisa.

Certa noite, eu estava mexendo na garagem, e de repente minha esposa insistiu muito que eu precisava terminar a instalação. E quando digo que ela insistiu, quero dizer que ela veio para a garagem e me informou que, caso eu não completasse a instalação e ligasse a água dentro de trinta minutos, ela chamaria o encanador. Eu, é claro, fiz o que qualquer marido faria e lhe disse que, se ela queria que o serviço fosse feito, teria que vir e segurar os canos enquanto eu parafusasse algumas coisas.

Digamos apenas que, quando você está tentando prender tubos à parede e os tubos saem de posição a cada três minutos, isso é realmente frustrante. E sempre que o cano saía de posição, eu dizia à minha esposa (com todo carinho possível) para segurá-lo firme na posição. E sempre que eu lhe dizia para ficar parada, ela resmungava algo dizendo que estava fazendo o melhor que podia.

Assim que eu terminei de parafusar os canos e religuei a água, minha esposa se voltou para mim e disse: "Pegue suas coisas... estamos indo para o hospital." Soube que ela estava tendo contrações bastante fortes, mas seu medo de não ter água em casa quando voltasse do hospital era maior do que o medo de ter seu bebê à beira da estrada a caminho do hospital. E ela sabia que, assim que eu descobrisse que ela estava em trabalho de parto, eu não conseguiria instalar o filtro de água. Por isso, ela não me disse nada sobre suas contrações e segurou os canos durante trinta minutos para garantir que o filtro fosse instalado.

Mais tarde, ela me contou que, enquanto estava segurando os canos, ficou pensando o tempo todo: "Meu Deus, Peter vai se sentir tão mal quando souber que eu estou tendo contrações neste momento!" E ela estava certa — eu me senti péssimo! Mas (informação absolutamente sigilosa que ela jamais pode obter) eu a culpo por pelo menos 50% disso. Se ela tivesse me contado, eu não a teria obrigado a segurar o cano. Ela estava certa ao acreditar que eu seria um instalador inútil, mas mesmo assim...

Lição aprendida: da próxima vez que eu desligar a água na casa inteira quando minha mulher estiver nono mês de sua gravidez, pedirei ajuda ao meu vizinho.

Cameron sobre entreter-se durante o trabalho de parto

Lição n° 4234: sua tarefa durante o trabalho de parto é estar presente e apoiar sua esposa, não importa quanto tempo demore ou quão entediante possa parecer ficar 27 horas ao lado dela.

Um dos meus amigos me aconselhou a levar algum entretenimento para "enquanto você espera", já que o trabalho de parto pode ser um processo demorado. Isso é verdade, o trabalho de parto pode ser muito demorado, mas é também uma afirmação um tanto enganadora. Pois não importa quanto tempo demore ou quão entediado você fique, sua esposa ficará muito aborrecida se você tentar assistir a Piratas do Caribe em seu DVD portátil em vez de ficar do seu lado e sujeitar-se a segurar a mão dela por horas e suportar sua irritação.

Eu fiquei do lado da minha esposa quando aplicaram injeções e quando sua bolsa rompeu, e eu até segurei sua mão quando as contrações começaram. Mas após algum tempo entramos em um ritmo. Quando o monitor das contrações começava a mostrar alguma atividade, minha esposa começava a gritar comigo, e quando a contração passava, ela olhava para mim com um doce sorriso, e ambos esperávamos a próxima contração. Após uma hora dessa monotonia, decidi que um pouco de entretenimento cairia bem. Esperei a contração passar e fui pegar o DVD. Grande (GRANDE) erro.

Lição aprendida: mesmo que sua esposa entre em trabalho de parto durante a final da Copa do Mundo, seu trabalho é ficar do seu lado, segurar sua mão e sorrir quando ela gritar com você — mesmo se isso levar 29 horas e você não descubra o resultado do jogo até o dia após a entrega da taça.

Michael sobre como se planejar para o inesperado

Lição n° 5789: planeje-se para uma mudança de planos.

Sua esposa tem se informado sobre a gravidez (obcecadamente) há meses, e provavelmente desenvolveu um plano muito detalhado, muito específico e muito rígido sobre como o resto de sua gravidez transcorrerá. Minha esposa sabia *exatamente* o que ela queria, desde a decoração do quarto do bebê, o caminho que pretendia percorrer até o hospital até o método do parto (vaginal, é claro, e sem medicamentos, se possível). O problema era que ela estava tão focada em que queria que não se preocupou em se preparar para o inesperado.

Por isso, quando a estampa na parede do quarto de bebê não ficou exatamente do jeito que ela imaginara, meu trabalho consistiu em convencê-la de que este padrão novo era melhor do que aquele que ela tivera em mente. E quando a nossa rota para o hospital teve que ser retraçada em virtude de uma obra, eu lhe mostrei no Google que nossa rota nova (e melhorada) era até mais rápida em determinados horários do dia.

E quando as coisas não transcorreram durante o trabalho de parto do jeito que ela imaginara, eu a ajudei a readaptar suas expectativas. Quando recebeu a anestesia epidural, eu estive lá encorajando-a, explicando a ela como essa anestesia facilitaria as próximas horas. Quando foi levada à sala de cirurgia, eu a acompanhei, explicando a ela por que aquela era a melhor opção para nós e para o bebê. E quando começou a se sentir culpada porque as coisas não estavam acontecendo conforme o planejado, eu lhe mostrei nosso filho e lhe disse que estava muito orgulhoso por ela ter sido uma guerreira tão corajosa durante um parto difícil.

Lição aprendida: seu plano de parto deveria se parecer com uma árvore com ramificações de possibilidades e não com uma linha reta, e quando algo que os obriga a abandonar o trajeto preferido acontece, seu trabalho é convencer sua esposa de que o novo trajeto é ainda melhor do que o trajeto original.

Peter sobre amamentação

Lição n° 6234: amamentar é mais difícil do que parece.

Os processos básicos da amamentação parecem muito simples. Seio produz leite. Bebê quer leite. Coloque o seio na boca do bebê e ele receberá o leite. Mamãe feliz e bebê satisfeito caem em um sono profundo até o fim do jogo do seu time favorito. Fácil e simples, certo? Nem tanto. Aparentemente, há algo no processo de amamentação que é complexo demais para a mente masculina. Pois o que parece ser uma simples manobra de mirar e atirar, acaba sendo um processo demorado de aprendizado, repleto de irritações e sessões de choro — tanto de sua esposa quanto do bebê.

Quando minha filha nasceu, eu esperava longas noites passadas em claro e fraldas sujas, mas nunca esperei que o processo de aprender a amamentar fosse demorar semanas. Aprendi coisas sobre como a posição da boca do bebê no mamilo importa (quem imaginaria?), sobre "conselheiras de amamentação" (sim, existe um curso de amamentação) e sobre "lanolina" (um creme milagroso que permite que os seios de sua esposa possam ser tocados de novo). E aprendi também que é perfeitamente normal que mulheres e bebês tenham dificuldades com a amamentação durante dias — e às vezes durante semanas — antes de descobrirem o truque.

Sua tarefa é dar à sua esposa (e ao seu bebê) todo o apoio necessário, sem irritá-la com seus conhecimentos do tipo "eu sei tudo sobre seios". Você pode achar que entende todas as complexidades da amamentação, mas confie em mim, você não entende nada. Por isso, esqueça pensamentos do tipo: "Vamos, basta colocar o seio na boca dele e deixe-o sugar" ou "Qualquer posição funciona". *Não* expresse esses pensamentos em voz alta.

Então, como você pode apoiar sua esposa? Seja seu assistente de amamentação. Ela quer ligar para a conselheira de amamentação? Pegue o telefone para ela. Ela quer experimentar coisas assombrosas como protetores de mamilos ou sistemas auxiliares de amamentação? Entre na internet e veja se você pode encomendá-las pelo amazon.com. Ela quer que você vá até a farmácia para comprar absorventes de seios e lanolina? Imediatamente. (Para sua informação: você encontra isso na seção de bebês, não na seção de leite.) E se ela precisar de um ombro para chorar por causa do estrago que antigamente eram seus seios, ligue para a melhor amiga dela. Confia em mim, você não quer ficar com essa imagem para o resto do dia.

Lição aprendida: fique de boca calada. Amamentar é mais difícil do que parece, e só porque você acha que conhece a anatomia do seio humano, isso não significa que você entende as complexidades da amamentação.

Resumo do Guia definitivo do pai cristão (para os pais que só têm tempo para ler uma única página)

- Não se queixe, não reclame. E não compre pacotes tamanho família de filé de frango.
- Fique de boca calada quando se trata de enjoo matinal. E de amamentação. E de dores durante o parto. E sempre que o assunto é qualquer coisa ligada à gravidez.
- Testes de gravidez são um gasto justificável, mesmo se sua esposa gastar mais testes de gravidez do que papel higiênico.
- Espere o inesperado, mesmo quando o inesperado envolve sanduíches de creme de amendoim com mostarda.
- O creme de lanolina pode acalmar os sensíveis seios de sua esposa ao ponto de ela deixar seu bebê tocá-los, mas isso não significa que *você* deva tentar tocá-los.

Não existe absolutamente nada na vida de um homem — seja algo real ou imaginado — que se compare com a gravidez. Jamais é tão difícil para você quanto é para ela. Você não sabe como ela está se sentindo. E sim, ela vai lembrá-lo disso pelo resto de suas vidas.

Capítulo 15

Para onde correr quando você precisa de ajuda

Seus recursos durante a gravidez

Pânico. Eram seis horas de uma manhã de domingo. Eu estava na minha 25ª semana e percebi que algo não estava certo, bem, lá em baixo. Eu havia acordado cedo com uma dor ardente e pulsante, que descia do meu traseiro até meus pés, e eu não sabia se isso era (a) um sinal estranho de trabalho de parto precoce, (b) um sinal de que havia exagerado na academia (altamente improvável) ou (c) apenas minha imaginação. Eu estava pronta para entrar no carro e procurar a emergência mais próxima e pagar uma quantidade enorme de dinheiro em taxas hospitalares, quando meu marido me pegou pelo braço.

Consultamos o senhor Google. Descobrimos que eu tinha uma ciatalgia, um sintoma gestacional divertido que surge quando o útero decide acampar em cima do nervo ciático. Aparentemente, é um dos sintomas mais comuns da gravidez, e além de ser extremamente irritante e doloroso, é completamente inofensivo tanto para a mãe quanto para o bebê. Não estou inventando isso. Consulte o Google se você não acreditar em mim. Você receberá 667 mil resultados.

O senhor Google é um cara e tanto. Ele me poupou de inúmeras viagens à emergência e milhares de dólares durante a gravidez. Às vezes me pergunto como as garotas sobreviviam nos tempos remotos (você sabe, uns quinze anos atrás) quando não tinham acesso instantâneo a informações sobre a gravidez. Provavelmente tinham que ligar para o seu médico ou para sua mãe.

Mas nós vivemos na era do Google! Se quiser, você pode levantar às três da madrugada para fazer xixi e passar as duas horas seguintes comprando lençóis para o berço do seu bebê (não que eu nunca tenha feito isso). Ou você pode descobrir o que está acontecendo *lá em baixo* sem ter que passar pela conversa embaraçosa com seu médico de plantão ou com sua tia-avó Suzie.

Mães grávidas são carentes. Temos inúmeras perguntas ("Quando meus seios vão parar de crescer?"), inúmeras preocupações ("Meu bebê sairá da minha barriga algum dia?") e choramos por qualquer motivo (por exemplo, quando alguém menciona a palavra "sushi"). E temos todo o direito de ser carentes! Estamos passando por muito e tendo que aguentar muito. E você precisa de algum apoio.

Por isso, dedico este capítulo para fornecer à garota grávida carente os recursos que ela precisa. Não estou falando apenas dos recursos típicos como livros e internet (falarei sobre isso também), mas também de outros tipos de apoio como a Bíblia, a igreja, seu marido, sua mãe, suas amigas e, sim, até mesmo sua sogra.

A Bíblia: seu recurso supremo durante a gravidez

A Bíblia pode e *deve* ser seu recurso supremo durante a gestação. Deus criou a gravidez (e seu bebê), portanto, faz sentido usar sua palavra como guia supremo para esse período. 2Pedro 1:3 nos diz que "seu divino poder nos deu todas as coisas de que necessitamos para a vida". Isso não significa que a Bíblia seja o *único* recurso de que precisamos na vida, mas simplesmente nos fornece uma perspectiva adequada para filtrar todas as outras informações.

Para mim, a Bíblia foi uma grande fonte de paz durante minha gravidez. Sim, fala pouco sobre trabalho de parto e nascimento (a não ser que você inclua aqui a história um tanto perturbadora de Jacó que, ao nascer, se agarrou no tornozelo de Esaú), mas fala muito sobre como Deus acalma as tempestades em sua vida. A Bíblia pode não falar muito sobre azia, mas tem muito a dizer sobre a perseverança em tempos de provação. (E se você já teve azia gestacional, você sabe que isso *é* uma provação.)

Às vezes, tentamos obter toneladas de informações para adquirir um senso de controle. Em vez disso, o que realmente necessitamos é passar algum tempo com aquele que realmente está no controle. Descobri que recorrer a Deus antes de recorrer ao Google acalma muitas das minhas preocupações e me passa um grande senso de serenidade em minha gravidez.

A chave para usar a Bíblia como um recurso durante a gravidez consiste em realmente *usar* a Bíblia como recurso. A informação de que você precisa não saltará de um livro fechado para dentro de sua cabeça, mas virá de uma leitura cuidadosa, de uma oração atenta e de um ouvido aguçado. Você precisa usar sua lógica — algo que vem sendo desprezado desde que seu instinto de mãe assumiu o controle. Mas um esforço focado de buscar ajuda na Bíblia é uma grande maneira de garantir uma gravidez cheia de paz — e você deseja isso, ou não?

Como usar a Bíblia como recurso durante a gravidez

1. Coloque Deus na agenda de seu iPhone. Se você apertar o botão "soneca" sete vezes antes de conseguir levantar de manhã, essa hora não deve ser o melhor momento para dedicar seu tempo a Deus. Descubra o melhor horário do dia e separe um tempo para ele na sua agenda.

2. Foque. A combinação de fadiga gestacional e instinto de mãe pode causar uma morte cerebral, por isso, você precisa fazer um esforço especial para focar em cada texto e refletir sobre como ele se aplica à sua vida e à sua gravidez.

3. Leia, releia e releia. A Palavra de Deus é a Palavra *viva*, o que significa que você pode adquirir novos conhecimentos de versículos que você já leu um bilhão de vezes. Sejamos sinceras: às vezes, precisamos ler determinada passagem um bilhão de vezes para entendê-la. Culpe seu cérebro de grávida.

4. Ore. Parece óbvio (e fácil), mas às vezes todas nós nos esquecemos de que Deus age por meio da oração. Por isso, se você estiver tendo dificuldades com determinada área em sua vida de grávida, ore e peça que Deus revele sua solução por meio de sua Palavra.

5. Leia os comentários. Não, você não precisa ir até a livraria e comprar um comentário bíblico, basta ler as observações no rodapé da sua Bíblia de estudo. Elas podem ser muito úteis para a compreensão do texto.

6. Faça um diário de gravidez. Compre-o em uma livraria evangélica. Ele é ótimo para anotar orações e pensamentos e, muitas vezes, a inspira para uma leitura aprofundada das Escrituras.

Descanso para a mãe

Para quando a gravidez exigir demais de você

O Filho é o resplendor da glória de Deus e a expressão exata do seu ser, sustentando todas as coisas por sua palavra poderosa. Depois de ter realizado a purificação dos pecados, ele se assentou à direita da Majestade nas alturas

Hebreus 1:3

Jesus, a gravidez às vezes me leva aos meus limites. Há tanto que preciso aprender e tantas coisas sobre as quais preciso refletir. Eu me perco facilmente no mar de blogs e revistas sobre gravidez e me esqueço de que tu manténs todas as coisas — até a minha gravidez — por meio de tua palavra poderosa. Obrigada por me salvares, Senhor, e por me dares todas as ferramentas de que preciso para não só sobreviver, mas para florescer nesta terra. Amém.

Sua igreja: um recurso inesperado

Quando as palavras "igreja" e "gravidez" são usadas na mesma oração, uma palavra vem à mente automaticamente: ensopados. Eu estou lhe dizendo: existe uma aula secreta em todas as igrejas (acho que perdi aquele domingo) que ensina às mulheres a arte dos ensopados. E uma vez que uma mulher participa dessa aula, ela passa a levar suas obrigações de ensopados muito, muito a sério.

Basta mencionar que você está grávida dentro de um raio de 200 metros de sua igreja, e você terá um ensopado de frango esperando na sua porta quando voltar para casa. Apareça na igreja com uma barriguinha de grávida, e você comerá ensopado de peixe durante a semana inteira. E isso nem se compara ao que acontecerá quando o bebê nascer. As mulheres "ensopadoras" usaram o ensopado como desculpa para passar em sua casa e ver seu bebê fofinho. Seu congelador ficará tão lotado que você precisará recorrer ao congelador do vizinho para guardar seu estoque de ensopados.

Nós rimos, mas a ideia dos ensopados é maravilhosa e amável. O povo da igreja, por mais imperfeito que seja, ama Deus e ama as pessoas. E quando você estiver mais carente (sim, neste momento), essas pessoas pias e cheias de amor sabem como estender sua mão e lhe dar o que você precisa. E sejamos sinceras, quando você não sente nenhuma vontade de cozinhar, mas está com muita vontade de comer, um ensopado quentinho é perfeito.

Quando você está grávida, a igreja pode ser um grande recurso. Às vezes, é difícil permitir que outras pessoas lhe sirvam — principalmente quando você mesma gosta de servir os outros. Não estou dizendo que você deva ignorar os outros e ser egoísta, mas você pode e deve aceitar a ajuda de quem quer lhe servir. Permita que você seja abençoada pelas pessoas de sua igreja, que a amam o bastante para fazer um ensopado para você (ou para cortar sua grama ou levá-la ao consultório).

Após o nascimento do seu bebê, você pode querer ir até a cozinha e desenvolver sua própria receita de ensopado, pois já que recebeu a benção de ensopados, é bem provável que queira ser uma "ensopadora" também. Você precisa estar pronta para quando a próxima mulher anunciar sua gravidez dentro de um raio de duzentos metros de sua igreja.

Uma pessoa verdadeira na linha: um recurso real na gravidez

Você se lembra da última vez que ligou para alguém e foi transferida para um sistema telefônico automático?

"Bom dia, obrigado por ligar para a Central de Informação para Mulheres Grávidas! Aperte 1 se você estiver grávida. Aperte 2 se você não estiver grávida, mas desejaria estar. Aperte 3 se você estiver ligando apenas porque a amiga de uma amiga de sua prima talvez esteja grávida e você deseja ajudá-la a descobrir se realmente está grávida."

Você aperta o 3 e a máquina continua: "Obrigado pela sua ligação. Para ajudá-la precisamos de mais informações. Aperte 1 se você espera estar grávida, mas não apresenta nenhum sintoma. Aperte 2 se você estiver vomitando continuamente durante os três últimos meses e não menstrua há sete meses, mas está em negação total em relação à sua possível gravidez. Aperte 3 se você acaba de perceber que discou o número errado e na verdade estava tentando ligar para a Pizzaria Pegue&Leve."

Você aperta o 1, e o sistema continua: "Obrigado. A fim de transferi-la para o departamento correto, precisamos de algumas informações adicionais..."

Basta ouvir isso, e você já sente a vontade de gritar "Quero falar com uma pessoa!" e de jogar seu celular contra a parede. Sistemas automáticos são tão irritantes! A voz automatizada tão paciente que calmamente lhe diz o que você não pode fazer me enfurece tanto, mas ainda pior é o fato de que a máquina nunca consegue me dar as respostas de que preciso. Às vezes, não há nada melhor do que um ser humano de verdade que sabe *pensar*.

O mesmo vale para a vida real. Às vezes, vemo-nos presas em um sistema de apoio automatizado onde tudo é eletrônico e impessoal. Continuamos apertando botões e gritando por socorro, mas ninguém nos ouve. Apesar de existir uma utilidade real para revistas, livros e sites de internet, existe uma necessidade mais profunda de contatos interpessoais autênticos. Especialmente quando você está mais carente, como (eu já mencionei isso?) agora, neste instante.

Temos mais acesso a pessoas do que jamais tivemos em toda a história (imagine o que seus bisavôs teriam pensado sobre um iPhone!), ao mesmo tempo nos perdemos facilmente por trás de uma tela de tecnologia e evitamos uma conexão profunda com as pessoas.

A boa notícia é que as pessoas *adoram* falar sobre bebês. Coloque uma mulher grávida em uma sala com cinquenta-pessoas desconhecidas, e dentro de alguns minutos ela será bombardeada com 45 histórias sobre partos, 16 relatos sobre enjoo matinal e 2234 conselhos. Portanto, você não terá nenhuma dificuldade de encontrar alguém disposto a falar sobre gravidez. Melhor ainda: a gravidez é uma ótima oportunidade para construir relacionamentos profundos e duradouros com outras pessoas. Quando você estabelece uma ligação por meio de algo tão importante e impactante como um bebê, seu relacionamento automaticamente fica mais íntimo e mais profundo. Isso é bom.

Por isso, use sua gravidez como desculpa para usar seu moletom todos os dias *e* como desculpa para aprofundar seus relacionamentos. Faça questão de compartilhar as coisas boas e ruins de sua gravidez com seu marido, sua família e suas amigas, e faça questão de se conectar com pessoas verdadeiras *antes* de recorrer ao senhor Google. O senhor Google é um cara inteligente, mas você pode se surpreender com o conhecimento de suas amigas e de sua família.

Seu marido: seu RMA (Recurso Mais Adorável)

À medida que sua barriga cresce, aumentam também os esforços de seu marido de ajudá-la. E sejamos sinceras: isso é adorável. Muito provavelmente, ele é a única pessoa (além de sua mãe) que está tão empolgada quanto você em relação ao bebê. Além disso, ele provavelmente já demonstrou sua utilidade impagável segurando seu cabelo enquanto você vomitava e correndo para comprar comida (mesmo às duas da manhã). No entanto, a não ser que esta seja sua 19ª gravidez, seu marido não é a pessoa mais informada quando se trata de gravidez. Sim, ele pode pesquisar no Google uma receita para "chucrute com chorizo", caso você sinta uma vontade repentina de comer comida germânico-mexicana, mas ainda preciso conhecer o homem que gosta de falar sobre as complexidades de bombas tira-leite às seis horas em um domingo de manhã.

Seu marido pode não ser um baú de informações sobre a gravidez, mas ele possui muitas informações sobre *você*. É provável que ele conheça você melhor do que qualquer outra pessoa no mundo, o que significa que ele entende muito bem a sua carência atual. Provavelmente também a ama mais do que qualquer outra pessoa neste mundo. Por isso, mesmo que não seja a melhor pessoa para lhe ajudar quando você precisa saber como tratar a sensibilidade de seus seios, ele é a pessoa perfeita quando você precisa de uma mão para segurar.

A maioria dos maridos quer realmente fazer a coisa certa. Mas simplesmente não sabe qual é a coisa certa. Veja meu marido, por exemplo. Quando sofri de enjoo matinal, ele tinha certeza de que, se conseguisse encontrar algo que eu queria comer, eu me sentiria melhor na mesma hora. Por isso, foi à procura épica do alimento mágico que cura o enjoo matinal. O problema é que *nada* servia e o *mero cheiro* me fazia vomitar. Era uma busca inútil.

Certa noite, ele veio para casa com uma sacola cheia de comida. Ele trouxe hambúrgueres, sanduíches, pizza e vários pacotes de biscoitos que — eu tenho certeza absoluta disso — ele comprou para si mesmo. Ele literalmente passou em cada lanchonete em um raio de 15 quilômetros da nossa casa esperando encontrar aquela comida que curaria meu enjoo. No momento em que senti o cheiro saindo daquela sacola, eu corri para o banheiro e vomitei como nunca na minha vida. Meu marido acabou comendo *fast-food* aquecido no micro-ondas durante uma semana inteira.

Eu expliquei para ele que, a não ser que eu lhe dissesse explicitamente que queria comer um cheeseburguer duplo com batatas fritas (caso em que ele deveria correr para o carro e comprar um hambúrguer o mais rápido possível), ele deveria manter qualquer comida longe de mim e partir da pressuposição de que nada me ajudaria. Em vez de concordar e evitar idas a lanchonetes, ele ficou todo triste e ressentido comigo.

Na verdade, ele realmente queria ajudar, e já que suas tentativas haviam sido um fracasso total, ele também se sentiu um fracasso total como marido. Ele quis fazer a coisa certa, mas não sabia como ajudar. Por isso, ficou adivinhando — e adivinhando as coisas erradas. E sua falta de talento em adivinhar o fez se sentir distante de mim e da minha gravidez.

E olha só: muitos homens sentem um pouco (acredite!) de inveja do fato de suas esposas carregarem seus filhos em sua barriga. É claro que não querem lidar com o enjoo matinal, mas reconhecem que o ato de carregar um bebê dentro de si é um grande privilégio. Eles percebem também que as mães têm uma grande vantagem no que diz respeito à criação de vínculos com o filho — abrigar um bebê dentro de você durante nove meses e alimentá-lo com seu próprio corpo, de alguma forma, ajuda a criar esse vínculo. Os pais deste mundo querem compartilhar desse privilégio, e a maioria fará qualquer coisa para criar um vínculo com o bebê e a gravidez.

A melhor coisa que você pode fazer por seu marido (porque eu sei que você o ama!) é permitir que ele participe da gravidez. Isso significa compartilhar o que está acontecendo (sim, mesmo que ele não esteja disposto a admitir isso, ele quer ouvir que seu bebê agora tem o tamanho de um amendoim com cobertura de chocolate), mas também dizer a ele explicitamente o que ele pode fazer para ajudar a carregar o peso. Ele quer ajudá-la. Dê a ele uma mão, dizendo-lhe *exatamente* como ele pode ajudar. Você descobrirá que ele não é apenas uma grande fonte de apoio, mas que sua gravidez também pode ser uma oportunidade íntima e romântica para o seu casamento.

Como envolver seu marido na gravidez

1. Encaminhe para ele todos os informativos relacionados à gravidez que você recebe por e-mail; ou, melhor ainda, faça uma assinatura para ele. (E não, você não é a única mulher grávida com 17 assinaturas diferentes.)

2. Celebrem juntos as etapas de sua gravidez. Quando alcançar o segundo trimestre, surpreenda-o com um jantar sofisticado. Quando alcançar o terceiro trimestre, compre um pequeno presente como um livro sobre educação de filhos para lembrá-lo que, em breve, ele será pai.

3. Faça cópias de suas ultrassonografias e entregue-as ao seu marido para que ele possa colocá-las em sua escrivaninha no trabalho.

4. Mande-o ao supermercado para comprar o que você está com vontade de comer (sim, isso é uma ajuda para *ele*).

5. Orem juntos pelo bebê.

6. Faça de seu casamento uma prioridade. Talvez você não tenha se sentido muito sensual ultimamente (e quem se sentiria sensual com enjoo, inchaços e fadiga?). Mas seu casamento é superimportante, portanto, tenha o cuidado de não negligenciá-lo só porque você está grávida. Faça questão de sair com seu marido regularmente e passe tempo com ele (e um *negligé* vermelho com rendas também pode ajudar).

7. Recrute-o para ajudá-la com os preparativos para a chegada do bebê. É claro que ele ajudará na montagem do berço e do trocador, mas envolva-o também nas coisas mais divertidas como no planejamento da rota para o hospital e na pesquisa de carrinhos de bebê.

8. Leiam a Bíblia juntos. A Bíblia tem muito a dizer sobre como ser pai e ser mãe, por isso, separe um tempo para pesquisar o que a suprema autoridade em assuntos relacionados à paternidade tem a dizer.

9. Escolham o nome juntos. Pode ser divertido pesquisar e escolher um nome para seu bebê. A não ser, é claro, que o gosto de seu marido seja o de um marciano. Nesse caso, comece a bolar um plano para assinar a certidão de nascimento quando seu marido estiver na cafeteria do hospital.

Sua mãe (ou sua sogra): seus recursos com experiência

As senhoras da igreja lhe trazem ensopados e seu marido corre pra lá e pra cá tentando descobrir o que fazer — e sua mãe, bem, ela vai fazer compras. Antes de você chegar ao segundo trimestre, seu bebê já terá mais sapatinhos do que você teve durante toda a sua infância. E quando seu bebê nascer, ele terá mais macacãozinhos de luxo do que ele poderá estragar com seu vômito durante toda a sua existência como bebê. E sua mãe está apenas começando. Espere só até seu filhinho completar um ano.

Além de ser uma *expert* em moda de bebê, mães (e sogras) também podem ser maravilhosas conselheiras de gravidez. Elas sabem o que significa estar grávida. Elas conhecem você. E elas estão tão animadas com a vinda de seu bebê que dificilmente conseguem dormir à noite, ou manter seu dinheiro na bolsa.

Aqui está outro fato pouco conhecido sobre mães e sogras: elas têm *medo* de se intrometer. Sim, pode tirar essa expressão chocada de seu rosto. Eu não disse que elas *não* se intrometem. Eu disse que elas têm *medo* de se intrometer. Agora que também sou mãe, estou começando a entender as dinâmicas da intromissão. Nós, as mães, amamos nossos bebês tanto que queremos que tudo seja perfeito para eles. Por isso falamos. E fazemos sugestões. Damos ideias. Não fazemos isso para nos intrometer; fazemos isso para ajudar.

O problema é que essas "sugestões" nos fazem parecer mães que tentam impor as vontades às vidas de nossos filhos — e isso tende a ser um pouco irritante. Por isso, como mãe, você aprenderá desde cedo a ter *medo* de se intrometer. Sua mãe e sua sogra devem estar se sentindo assim neste momento. Elas querem ajudar. E fazer sugestões. E dar ideias. Mas *não querem* que você pense que elas estão se intrometendo.

Por isso, ajude sua mãe e a mãe de seu marido! Elas realmente não querem aborrecer você (é verdade, acredite). Sugiro que você lhes dê algo em que possam se intrometer para que não se intrometam em tudo. Dê a elas a tarefa de pesquisar o melhor berço, o melhor hospital ou as melhores curas para o enjoo matinal. Elas ficarão felizes, e entrementes você pode deitar no sofá e comer balinhas enquanto elas descobrem as coisas para você. É assim que se matam dois pássaros com uma pedra só: ninguém se intromete mais e você recebe um novo berço.

Sugiro também que você seja graciosa com sua mãe e com sua sogra. Quando estive grávida, descobri que ficava irritada muito mais rápido, principalmente com as pessoas que eu mais amava. Minha mãe teve que aguentar a artilharia pesada, e agora que tenho meus próprios filhos, percebo que minha mãe estava apenas sendo mãe e cuidando de mim. Por isso, seja graciosa com sua mãe. Afinal de contas, foi ela quem passou pelo enjoo matinal, pelo inchaço e aumento de peso por *você*.

Reúna-se com suas amigas: seu recurso divertido

Pergunte ao seu marido o que é essa linha preta engraçada que apareceu em sua barriga em um passe de mágica, e ele provavelmente perguntará por que você está brincando com a caneta preta. Mas ligue para uma de suas amigas e ela lhe dirá não só o termo técnico (*lineanigra*), mas também lhe dirá quando ela costuma aparecer (no início do segundo trimestre) e se desaparecerá após a gravidez (normalmente, sim).

Fato: garotas adoram falar sobre a gravidez. Basta mencionar a palavra *grávida*, e ela passará os próximos vinte minutos enchendo você com histórias de terror sobre como a prima de sua melhor amiga ganhou peso como um lutador de sumo e outros vinte minutos falando sobre como é adorável o bebê recém-nascido de sua vizinha. Amigas adoram essas coisas. Mesmo se você ligar para elas às nove horas em uma noite de sexta-feira para falar sobre as complexidades das calças de maternidade, eu lhe garanto que qualquer garota que você possa conhecer interromperá o filme que estava assistindo para discutir com você.

No entanto, existem alguns assuntos que sugiro discutir apenas com as "peritas" (ou seja, com mães que já passaram por isso ou que já fizeram aquilo etc.). Por isso, quando algum sintoma bizarro cruzar seu caminho, pegue seu celular, ligue para uma amiga e converse à vontade.

Perguntas que você pode fazer às amigas (mas provavelmente a nenhuma outra pessoa)

1. *Por que me urino toda vez que rio ou espirro?* Resposta técnica: "Diafragma pélvico estendido". A explicação não tão técnica assim: seu bebê está esmagando sua bexiga, e é provável que nunca volte a recuperar sua força original. Sinto muito, querida!

2. *Por que não consigo fazer cocô há duas semanas?* Resposta: Não quero comparar seu bebê com um parasita, mas seu bebê está retirando muito líquido de seu sistema, transformando seu intestino grosso em uma região ressecada. Beba muita água, coma muitas ameixas e fale com seu médico se as coisas piorarem.

3. *Eu terei essa aparência de Chewbacca para sempre?* Resposta: não! A gravidez faz seu pelo crescer à velocidade ds luz, mas a queda de hormônios após o parto fará você perder seu pelo na mesma velocidade, por isso, compre um bom barbeador e alegre-se com seus cabelos de modelo enquanto você os tem.

4. *Por que meu marido de repente se tornou tão irritante?* Resposta: nada a lembra dos aspectos irritantes de seu marido como um caso ruim de mágoa gestacional. Por isso, caso esteja pensando: "Estou tão cansada de vê-lo comer

esse sanduíche de peru nesses jeans apertados enquanto eu me sinto como uma baleia presa na praia", tente lembrar-se de que a culpa de ele ser mais magro do que você não é *dele*. (Na verdade, a culpa é *parcialmente* dele...). Após o nascimento do bebê, ele pode recompensar você com as dificuldades que terá ao tentar perder seu peso de simpatia e com muitas trocas de fraldas sujas.

5. *Por que não consigo me lembrar de dar comida para o cachorro?* Resposta: isso se chama "cérebro maternal" e não é culpa sua. Há tantos pensamentos agradáveis e interessantes passando por sua mente que é virtualmente impossível lembrar-se de tudo. Uma desculpa perfeita para se "esquecer" de ir à próxima reunião de quatro horas do seu condomínio.

6. *Essa quantidade enorme de líquidos que sai lá de baixo é normal?* Bem, estou feliz por finalmente estarmos falando sobre isso. Sim, é normal. Acontece com quase todas e se normalizará após o parto.

7. *Meus seios sempre doerão tanto assim?* Resposta: não. Doerão no primeiro trimestre. O segundo trimestre pode ser um pouco doloroso. Durante o terceiro trimestre, seus seios viverão seus dias de glória: serão enormes, animados e praticamente indolores.

9. *Juro que não fiz nenhum exercício há semanas, por que, então, estou suando feito uma corredora de maratonas?* Resposta: você tem um assado no forno e é exatamente assim que você se sente: como um forno. A gravidez faz a temperatura de seu corpo disparar.

10. *Por que meus mamilos aparecem mesmo quando uso meu casaco de inverno mais grosso?* Resposta: eles estão se preparando para amamentar um bebê, portanto, acostume-se

com isso. Você pode cobri-los com sofisticados protetores de mamilos ou simplesmente usar um Band-Aid e um sutiã bem grosso.

Sites especializados em gravidez e maternidade: recursos na internet

Digite *gravidez* no bom e velho senhor Google e você receberá mais de 76 milhões de resultados. Isso significa que muitas pessoas estão falando sobre gravidez no ciberespaço. Tendo em vista o tempo que você tem passado no sofá, é possível que até tenha o tempo para visitar todos os 76 milhões de sites, mas já que está cansada, sugiro que não faça isso. Eu fiz isso por você. Tudo bem, confesso que não abri todas as 76 milhões de páginas, mas investi algum tempo estudando os sites mais populares.

Obtendo respostas: seus recursos em ação

Façamos a prova de fogo de seus recursos em ação.
Pergunta: Como posso evitar as temidas estrias?

- Jesus disse: "Neste mundo vocês terão aflições; contudo, tenham ânimo! Eu venci o mundo." Não existe uma única estria no mundo que Jesus não tenha vencido.
- Sua mãe levanta a blusa e lhe mostra as cicatrizes de sua batalha e explica quanto orgulho ela sente das estrias, pois rementem a você (ahhhhh...).
- Sua sogra lhe explica como ela usou um creme de azeite e extrato de coco para retirar suas estrias.
- As mulheres da igreja lhe oferecem um ensopado.

- Seu marido corre imediatamente para a farmácia e compra o creme mais novo e mais caro e começa a espalhá-lo em sua barriga. E já que está fora de casa, ele aproveita a viagem para comprar três cachorros quentes, um jarro de picles e um pacote de biscoitos de chocolate (para ele mesmo).
- Suas amigas não se cansam de ressaltar que os cremes mais novos e mais caros contra estrias são uma pura enganação e sugerem que use o velho e bom azeite antes de seu banho diário.
- Depois, uma de suas amigas liga para você e diz para esquecer o azeite. É caro e não adianta coisa nenhuma.
- O senhor Google tem 825 mil respostas. Basta lê-las todas. Mas vá com calma. Essas estrias não vão a lugar algum.

Capítulo 16

O guia definitivo da mãe cristã para os primeiros dias do seu bebê

O que esperar do seu bebê novinho em folha

Bem-vinda à maternidade! Tenho certeza de que você já percebeu que (a) seu bebê é o presente mais lindo, precioso e maravilhoso que Deus lhe deu e que (b) com esse presente lindo, precioso e maravilhoso vem uma *grande* responsabilidade. Mas caso você ainda não tenha compreendido isso: aquele bebê superfofo em seus braços, embrulhado no cobertor lhe olhando com seus grandes olhos que dizem: "Eu preciso de você", é *seu*. Seu. E ele ou ela irá para casa com você.

Respire fundo. Várias vezes. Uma coisa é certa: você não é a pessoa menos qualificada para assumir a responsabilidade por um bebê. Sei disso porque se alguém merece o prêmio de mãe menos preparada, essa pessoa sou eu. Quando meu filho nasceu, eu nunca havia trocado uma fralda em toda minha vida. Eu não fazia ideia de como limpar o bumbum do meu filho e colocar uma fralda limpa. E essa era apenas uma das muitas coisas relacionadas à maternidade que eu não sabia fazer. Amamentar? Nunca pensara sobre isso. Enfaixar? Nem conhecia a palavra. Treinamento de sono? Por que você treinaria alguém na arte de dormir?

Mas adivinhe só: eu descobri como fazer todas essas coisas! Sim, de vez em quando, uma fralda vazava e, algumas vezes, minha filha acabou dormindo na nossa cama porque era a única maneira de pô-la para dormir. Mas descobri tudo isso. E você também descobrirá. Por enquanto apresento a você as coisas que precisa saber para sobreviver aos primeiros dias.

Novas definições da vida de um bebê que podem ser úteis

Burrito: uma técnica misteriosa de embrulhar um bebê em lençóis usada por enfermeiras altamente treinadas na ala de maternidade. Bebês embrulhados como um burrito param de chorar instantaneamente, fecham os olhos e dormem. Observação para as mães: vocês jamais conseguirão imitar a técnica do burrito, por mais que tentem, por isso, sugiro que comprem uma faixa com velcro à prova de idiotas.

Burrito: um lanche delicioso que seu marido compra para você às nove horas da noite, quando você percebe que toda essa discussão sobre burritos está deixando você com fome.

Colostro: o leite grosso e grudento que vazará de seu seio (para dentro da boca de seu bebê) imediatamente após o parto. Após alguns dias, esse leite grosso e muito saudável para seu recém-nascido será substituído por um leite mais fino e igualmente saudável.

Almofada de gelo: a velha bolsa de gelo que a enfermeira colocará sob seu traseiro, em que provavelmente você sentirá alguma dor durante algumas semanas, só para garantir que toda a área inferior do seu corpo está entorpecida antes de a anestesia perder seu efeito.

Conselheira de amamentação: Uma mulher que ama a amamentação quase tanto quanto você ama o Starbucks, e que fará de tudo para garantir o êxito de seus esforços para amamentar seu bebê. Às vezes — quando ela agarrar seu seio e o apertar para demonstrar como posicioná-lo na boca do bebê — suas técnicas podem ser embaraçosas, mas quando você sair do hospital, irá querer convidá-la para morar em sua casa. Você vai ver.

Mecônio: as fezes pretas e grudentas que encherão as fraldas do seu bebê nos primeiros dias. Observação: devido ao trauma do parto recente, sugiro que peça ao seu marido para trocar essas fraldas — pelo menos até você se recuperar.

Confusão de mamilos: nos hospitais, falam dessa condição apenas em voz baixa. Trata-se da condição aterrorizante durante a qual o bebê não tem certeza a qual mamilo — o da mamadeira ou do seio — ele prefere.

Absorvente de seio: um pequeno e fino absorvente que protege sua blusa do leite que vazará de seu seio sempre que seu bebê chorar.

Obsessão com mamilos: o fenômeno estranho no qual, de repente, você fica obcecada com a saúde e com o bem-estar de seus mamilos, parte do seu corpo que até então nunca a havia preocupado.

Maternidade: o lugar no hospital para onde levam seu bebê chorão quando você está exausta e precisa desesperadamente dormir um pouco. Mas há um "porém": sua casa não possui uma maternidade com enfermeiras pediátricas profissionais, portanto, aproveite a maternidade do hospital. Ao voltar para casa, você terá que lidar com sua exaustão sozinha.

Sono REM: até você voltar a ter a experiência de um sono REM profundo e revigorante, você saberá o que é o "método Ferber" e estará tão desesperada que tentará aplicá-lo sem hesitar.

Chupeta: ao contrário do que reza a lenda da confusão de mamilos, a chupeta é um item obrigatório para qualquer mãe que deseja (a) dormir, (b) cochilar ou (c) afastar o bebê de seu seio por cinco minutos para poder tomar um banho.

Exame vital: trata-se da interrupção de seu repouso realizada pelo técnico a cada duas horas para checar sua pressão, medir a batida do seu coração e admirar seu bebê.

As primeiras horas de seu bebê

Imediatamente após o nascimento, seu bebê será submetido ao seu primeiro teste — o exame de Apgar. Isso serve ao único propósito de acostumar seu filho com testes padronizados desde cedo, a fim de prepará-lo para o vestibular. Estou brincando. O teste de Apgar é um exame desenvolvido para garantir que os sinais vitais fundamentais de seu bebê, como pulso, respiração, movimentos e reflexos estão todos funcionando normalmente. O exame é realizado por um profissional da área médica e é completamente indolor.

Certa vez, uma amiga me contou que sua filha obteve a maior pontuação na escala de Apgar jamais alcançada no hospital em que nasceu, o que me deixou bastante impressionada. Mas sinto ter que informar à minha amiga, que a pontuação na escala de Apgar não diz absolutamente nada sobre a inteligência de seu filho. Minha filha obteve uma pontuação nada boa na escala de Apgar e é a garota mais esperta que jamais conheci — com exceção talvez do meu filho. Muitos bebês, incluindo minha filha, têm dificuldades com seu pulso e sua respiração nos primeiros minutos de sua vida. Por isso, lembre-se de que, se seu médico e as enfermeiras não estiverem preocupados, você também não deve se preocupar.

Uma vez que tiverem obtido os resultados do exame de Apgar, as enfermeiras levarão seu bebê embora para resolver algumas outras formalidades. Primeiro, a enfermeira retira todo o muco de parto com uma esponja e depois mede o tamanho e o peso do bebê. Isso é muito importante, pois lhe dá algumas informações além do nome e da data para colocar no anúncio do nascimento de seu bebê.

Em algum momento durante a medição de peso e tamanho, você perceberá que a enfermeira colocará algumas gotas nos olhos do bebê. Ela faz isso não porque seu bebê tem olhos ressecados. Essas gotas são administradas aos bebês recém-nascidos (no mundo inteiro) para evitar uma infecção de fácil tratamento causada por bactérias que vivem no canal de parto. Essa infecção ocular costumava ser a principal causa de cegueira infantil, e desde que os hospitais adotaram o padrão de administrar essas gotas, as taxas de cegueira infantil despencaram.

Em seguida, seu bebê receberá as primeiras agulhadas de sua vida. Espere. Antes que você exija que ele seja poupado de qualquer procedimento que envolva agulhas, quero adverti-la de que essas injeções são muito boas. Por pior que seja ter de ver seu bebê novinho em folha receber uma injeção, é pior ainda vê-lo sofrer uma doença que poderia ser facilmente evitada. E somos muito sortudas (obrigada, Senhor) por vivermos em um tempo em que muitas das doenças que costumavam afligir bebês no passado hoje são facilmente tratáveis quando diagnosticadas em uma fase inicial.

A primeira injeção que seu bebê receberá será uma dose de vitamina K. No passado, um número muito pequeno de bebês sofria de sangramento em decorrência de níveis baixos de vitamina K. E já que essa doença é difícil de detectar antes de causar danos reais, a maioria dos países exige que os hospitais apliquem uma dose de vitamina K em bebês recém-nascidos.

A segunda agulha é uma picada no calcanhar. A enfermeira rapidamente enfiará uma agulha no calcanhar de seu bebê e colherá um pouco de sangue da ferida minúscula para fazer testes de doenças genéticas, metabólicas, endocrinológicas e hematológicas super-raras. (Ok, confesso que não faço ideia de o que significa *endocrinológico* ou *hematológico*, mas pesquisei os termos corretos no Google para que você tivesse algum assunto para discutir com as enfermeiras.) Essas doenças são assustadoras, eu sei, mas se seu bebê tiver uma delas, quanto antes você puder discutir tratamentos possíveis, melhor para ele.

Quando todas as medições, todos os exames e todas as injeções tiverem acabado, seus médicos também já terão terminado de costurar suas regiões inferiores (ou seu abdômen, se você passou por uma cesárea). A essa altura, entregarão seu bebê exausto à sua mãe exausta para uma pequena sessão de quebra-gelo. Agora, você poderá fazer sua primeira tentativa de amamentação (caso já não tenha feito isso antes) ou simplesmente ficar deitada e admirar o novo acréscimo à família. Você conseguiu!

A mudança para a ala de maternidade

Quando a equipe do hospital terminar de limpar e arrumar você e seu bebê, vocês serão transferidos da sala de parto para a ala de maternidade. Isso é excitante. Em sua nova sala, você terá acesso a todo tipo de facilidades, como conselheiras de amamentação, bolsas de gelo (e isso é o melhor) e um estoque ilimitado de suco de uva e picolés.

As férias chegaram! Você sobreviveu a meses de gravidez e a horas e horas de trabalho de parto. Agora você merece alguns dias de férias com todas as regalias. Imagine só. Isso significa dois dias inteiro com direito a creche de 24 horas, seu chef pessoal (se é que você quer chamar a cozinheira do hospital de "chef") e dormir em uma cama que se ergue e baixa ao comando de um botão. Aproveite! Quando estiver de volta à sua casa e quiser gelatina às duas da manhã, você mesma terá de prepará-la.

A maioria das mulheres que conheço adorou as curtas férias na ala de maternidade. Afinal de contas, quem não gostaria de começar seu dia com um mingau de aveia e um suco de laranja artificial entregue na cama em uma bandeja de plástico marrom? Alguém cozinhará para você. Alguém trocará os curativos para você. Arrumará suas almofadas. Dois dias em que sua única obrigação é abraçar seu novo bebê. Parece maravilhoso, não é? Além disso, a supervisão 24 horas por dia das enfermeiras lhe dará mais segurança em relação às suas habilidades como nova mãe.

Evidentemente, o outro lado da moeda é que a comida do hospital tende a ser um pouco ruim (quem toma suco de laranja artificial no café da manhã?) e as almofadas tendem a ser um pouco baixas. Além do mais, a entrada e a saída constante de enfermeiras pode ser irritante, especialmente quando o médico vem para fazer seu exame dez minutos após você ter conseguido fazer seu bebê dormir. Ao contrário de muitas mulheres, eu odiava o hospital por essas razões e implorei ao meu médico que me deixasse voltar para o conforto da minha casa, onde eu podia preparar meu próprio mingau e tomar um suco de laranja autêntico.

Choro

Quando finalmente havia passado por todos os procedimentos pós-parto, eu estava pronta para um cochilo. Eu me assegurei duas vezes (ok, três vezes) de que meu filho estava dormindo profundamente em seu pequeno berço e me preparei para dormir um pouco. Eu adormeci — fui acordada pelo choro de um bebê. Como é que é? Que tipo de mãe deixa seu bebê chorar e chorar e chorar assim? Tem gente aqui tentando dormir!

E então eu compreendi. Era *meu* bebê que estava chorando. Saí da cama e o peguei no momento em que seu rosto estava ficando vermelho por estar se livrando de seu embrulho. Peguei-o nos braços, e ele continuou chorando. Balancei-o, ele começou a gritar. Tentei enfiar meu seio em sua boca, e ele gritou mais alto ainda. Nada parecia ajudar! E eu comecei a chorar com meu filho. Minhas lágrimas levaram meu marido a agir: ele pegou meu filho, saiu com ele e fez meu filhinho de um ano assistir aos melhores lances de futebol na TV. Meu pequeno fã se acalmou no mesmo instante.

O que estou querendo dizer não é que você tenha que transformar seu filho em um fã de futebol desde o primeiro dia (apesar de isso ser importante), mas simplesmente que recém-nascidos choram muito. E é fácil ficar sensível e chorar quando se é uma mãe de primeira viagem e quando seu bebê chora histericamente e você não sabe o que fazer para acalmá-lo. Mas as lágrimas do seu bebê nada têm a ver com suas habilidades de mãe. Portanto, relaxe. Faça o que puder para acalmá-lo, e se nada ajudar, não tenha medo de entregá-lo ao papai. Ele pode muito bem conhecer um truque (programa de futebol) para acalmar seu filho rapidamente.

A boa notícia é que, durante sua estadia na ala de maternidade, você terá muitas oportunidades para treinar suas habilidades de acalmar o choro de um bebê. Você aprenderá o que funciona (seu seio), o que não funciona (não dar ao bebê seu seio) e o que fazer no meio da noite quando você está exausta e seu bebê não para de chorar (chamar a enfermeira). Pratique. Ouça os conselhos da enfermeira. E tente descobrir exatamente como funciona o seu bebê. Afinal de contas, não preciso lembrá-la de que em alguns dias você estará voltando para casa *com* ele, e as enfermeiras ficarão no hospital.

Circuncisão

Se seu bebê for menina, pule essa seção — ela (graças a Deus) não se aplica ao seu caso. Se você teve um menino, continue lendo. Em algum momento durante os primeiros dias da vida de seu filho, você terá que decidir se você quer ou não circuncidá-lo. Trata-se de um procedimento cirúrgico rápido, realizado normalmente por seu obstetra ou por um neonatologista, para retirar a pelezinha na ponta do pênis de seu filho. Isso pode ser feito com anestesia local, se você quiser, e não havendo nenhuma infecção, a ferida curará dentro de uma semana.

Existem grandes controvérsias sobre supostas vantagens e desvantagens de uma circuncisão. Os defensores dela alegam que é mais higiênico, diminui o risco de doenças sexualmente transmissíveis e aumenta o prazer sexual. Os oponentes dizem que é uma cirurgia desnecessária, que pode causar infecções e que não existem provas para seus supostos benefícios. Eu, sinceramente, não tenho uma opinião muito definida em relação a este assunto (surpresa!), por isso sugiro que você e seu marido discutam-no, orem e decidam o que acham ser o melhor para o seu bebê.

Depressão e melancolia

Mais ou menos três horas após o nascimento da minha filha, eu estava em meu quarto no hospital e toda a minha família estava reunida admirando o bebê. De repente, entrei em pânico. Senti uma vontade enorme de pular da cama, arrancar todos os tubos enfiados em meu braço, fugir do quarto lotado e encontrar um lugar calmo e quieto. A enfermeira entrou, me viu e imediatamente entendeu o que estava acontecendo: eu estava tendo um ataque de pânico pós-parto. Ela diminuiu as luzes, pediu que todos saíssem do quarto, abaixou o volume dos aparelhos e sentou-se ao meu lado para me acalmar — explicando que sentimentos de pânico, melancolia, tristeza e claustrofobia são totalmente normais nas primeiras horas — e dias — após o parto.

A depressão pós-parto é uma doença muito real causada por hormônios, ela normalmente não ocorre nas primeiras semanas após o parto. No entanto, muitas mulheres passam pela "melancolia do bebê" — uma melancolia, tristeza e nervosidade causada por hormônios — imediatamente após o nascimento do bebê. Se você se sentir muito triste, em pânico, nervosa ou claustrofóbica, chame imediatamente seu médico, sua enfermeira ou parteira. Provavelmente lhe darão muitas dicas, sugestões e talvez até algum remédio para acalmá-la e ajudá-la a relaxar.

Mandar seu bebê para o berçário

A não ser que você dê à luz seu bebê em um hospital sem berçário (sim, isso existe!), terá a possibilidade de mandá-lo para lá durante algumas horas para que possa dormir um pouco sem ser interrompida. Se você tiver essa oportunidade, aproveite-a! Não há absolutamente nada de errado em mandar seu bebê para o berçário por algumas horas para você poder dormir um pouco. Repito: *não há absolutamente nada de errado em mandar seu bebê para o berçário.*

Muitas mães temem que uma separação de duas horas (que seu bebê passará dormindo) possa prejudicar de alguma forma a capacidade de seu bebê de se relacionar. E acreditam que essa incapacidade de se relacionar possa prejudicar a capacidade futura de criar um relacionamento produtivo de longo prazo. A verdade é que seu bebê também está cansado e provavelmente aproveitará o tempo para se acalmar no berçário e descansar de todo o carinho e de toda admiração que tem recebido. E você também precisa descansar. Veja da seguinte forma: você será uma mãe melhor se estiver descansada. Seu bebê precisa de uma mãe descansada e bem adaptada. Por isso, mande seu fofucho para o berçário e descanse um pouco enquanto você ainda tiver uma maternidade inteira com profissionais à sua disposição.

O bê-á-bá da amamentação

Agora vou lhe dizer algo que as mães da sua igreja, que discretamente amamentam seus bebês sob protetores de amamentação, provavelmente não lhe disseram: amamentar é difícil. Não tão difícil quanto o parto, mas certamente exige uma habilidade maior do que preparar uma mamadeira e colocá-la na boca do seu bebê.

Não estou dizendo isso para desencorajá-la, pois sou uma grande defensora da amamentação. Adoro amamentar. Tanto que foi difícil parar de fazê-lo — mesmo quando meus filhos já conseguiam puxar minha blusa e pedir o "peito" em público, mas estou me afastando do assunto. No início, eu odiava amamentar. Era estressante e doloroso e frustrante, e como mãe de primeira viagem não estava em condições de lidar com qualquer coisa estressante, dolorosa ou frustrante. Mas eu encarei e fiz mesmo assim. Garota, se você consegue sobreviver à gravidez, ao trabalho de parto e ao parto, você consegue sobreviver a qualquer coisa, incluindo a amamentação.

Amamentar é muito bom para seu bebê. Pesquisas recentes demonstraram que bebês amamentados correm um risco muito menor de adquirir doenças como infecções de ouvido, problemas intestinais, leucemia, obesidade infantil e morte súbita infantil. E amamentar é muito bom para você também. Você perderá seu peso mais rapidamente, e pesquisas recentes demonstraram também que mães que amamentam sofrem menos de depressão pós-parto. Ambos ganham.

Dicas de amamentação para as três primeiras semanas

Ensine o bebê a agarrar o seio corretamente — desde o início. Se o bebê estiver recebendo leite, então está funcionando, certo? Errado. Se seu bebê agarrar seu seio de forma errada, ele não só recebe menos leite, mas também fere seu mamilo, causando assim muita dor durante a amamentação. Peça que sua enfermeira verifique se seu bebê está mamando corretamente antes de sair do hospital, evitando, assim, muita dor. Caso contrário, você terá um bebê morrendo de fome e um mamilo ferido, rachado e doído.

Descubra várias posições que funcionem. Enquanto estiver no hospital, com acesso a profissionais treinados que sabem como a amamentação funciona, tente descobrir várias posições para amamentar que funcionem tanto para você quanto para o bebê. Meu filho adorava ficar de lado apoiado em meu antebraço. Minha filha adorava quando eu ficava deitada, o que foi muito prático em momentos em que eu estava cansada demais para levantar.

Estabeleça uma meta de três semanas. Evidentemente, você deveria amamentar muito mais do que apenas três semanas, mas a fim de sobreviver ao período mais difícil, sugiro que estabeleça uma meta de amamentar por pelo menos três semanas. Pois se você conseguir sobreviver a essas três semanas, você conseguirá fazê-lo por bem mais tempo. No meu caso, a primeira semana foi dolorosa, porque meus mamilos estavam rachados, a segunda semana não foi divertida, por causa da ingurgitação, mas depois, tudo ficou mais fácil.

Compre bastante lanolina. Existem muitos produtos sofisticados para tratar mamilos rachados. Já vi compressas, cremes e até chás especiais. Mas para mim, o melhor tratamento foi o bom e velho creme de lanolina. Compre alguns frascos e use a lanolina à vontade até entrar no ritmo da amamentação.

Não seja dura consigo mesma. Sei que existe muita conversa sobre confusão de mamilos e sobre como você deve amamentar seu filho durante os primeiros vinte anos só para garantir, mas se você precisar de uma folga, tire uma folga. Seu bebê ficará perfeitamente bem se você tirar uma mamadeira de leite e mandar seu marido levantar às duas da manhã para alimentá-lo de vez em quando.

Não exagere com a bomba. Uma pequena lição de anatomia: quanto mais leite seu bebê tomar, mais leite seu corpo irá produzir. Portanto, se você amamentá-lo a cada duas horas — e tirar leite com a bomba entre uma amamentação e a outra — seu corpo se transformará em uma fábrica de leite. E quando isso acontecer, você terá que lidar com todo tipo de coisas divertidas como seios ingurgitados, sutiãs apertados demais e blusas encharcadas de leite. Não há necessidade de encher seu congelador com leite materno.

Compre um top (apertado). Seu leite virá alguns dias após o nascimento do seu bebê, e a esta altura, seus seios se parecerão, quanto ao tamanho e à firmeza, com duas melancias pequenas. A única maneira de aliviar a pressão (e a dor) do ingurgitamento é amamentar seu bebê. Mas, às vezes — por exemplo, quando você acaba de balançar seu bebê durante quatro horas —, amamentar seu bebê é simplesmente impossível. Para momentos assim, compre um top apertado que dê apoio a seus seios.

Não desista. Haverá momentos em que você irá querer desistir da amamentação. Seus mamilos estarão doloridos. Você se cansará de ter alguém sugando seu seio 24 horas por dia. Você irá desejar que outra pessoa assuma parte do fardo de alimentá-lo. Não é fácil, mas se você puder, aguente firme, pois vale a pena. Quando seu bebê tiver dois ou três meses de idade, amamentá-lo parecerá a coisa mais fácil e natural do mundo.

Leite em pó

A despeito de todas as melhores intenções, algumas mães simplesmente não podem amamentar seus bebês. E não há nada de errado com isso! Se você não conseguir amamentar — após tentar uma ou 15 mil vezes — use leite em pó. Seu bebê ficará bem. Imagine a seguinte situação: se você colocar 10 crianças de dois anos de idade em uma mesma sala e pedir para que alguém adivinhe quais das crianças foram amamentadas e quais receberam a mamadeira, aposto meu Mercedes que essa pessoa não conseguirá distinguir os bebês amamentados dos outros. Não sou ingênua ao ponto de acreditar que, porque amamentar simplesmente foi a opção certa para mim, ela seja a coisa certa para todas, nem que toda mãe disposta a amamentar também consiga fazê-lo.

Oito mitos comuns sobre recém-nascidos

1. Você poderá dormir um pouco em alguns dias, quando seu bebê descobrir como funciona toda essa coisa de dia e noite. (*A verdade*: você poderá dormir em alguns anos, quando você descobrir que seu filho de quatro anos pode muito bem pegar um copo de água na cozinha sem a sua ajuda e que a palavra "pesadelo" não é uma desculpa automática para passar o resto da noite na cama da mãe.)
2. Você pode estragar seu filho abraçando-o demais. (*A verdade*: seu marido estraga você quando ele se aconchega e acaricia suas costas? Naaão.)

3. Se você comer comida bem temperada enquanto amamenta, seu bebê terá cólicas e ficará mal-humorado. (*A verdade*: ele terá cólicas e ficará mal-humorado de qualquer jeito, mas se você não receber seu prato mexicano favorito neste instante, é *você* quem ficará mal-humorada. E isso pode ser evitado.)

4. Bebês recém-nascidos são adoráveis. (*A verdade*: é provável que seu bebê saia com uma cabeça em formato de cone, com espinhas e um rosto enrugado – se você tiver sorte! Mas dentro de uma semana ou duas, seu bebê será realmente adorável.)

5. Você terá uma pausa de três a quatro horas entre as amamentações. (*A verdade*: se você o deixasse, seu bebê acamparia colado em seu seio 24 horas por dia. Mas a realidade é que bebês conseguem sobreviver a um período de três horas do início de uma seção de amamentação até o início da próxima, o que significa que você terá uma pausa de no máximo duas horas entre as amamentações.)

6. Você não pode sair de casa durante os primeiros meses porque seu bebê poderia ficar doente. (*A verdade*: sim, talvez seja uma boa ideia não expor seu bebê a crianças resfriadas ou a espaços públicos lotados, mas isso não significa que você precise passar os próximos meses trancada em casa. Faça uma caminhada ou visite a avó; mas lembre-se de levar um frasco de gel antisséptico e de lavar suas mãos com frequência!)

7. Você vai querer passar cada momento em que estiver acordada com seu bebê a partir do momento em que ele nascer. (*A verdade*: após a gravidez e o parto, você estará exausta e provavelmente precisará de algumas semanas, ou meses, para se recuperar. Portanto, é uma boa ideia

— perdão, uma ideia maravilhosa — entregar seu bebê ao marido ou à sogra durante algumas horas por dia para que você possa descansar e se recuperar.)

8. Você saberá *naturalmente* o que fazer com seu bebê. (*A verdade*: haverá momentos em que você não fará ideia do que está fazendo. Haverá dias em que seu bebê passará mais horas chorando e gritando do que dormindo. Haverá até momentos em que você cometerá algum erro, ficará frustrada e querendo desistir. E em momentos assim, sua única opção é voltar-se para Deus. Ele a escolheu e lhe confiou seu bebê, e ele lhe dará a capacidade necessária para criá-lo. Confie em si mesma. E, mais importante ainda, confie em Deus.)

Voltando para casa

Eu fiquei extasiada quando finalmente o hospital nos deu alta. De repente, tudo aquilo que eu havia sonhado estava prestes a acontecer — estávamos indo para casa! E meu filho superadorável estava vindo comigo! Eu estava extática, não só porque estava saindo do hospital (deixando para trás as injeções, os analgésicos e a gelatina), mas porque, pela primeira vez, eu estava me sentindo oficialmente mãe. Eu estava por conta própria. E estava pronta.

Ok, eu estava meio que pronta. Aparentemente, sair do hospital envolve muito mais do que pagar suas eventuais contas e vestir seu bebê com aquela roupinha adorável. Eu precisava fazer exames de segurança, examinar o assento infantil, de uma cadeira de rodas e de um café. Mas, por fim, após lidar com cintos largos demais no carro, sentei-me no banco de trás (de forma alguma deixaria meu filho sozinho ali atrás), e partimos.

Cinco minutos depois da partida, tivemos que encostar. Meu filho ficara com fome desde sua última amamentação há vinte minutos. Eu o amamentei na faixa de acostamento, coloquei-o de volta em seu assento. Dez minutos mais tarde, tivemos que encostar novamente. Dessa vez, era a fralda suja. E ele estava histérico. Pegamos nossa bolsa de fraldas novinha em folha, estendemos um colchãozinho no assento do passageiro e cuidadosamente limpamos o bebê. O vestimos e o colocamos de volta em seu assento.

Quando finalmente chegamos em casa, 15 minutos mais tarde, caímos no sofá felizes e sorrimos. Havíamos sobrevivido — o enjoo matinal, o ganho de peso, o processo de escolha de nome, as contrações, a estadia no hospital e as primeiras noites sem sono. Estávamos vivos! E agora estávamos prontos para iniciar um novo capítulo em nossas vidas — um capítulo que certamente traria muitos processos de aprendizado, mas que traria também muita alegria. Éramos uma família. Uma família novinha em folha (mesmo que totalmente inexperiente), mas uma família. E estávamos em casa.

Epílogo

A mais mãe de todas

Confesso: tive momentos em que duvidei das minhas qualidades de mãe. Momentos em que me perguntei se realmente havia sido feita para essa coisa de mãe. Momentos em que sentia falta da minha vida antiga, da garota que dirigia um Honda vermelho superfofo e que ia ao trabalho com botas altas. Como a maioria das mães, abri mão de muito para ser mãe, de uma carreira, da vida social, dos meus jeans apertados. E certamente houve momentos em que me perguntei como teria sido a minha vida se não tivesse que levar um carrinho de bebê e duas bolsas com fraldas para onde quer que fosse.

Mas esses momentos rapidamente são vencidos por outros momentos. Momentos em que meu filho Joey me faz rir com seu emergente senso de humor. Momentos em que a minha Kate doce e carinhosa se aconchega do meu lado para ouvir uma história. Momentos em que Will me conquista com seus lindos olhos e sua conversa infantil. Momentos em que me vejo envolta de amor e risadas e vida. Momentos em que vislumbro Deus em meus filhos.

Hoje de madrugada, minha filha Kate acordou. Ela veio até a minha cama para me dizer que havia se cansado de dormir e conseguiu me convencer de que de forma alguma voltaria para a cama, a despeito do fato de que ainda estava escuro lá fora. Fiz um jarro de café forte e fomos para o jardim brincar, para não acordar o pai, Joey e Will que (graças a Deus) ainda estavam dormindo lá dentro. O sol estava nascendo, quando minha filha subiu em meu colo e deitou sua cabeça em meu peito. Ela olhou para mim e disse: “Mãe, você é a mais mãe de todas.”

E ela está certa. Eu sou a mais mãe de todas. Estou no meio dos anos mais “mãe” de toda a minha vida. Brinquedos estão espalhados pelo chão, farelos de biscoito preenchem as dobras do meu sofá e caixinhas de suco vazias transformam meu carro em uma lixeira. No meu iPod, ouço Dan Zanes. Conheço todas as falas do *Toy Story*. Faço sanduíches de creme de amendoim e geleia sem crosta. Não sou chique nem penso em carreiras. Mas sou a mais mãe de todas.

E é exatamente isso que desejo ser.

Este livro foi impresso em 2015, pela Edigráfica, para
a Thomas Nelson Brasil. A fonte usada no miolo
é IowanOldSt BT corpo 10,5. O papel do miolo é
Chambril Avena 80g/m², e o da capa é cartão 250g/m².